Tessloffs große
LÄNDERKUNDE

Tesslofs große

LÄNDERKUNDE

Tessloff

www.tessloff.com
www.wasistwas.de

Published by arrangement with
SCHOLASTIC INC., 555 Broadway, New York, NY 10012 USA

Dieses Werk wurde vermittelt durch die Literarische Agentur Thomas Schlück GmbH, 30827 Garbsen

Producing (deutsche Ausgabe): SWB Communications, Redaktionsbüro Dr. Sabine Werner-Birkenbach
Satz und grafische Arbeiten (Bildbearbeitung): SWB Communications und INKA satz & grafik
Übersetzung: SWB Communications, Dr. Wolfgang Hensel

ISBN 3-7886-0368-2

Englischsprachige Originalausgabe
Miles Kelly PUBLISHING
Produziert von Miles Kelly Publishing Ltd
Bardfield Centre, Great Bardfield, Essex, CM7 4SL, GB

Projektleitung: Anne Marshall
Layout: Jo Brewer, Alex Charles, Digital Wisdom
Layoutassistenz: Andy Knight
Karten: Digital Wisdom (Nicholas Rowland)
Beratung: Clive Carpenter, Keith Lye

Text: Philip Steele, Jane Walker
Lektorat: Neil de Cort, Belinda Gallagher
Lektoratsassistenz: Mark Darling, Helen Parker, Liz Tortice

Korrektur: Sarah Doughty
Statistik: Clive Carpenter, Luke Seaber
Register: Jane Parker, Textype Typesetters
Bildbeschaffung: Lesley Cartlidge, Kate Miles, Liberty Newton
Grafik: Janice Bracken
Verleger: Jim Miles
Repro: DPI Colour, Saffron Walden, Essex, GB

Verantwortliche bei Scholastic

Lektoratsleitung: Kenneth Wright
Lektorat: Mary Varilla Jones
Lektoratsassistenz: Elysa Jacobs
Curriculum-Beratung: Bob Stremme
Flaggen-Beratung: Dr. Whitney Smith,
Flag Research Center

Creative Director: David Saylor
Art Director: Nancy Sabato

Projektmanagement: Manuela Soares
Redaktionelle Betreuung der Produktion:
Karen Capria

Herstellungsleitung: Angela Biola
Herstellung: Heidi Robinson

Die Zahlen zu Bevölkerung und Lebenserwartung in diesem Buch sind der International Database des U.S. Census Bureau entnommen. Gebiete, Sprachen und Religionen wurden auf der Grundlage des CIA World Factbook verifiziert. Die Statistiken zur Motorisierung stellte die American Automobile Manufacturer's Association zur Verfügung.

Die Bevölkerungsstatistiken für die Vereinigten Staaten folgen den Zahlenangaben im Zensus 2000 des U.S. Census Bureau. Die Angaben zu „Leben in Zahlen“ für die Vereinigten Staaten basieren auf den Vorhersagen zur Bevölkerungsentwicklung für das Jahr 2000 des U.S. Census Bureau.

Länder

Inhalt

Wie man dieses Buch benutzt

Tessloffs große Länderkunde stellt die Länder der Erde auf neue und spannende Weise vor. Die einzelnen Länder werden jeweils mit der Bundesrepublik verglichen – Fläche, Zeitunterschied, Lebenserwartung, Autobesitz, wie lange es dauert, zwischen den Städten zu reisen – und mit vielen Einzelheiten vorgestellt. In welchem Verhältnis steht die Zugspitze, der höchste Berg Deutschlands, zu anderen Bergen auf der Erde? Wie lang sind die Flüsse im Vergleich zu anderen? Dies und vieles mehr findest du in dieser Länderkunde.

Kontinente

Die Karten der Länder sind nach ihrer Lage auf den Kontinenten sortiert (siehe Seite 16). Jeder Kontinent hat eine andere Hintergrundfarbe.

Aufzählung der Länder

Die Länder, die auf der Seite behandelt werden, erscheinen hier in der Reihenfolge ihrer Größe.

Politische Karte

Sie zeigt die Länder und ihre Lage in der entsprechenden Region.

Wichtige Begriffe

Schwierige Fachbegriffe werden in dem Glossar auf Seite 206 erklärt.

Wissenswertes

Wusstest du, dass Europa die weltweit längste Küstenlinie besitzt, oder dass das Tote Meer ein See ist? In diesen Kästen findest du spannende Informationen über die Erde.

Kartenlegende

Diese Zusammenstellung zeigt die Zeichen, Farben und Symbole, die in den Karten verwendet werden. Sie helfen dir, die Karten zu verstehen.

- Wald und Savanne
- Wüste
- Gebirge
- Eis
- Ländergrenzen
- Umstrittener Grenzverlauf
- Grenze eines Bundesstaates/einer Provinz
- Landeshauptstadt
- Hauptstadt eines Bundesstaates/einer Provinz
- Stadt
- Außengebiete oder Territorien (Land)
- Fluss
- Berg
- Wichtiger Ort

Alle Karten sind in der Zylinderprojektion gezeichnet (siehe Seite 11).

Abkürzungen

cm	Zentimeter
GMT	Greenwich-Zeit
I.	Insel, Inseln
Jh.	Jahrhundert
L	Liter
kg	Kilogramm
km	Kilometer
m	Meter
m²	Quadratmeter
MEZ	Mitteleuropäische Zeit
Mio.	Millionen
Mrd.	Milliarden
mm	Millimeter
Mt.	Mount (= Berg)
musl.	muslimische Religion
t	Tonne (Gewichtsmaß)
USA	Vereinigte Staaten von Amerika

Leben in Zahlen

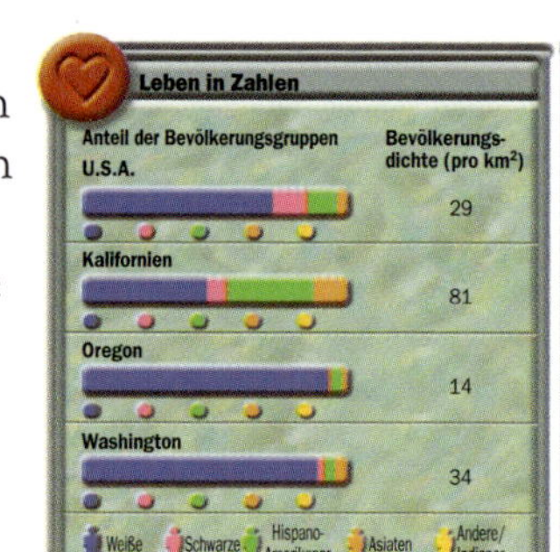

Worin unterscheidet sich das Leben in Deutschland von dem in anderen Ländern? Wie hoch ist die durchschnittliche Lebenserwartung? Wie viele Menschen besitzen ein Auto? Hier findest du die Antworten. In den Kapiteln über Nordamerika (Seiten 40–67) werden die Daten der Bundesstaaten miteinander verglichen. So kannst du nachschlagen, wie viele Einwohner die Staaten haben und wer dort lebt.

(Anmerkung: Die Zahlen in den Kästen „Leben in Zahlen" ergeben nicht immer 100 %, da manche Menschen zu mehr als einer Gruppe gehören.)

Maßstab – Kompassrose

Mit Hilfe des Maßstabes erkennst du sofort, wie groß die dargestellten Länder sind (siehe Seite 12). Die Kompassrose zeigt die Nordrichtung an.

Höchste Berge

Die höchsten Berge der Welt werden immer mit der Zugspitze verglichen, dem höchsten Berg Deutschlands. Das farbige Symbol zeigt die Lage des vorgestellten Berges auf der Karte.

Wo auf der Welt?

Dargestellt ist jeweils die Ortszeit der behandelten Region im Vergleich mit der deutschen Ortszeit und der Greenwich-Zeit (GMT, siehe Seite 15).

Die besprochene Region ist jeweils in Rot auf einer Weltkugel dargestellt.

Der Längenkreis ist als rote Linie vom Nord- bis zum Südpol eingezeichnet, der Breitenkreis verläuft als blaue Linie von West nach Ost. Im Schnittpunkt liegt die besprochene Stadt (siehe Seite 13).

Wie weit ist die Stadt von Berlin entfernt und wie lange dauert ein Flug, wenn das Flugzeug eine Geschwindigkeit von 835 km/h hat.

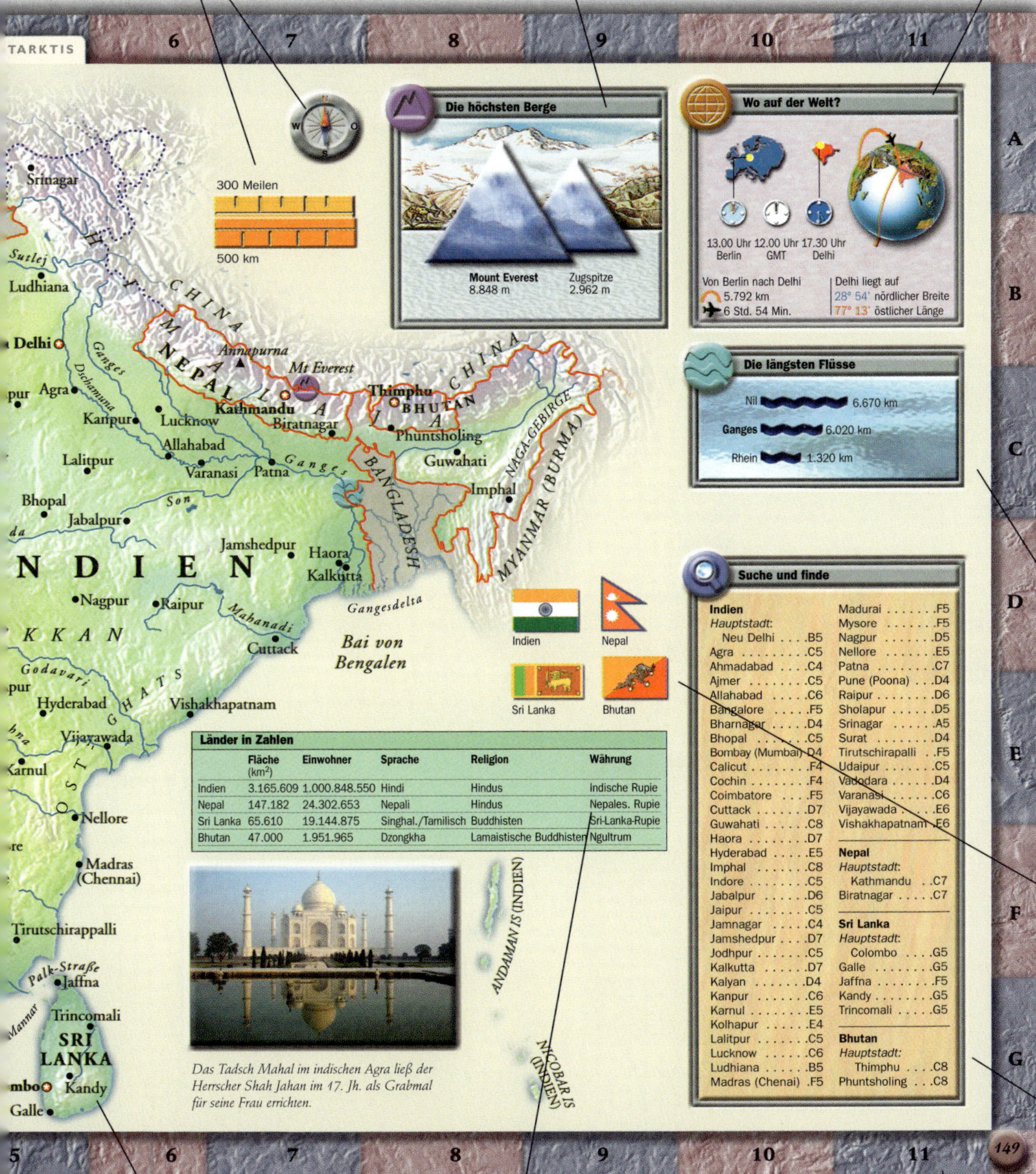

Das Tadsch Mahal im indischen Agra ließ der Herrscher Shah Jahan im 17. Jh. als Grabmal für seine Frau errichten.

Die längsten Flüsse

Auf einigen Seiten werden besonders lange Flüsse mit dem Nil (dem längsten Fluss der Erde) und dem Rhein verglichen. Das Symbol markiert die Lage des behandelten Flusses auf der Karte.

Flaggen

Jedes Land hat eine eigene Flagge. Bei den Vereinigten Staaten und Kanada sind auch die Flaggen der Bundesstaaten dargestellt.

Suche und finde

Hier sind die Städte aufgelistet, die auf der Karte erscheinen. Mit Hilfe des Suchgitters mit Koordinaten kannst du ihre genaue Position bestimmen.

Physische Karten

Die Legende auf der linken Seite zeigt, wie Grenzen, Städte und Landschaften in den Karten dargestellt sind. Es wurden sowohl Städte mit vielen Einwohnern als auch solche mit besonderer Bedeutung für den Handel oder den Tourismus eingezeichnet. Auch die längsten Flüsse, die höchsten Berge und die wichtigsten Landesmerkmale sind dargestellt.

Länder in Zahlen

Hier findest du alles über ein Land – Fläche, Bevölkerung, Sprache, Religion und Währung. Die Darstellungen der Kontinente enthalten jeweils die größten Länder und ihre Bevölkerung. Bei den Vereinigten Staaten von Amerika und Kanada findest du Informationen über Bundesstaaten und die Provinzen, z. B. die jeweiligen Wappenblumen. (Woher die Zahlen stammen ist auf Seite 4 erklärt).

Suchgitter mit Koordinaten

Die Zahlen und Buchstaben sollen dir dabei helfen, eine bestimmte Position auf der Karte zu finden. Wenn du beispielsweise nach Kalkutta suchst, sagt dir „Suche und finde“ D7. Also gehst du mit dem Finger von D nach links, und von 7 nach unten – Kalkutta liegt dort, wo sich die Linien schneiden. In dem Register am Ende des Buches sind nochmals alle Koordinaten von Städten, Flüssen, Bergen und anderen dargestellten Objekten aufgeführt. Mit dieser Methode findest du sie auf der Karte sofort wieder.

Die Herstellung von Karten

VOR rund 4.500 Jahren ritzte ein geschickter Arbeiter in Babylon einige Zeichen in ein Tontäfelchen. Wahrscheinlich zeigten sie einige Häuser in einem nahen Flusstal. Er hatte eine der ersten Karten entworfen.

Auch die antiken Ägypter und Griechen zeichneten Karten. Der ägyptisch-griechische Forscher Ptolemäus (365–283 v. Chr.) schrieb alles auf, was über die damalige Welt bekannt war, und zeichnete Karten dazu, die er in sein umfangreiches Werk *Geografie* aufnahm. Im Mittelalter waren die chinesischen und arabischen Gelehrten führend in der Kartenherstellung. Aus China stammt auch die erste gedruckte Karte, die 1155 hergestellt wurde. Damals war der Buchdruck in Europa noch nicht erfunden.

Erst als die Europäer im 16. Jh. begannen, fremde Länder zu entdecken, wurden immer mehr Karten gezeichnet. Als Kolumbus 1492 die Segel setzte, um nach der neuen Welt zu suchen, enthielten die Weltkarten weder Nord- noch Südamerika. Nachdem Johannes Gutenberg den Buchdruck erfunden hatte (um die Mitte des 15. Jh.), wurden die Karten preiswerter.

Die Siedler in neu entdeckten Ländern brauchten Karten. Die ersten amerikanischen Siedler orientierten sich um die Wende des 18. zum 19. Jh. an Karten, die ihnen den Weg nach Westen zeigten. In den Weltkriegen benutzten die Armeen bereits genaue Karten, die von Luftaufnahmen abgezeichnet worden waren.

Moderne Karten werden von Computern gezeichnet. Als Grundlage dienen Luftaufnahmen oder die Bilder von Satelliten aus dem Weltraum. Diese Karten sind äußerst präzise.

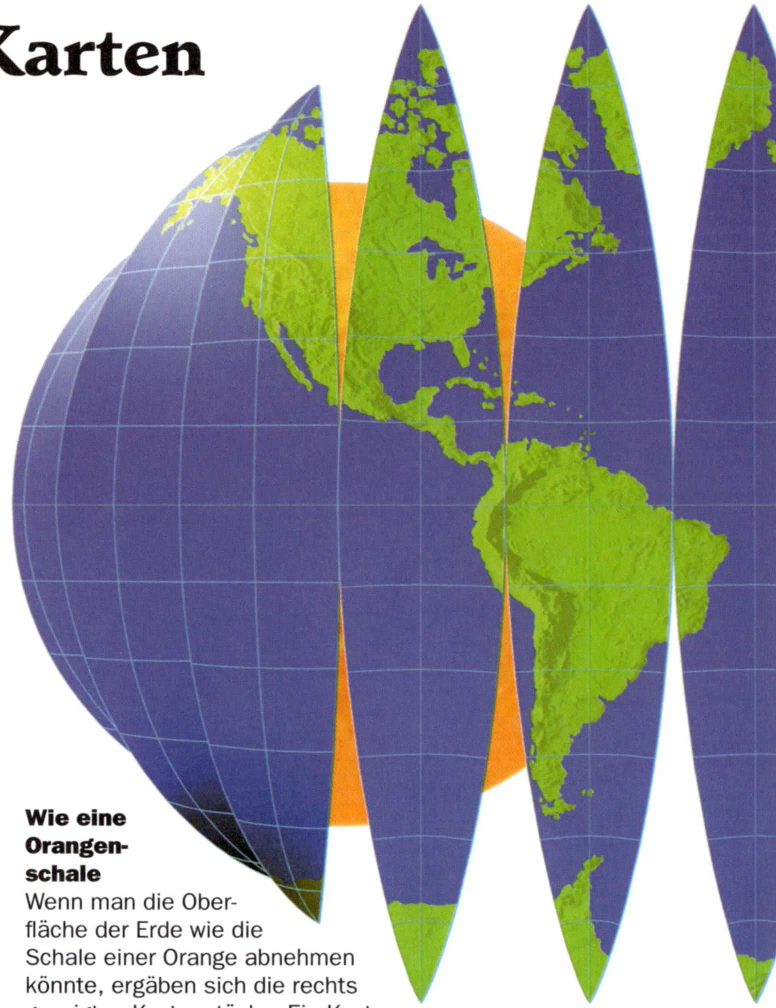

Wie eine Orangenschale
Wenn man die Oberfläche der Erde wie die Schale einer Orange abnehmen könnte, ergäben sich die rechts gezeigten Kartenstücke. Ein Kartenzeichner muss die Stücke strecken, damit die Lücken verschwinden.

▲ *Die Weltkarte von Ptolemäus erschien erstmals 150 n.Chr. in Ägypten. Erst 1.300 Jahre später tauchte sie in einem gedruckten Atlas in Deutschland wieder auf.*

Die Karte der 13 amerikanischen Kolonien
Die Auswanderer, die aus England kamen, siedelten sich im 17. und 18. Jh. zuerst an der amerikanischen Ostküste an. Die 13 Staaten, die sie dort gründeten, wurden die Keimzelle der Vereinigten Staaten von Amerika.

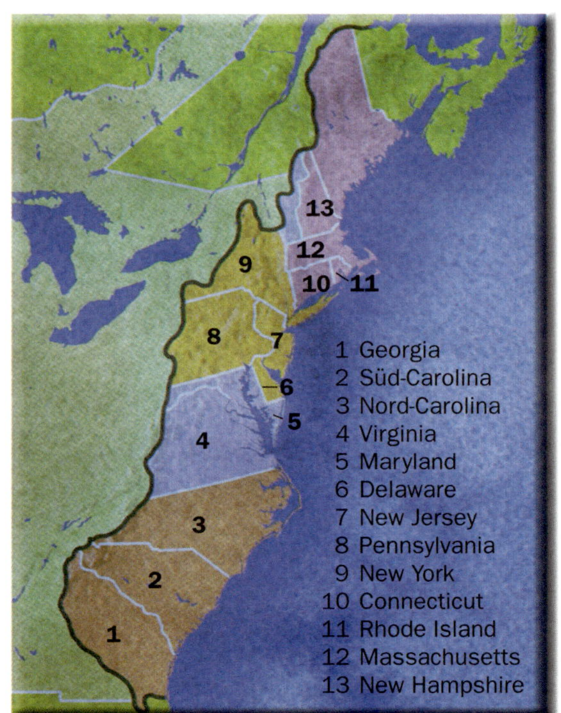

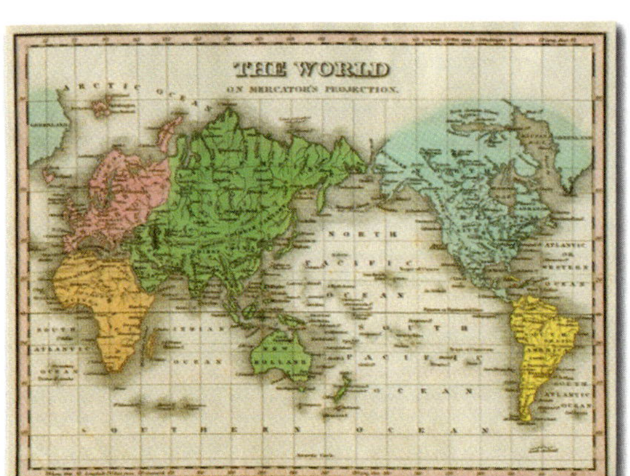

► *Gerhard Mercator war ein Kartenmacher aus Flandern im heutigen Belgien. Im Jahre 1569 stellte er die gewölbte Erdkugel auf einem flachen Kartenblatt dar. Mit solchen Karten konnten Seeleute viel besser navigieren.*

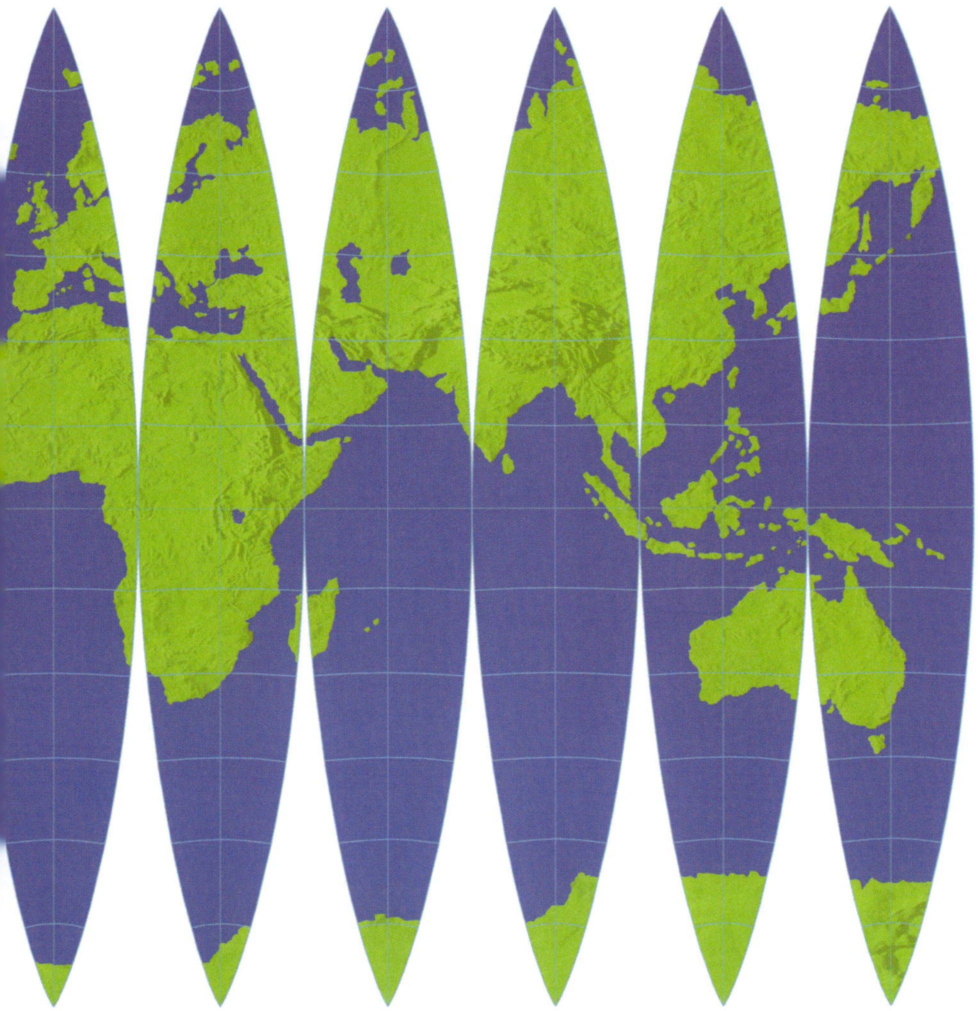

Was ist eine Projektion?

Die schwierigste Aufgabe für einen Kartenzeichner ist es, die gewölbte Erdoberfläche auf eine flache Karte zu übertragen. Das ist nur möglich, wenn die „echte“ Fläche gedehnt und verzerrt wird. Die Art und Weise, wie diese Verzerrung durchgeführt wird, nennt man Projektion. Es gibt verschiedene Projektionen, die alle einen anderen Zweck erfüllen. Einige stellen zwar die Umrissformen der Kontinente richtig dar, zeigen sie aber in einer falschen Größe. Bei anderen Projektionen ist es genau umgekehrt. Keine einzige Projektion stellt die Erdoberfläche absolut präzise dar; alle müssen sie etwas verzerren.

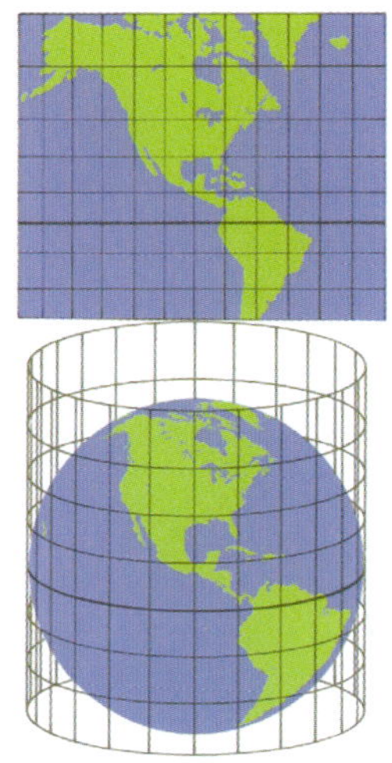

Zylinderprojektion
Stelle dir vor, du legst ein Blatt Papier zylinderförmig um einen beleuchteten Globus. Durch das Licht werden die Längen- und Breitengrade und auch die Kontinente auf das Papier projiziert. Wenn du die Linien nachzeichnest und dann das Papier abnimmst, hast du eine Karte vor dir, wie Seeleute sie benutzen.

Kegelprojektion
Diesmal legst du einen zusammengerollten Papierkegel über den Globus. Wieder werden die Längen- und Breitenkreise und die Kontinente übertragen. Rollt man den Kegel auseinander, erhält man Karten, in der die Landgröße von Nord- und Südkontinenten ziemlich genau stimmt.

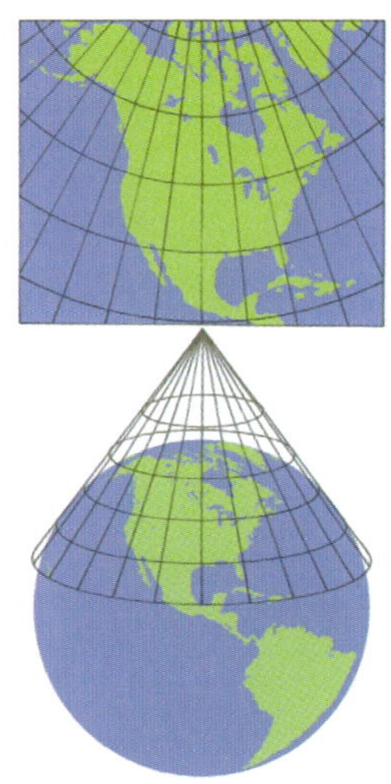

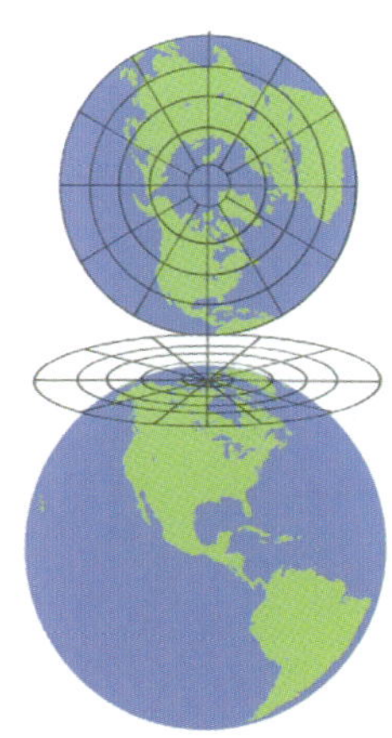

Projektion auf eine Ebene
Diesmal berührt das Papier den Globus nur in einem Punkt. Man geht genauso vor wie bei den anderen Projektionen, nur werden die Linien direkt auf ein flach liegendes Papier gezeichnet. Mit solchen Karten stellt man die Region um Nord- oder Südpol dar.

Ländergrenzen in Europa
Eine politische Karte stellt die Grenzen von Staaten und Ländern dar. Die beiden Karten unten zeigen dieselbe Region mit ganz unterschiedlichen Grenzen. Die linke Karte zeigt einen Teil Europas im Jahr 1980. Die rechte Karte stellt dieselbe Region im Jahr 1999 dar. Zu dieser Zeit hatten sich die UdSSR, Jugoslawien und die Tschechoslowakei aufgelöst und die DDR und die Bundesrepublik waren wiedervereinigt.

1 Bundesrepublik Deutschland
2 DDR
3 Polen
4 UdSSR
5 Tschechoslowakei
6 Ungarn
7 Rumänien
8 Jugoslawien
9 Bulgarien
10 Albanien

1 Deutschland
2 Polen
3 Kaliningrad
4 Litauen
5 Lettland
6 Weißrussland
7 Russische Föderation
8 Ukraine
9 Tschechische Rep.
10 Slowakei
11 Ungarn
12 Rumänien
13 Moldau
14 Slowenien
15 Kroatien
16 Bosnien-Herzegowina
17 Jugoslawien
18 Bulgarien
19 Albanien
20 Mazedonien

Die Benutzung der Karten

Jede Karte bildet einen Teil der Erdoberfläche ab. Mit Hilfe von Linien, Farben und Symbolen zeigt sie das, was real auf der Erde vorhanden ist. Karten können die gesamte Erde oder nur einen kleinen Teil eines Landes oder einer Stadt zeigen. Je nach Darstellung zeigen sie verschiedene Dinge – die Lage von Ländern oder Städten, die Formen der Landschaft, die Verteilung der Bevölkerung oder das Klima einer bestimmten Region.

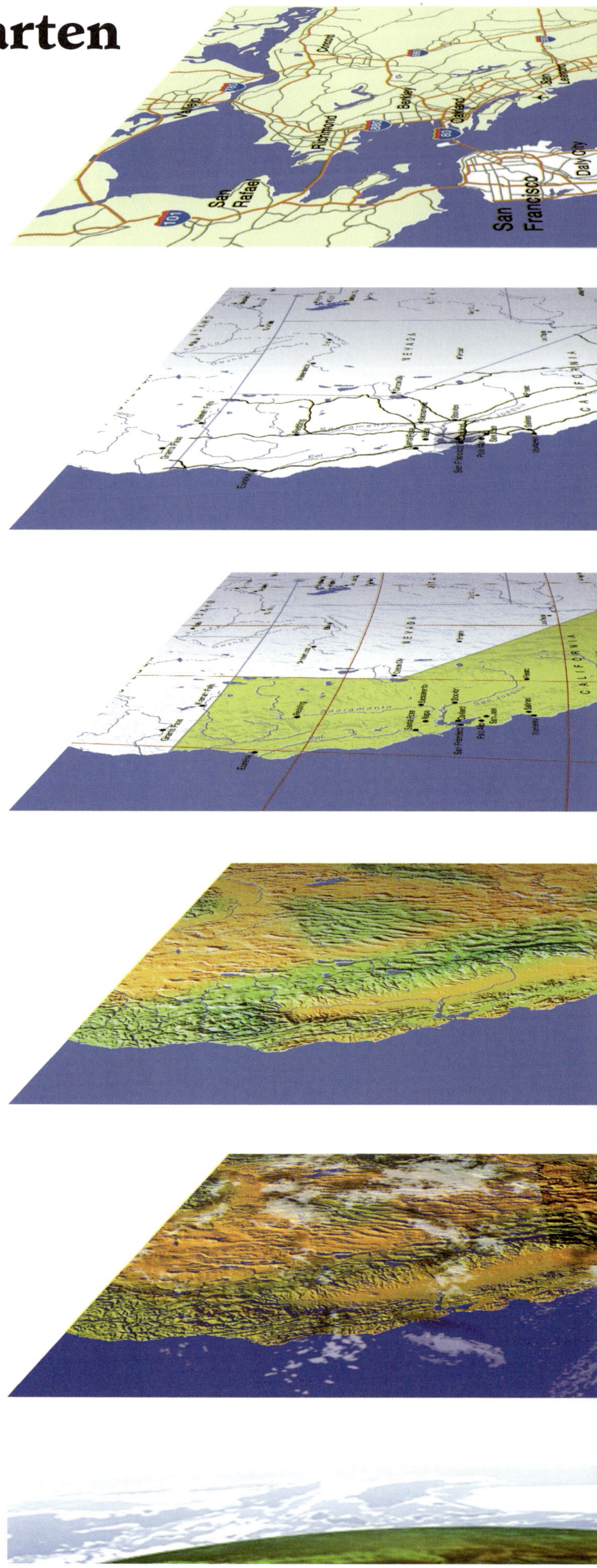

Unterschiedliche Karten

Die Art der Karte richtet sich danach, was man darstellen möchte. Wer durch eine Landschaft wandert, braucht eine viel genauere Karte als ein Autofahrer, der nur Straßen benutzt. Der Wanderer muss z. B. wissen, wie steil ein Hang ist oder welche Form die Landschaft hat, wo Flüsse verlaufen, wo es Brücken gibt und wie ein Wanderweg verläuft. Der Autofahrer ist daran interessiert, ob es eine Autobahn gibt, die ihn zum Ziel bringt, wo Aussichtspunkte oder Naturschutzgebiete zu finden sind und auch, wo Tankstellen oder Raststätten liegen.

Der Maßstab

Natürlich ist die reale Landschaft immer viel größer als eine Karte. Daher enthält jede Karte einen Maßstab, der das Größenverhältnis zwischen Realität und Kartendarstellung angibt. Eine Weltkarte zeigt, z. B. im Vergleich zu Wanderkarten, kaum Details.

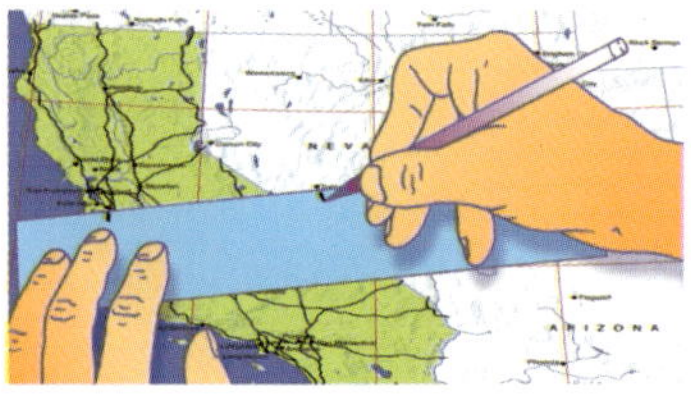

So wird der Maßstab benutzt

1 Um eine Entfernung zu bestimmen, misst du ihren Kartenabstand mit einem Lineal; du kannst den Abstand auch auf ein Papier übertragen.

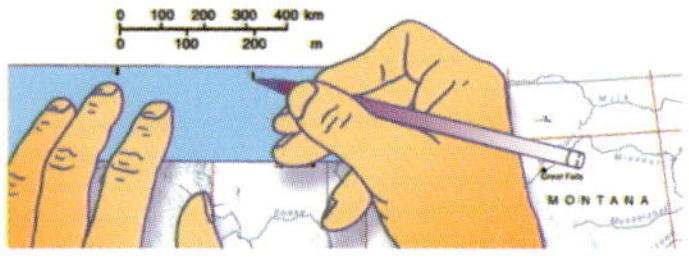

2 Nun legst du das Lineal oder das Papier unter den Maßstab auf der Karte. Ist die Strecke länger als der Maßstab, markierst du das Ende des Maßstabes auf Lineal/Papier und schreibst die Streckenlänge (z. B. 200 km) auf. Die Markierung ist der neue Nullpunkt.

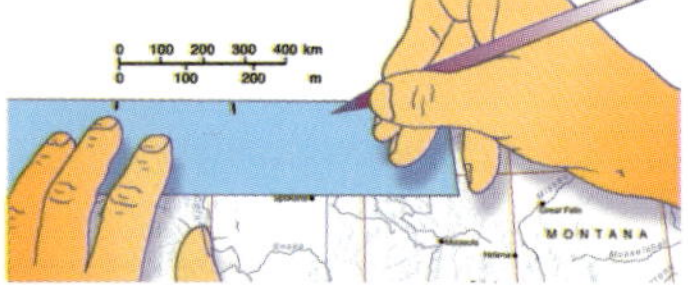

3 Wiederhole die Messung so lange, bis du die gesamte Messstrecke mit dem Maßstab verglichen hast. Nun brauchst du nur die einzelnen Streckenlängen zu addieren und hast den realen Abstand in Kilometern.

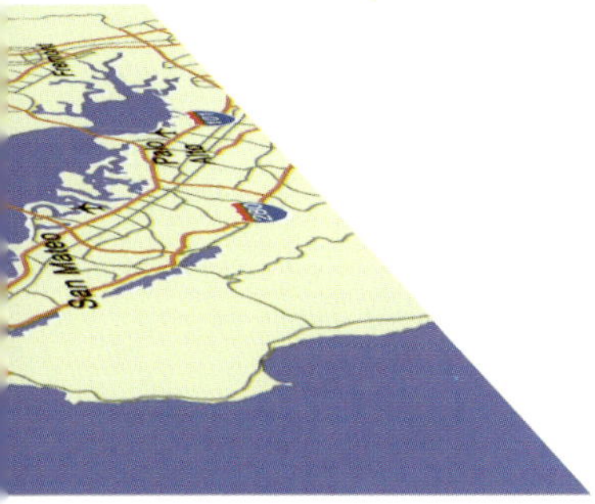

Stadtplan
Mit einem Stadtplan findest du dich in einer Stadt zurecht. Diese Karte zeigt einen Ausschnitt der Stadt San Francisco in Kalifornien (USA).

Straßenkarte
Diese Karte zeigt den Verlauf von Straßen in Kalifornien. Dargestellt sind Highways (Autobahnen), Querverbindungen, vierspurige Straßen, touristische Routen und einige kleinere Straßen.

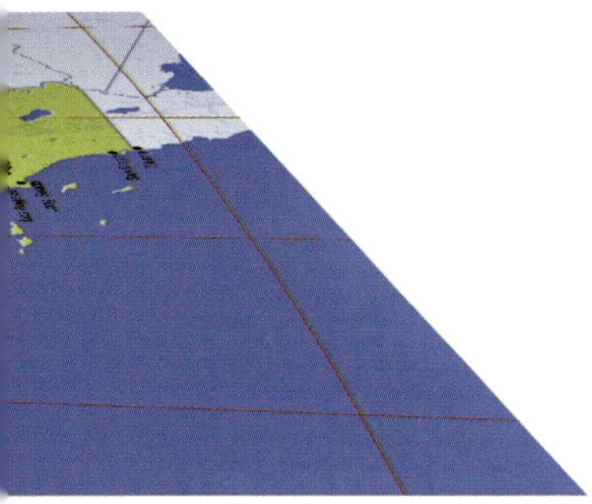

Politische Karte
Diese politische Karte stellt die Grenzen von Kalifornien und seinen Nachbarstaaten dar. Auch Hauptstädte und andere wichtige Städte sind mit Name und Position in der Karte eingezeichnet.

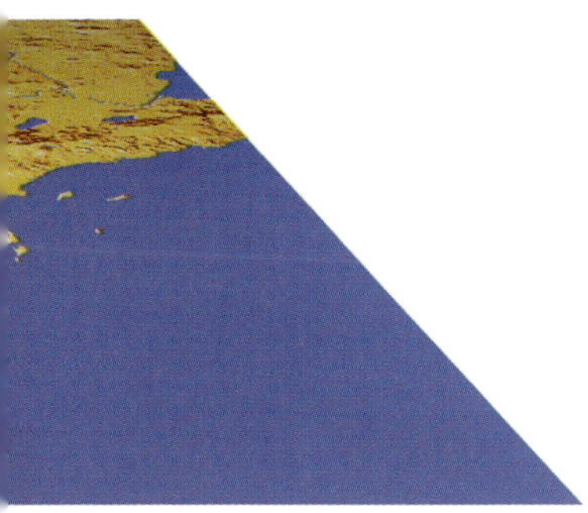

Physische Karte
In physischen Karten werden die Eigenschaften einer Landschaft gezeigt – hier die Gebirge und Ebenen von Kalifornien, die Wüsten, Flüsse und der Verlauf der Küstenlinie.

Satellitenbild
Das Bild zeigt die Erdoberfläche wie sie aus dem Weltraum aussieht. Es wurde nicht durch einen Kartenzeichner verändert.

Die Erde aus dem Weltraum
Auch solche Satellitenbilder werden vom Weltraum aus aufgenommen. Sie zeigen einen Ausschnitt der Erdoberfläche.

Suche nach einem bestimmten Ort

Jede Karte enthält zur besseren Orientierung ein Netz von Linien, um einen bestimmten Ort wiederzufinden. Die waagerechten Linien stellen Breitenkreise, die senkrechten Längenkreise dar. Geografische Längen und Breiten werden in Grad (°) angegeben.

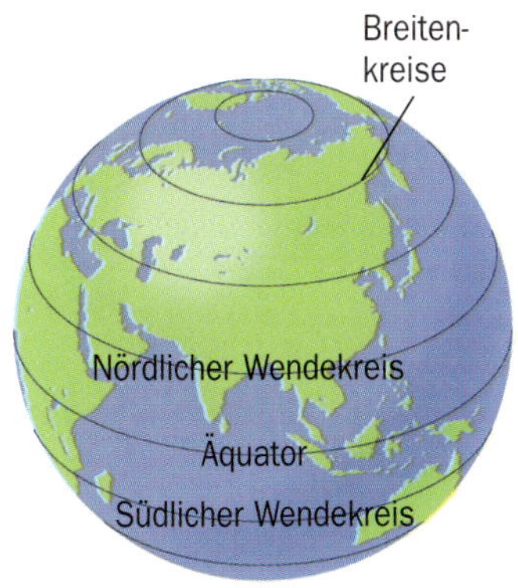

Breitenkreise
Die Breitenkreise verlaufen in Ost-West-Richtung über die Erdkugel. Sie geben an, wie weit ein Ort vom Äquator (0°) entfernt ist. Man unterscheidet eine nördliche und eine südliche Breite – die beiden Pole liegen bei 90° nördlicher bzw. südlicher Breite. Auf dem Globus sind die beiden Wendekreise eingezeichnet. Sie geben die nördliche bzw. die südliche Grenze der Tropen an. Die Sonne steht zwischen den Wendekreisen zweimal im Jahr genau senkrecht über der Erdoberfläche, daher ist es in den Tropen sehr heiß.

Längenkreise
Die Längenkreise oder Meridiane sind gedachte Linien, die vom Nordpol zum Südpol verlaufen. Die Einteilung beginnt mit dem Nullmeridian von Greenwich bei London in Großbritannien – er befindet sich exakt bei 0°.

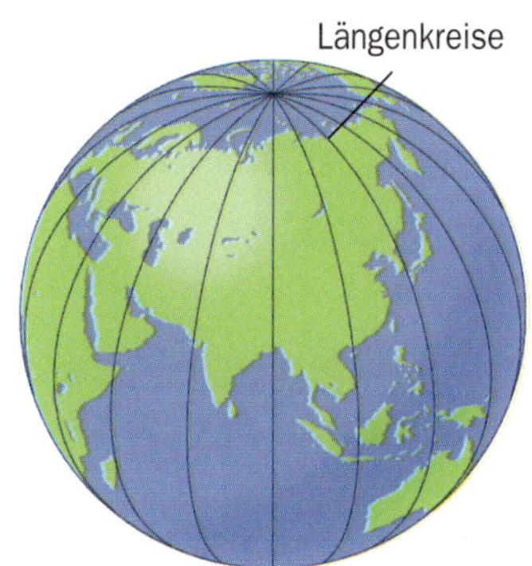

Hemisphären

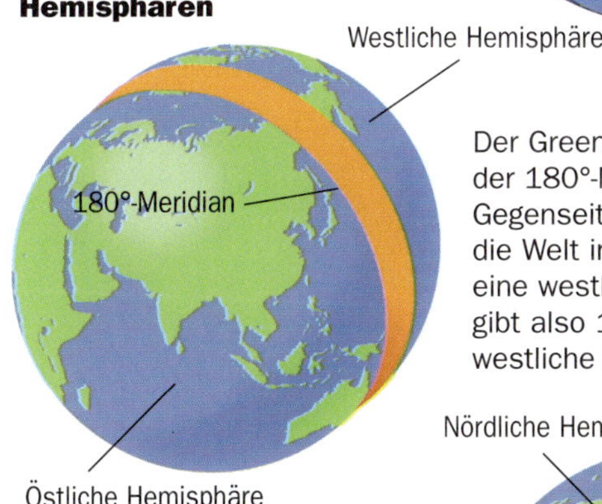

Der Greenwich-Meridian und der 180°-Meridian (auf der Gegenseite der Erdkugel) teilen die Welt in eine östliche und eine westliche Hemisphäre. Es gibt also 180 östliche und 180 westliche Längenkreise.

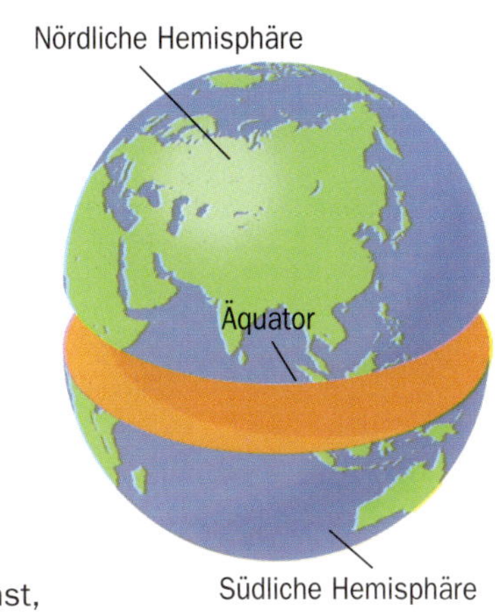

Der Äquator teilt die Erde in eine nördliche und eine südliche Hälfte. Es gibt 90 nördliche und 90 südliche Breitenkreise.

Wenn du den Längen- und Breitengrad eines Ortes kennst, lässt er sich problemlos auf einer Karte finden. Berlin liegt auf 52,5° nördlicher Breite und 13,4° östlicher Länge (52,5°N, 13,4°Ö). Der Schnittpunkt des Breitenkreises 52,5° nördlich des Äquators mit dem Meridian 13,4° östlich von Greenwich befindet sich mitten in Berlin.

Die Erde im Weltraum

Die Erde kreist zusammen mit anderen Planeten, Monden, Kometen, Asteroiden und anderen Himmelskörpern um die Sonne. Alle diese Objekte bilden das Sonnensystem. Die Sonne wiederum ist ein kleiner Stern unter Millionen anderer Sterne in einer Galaxie mit dem Namen Milchstraße. Als Bewohner der Milchstraße sind wir ebenfalls nichts Besonderes, denn es gibt viele Millionen anderer Galaxien in den unendlichen Weiten des Universums.

Jeder der neun Planeten unseres Sonnensystems bewegt sich auf einer elliptischen Umlaufbahn um die Sonne. Wegen der unterschiedlichen Abstände dauert eine Reise um die Sonne für jeden Planeten unterschiedlich lange: Die Erde braucht $365^1/_4$ Tage. Merkur, der der Sonne am nächsten steht, schafft es in 88 Tagen. Der am weitesten entfernte Planet Pluto benötigt für eine einzige Umrundung 248 Erdenjahre.

Die Bewegung der Erde

Die Erde dreht sich um die eigene Achse, eine gedachte Linie zwischen Nord- und Südpol. In einer Umdrehung, die 24 Stunden dauert, erleben wir daher Tag und Nacht: Auf der Seite, die von der Sonne beleuchtet wird, herrscht gerade Tag, auf der Schattenseite Nacht. Gleichzeitig bewegt sich die Erde um die Sonne. Da die Achse der Erde nicht genau senkrecht steht (sie ist um $23^1/_2°$ geneigt) wird mal die Südhalbkugel, mal die Nordhalbkugel stärker beleuchtet – so entstehen die Jahreszeiten.

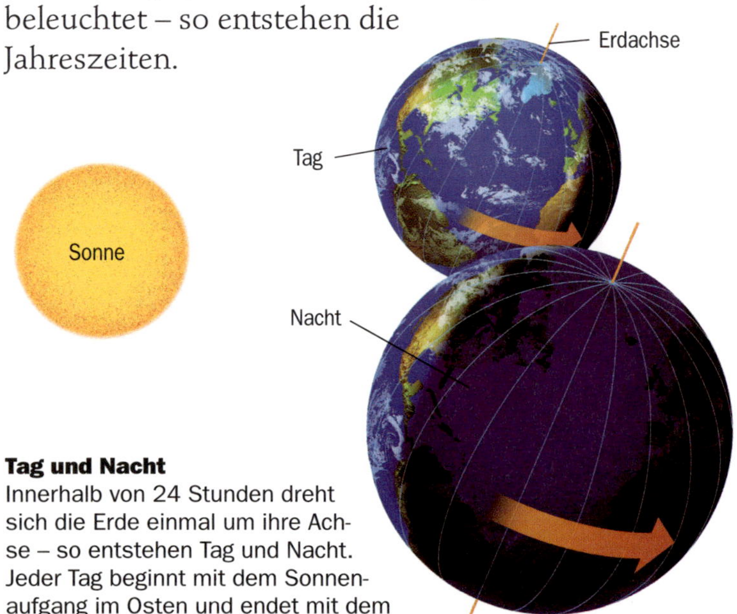

Die Erde dreht sich um die eigene Achse.

Tag und Nacht
Innerhalb von 24 Stunden dreht sich die Erde einmal um ihre Achse – so entstehen Tag und Nacht. Jeder Tag beginnt mit dem Sonnenaufgang im Osten und endet mit dem Sonnenuntergang im Westen. Um die Mittagszeit steht die Sonne am höchsten.

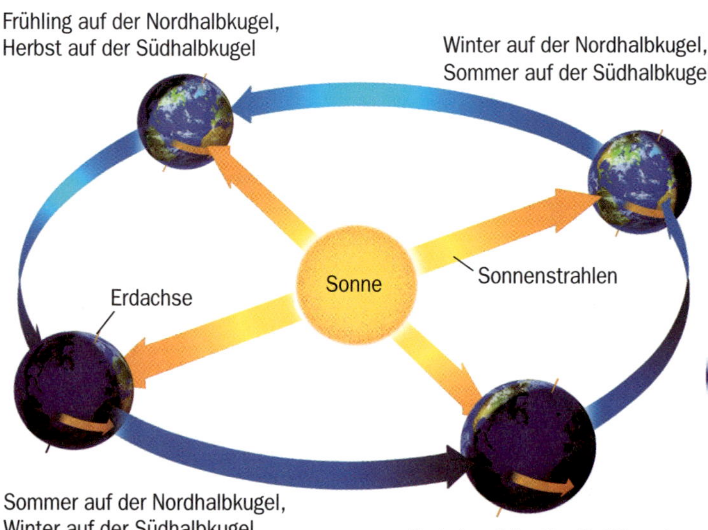

Die Umlaufbahn der Erde
Da die Erdachse leicht gegen die Bahnrichtung um die Sonne geneigt ist, gibt es Jahreszeiten. Von März bis September ist die Nordhalbkugel in Richtung der Sonne geneigt; daher herrschen hier erst Frühling, dann Sommer. Gleichzeitig ist die Südhalbkugel von der Sonne abgewandt; hier herrschen Herbst und Winter. Von September bis zum nächsten März ist jedoch die Südhalbkugel zur Sonne geneigt; jetzt herrschen hier Frühling und Sommer, während die Nordhalbkugel Herbst und Winter erlebt.

▶ Dieses spektakuläre Foto wurde von dem Weltraumteleskop Hubble aufgenommen. Es zeigt die Gaswolken um einen sterbenden Stern. Seit Hubble 1990 in den Weltraum geschossen wurde, hat es uns die besten, schärfsten und genauesten Bilder von Ereignissen aus dem Weltraum geliefert. Regelmäßig fliegen Astronauten mit einem Space-Shuttle hinauf und warten das Teleskop.

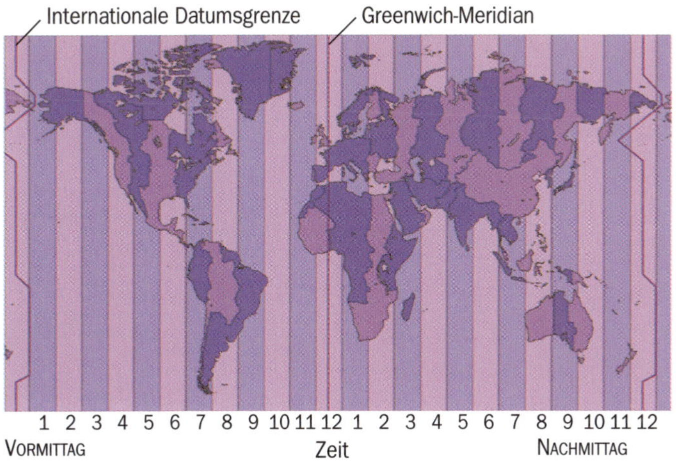

Zeitzonen

Um es den Reisenden etwas einfacher zu machen, ist die Welt in 24 Zeitzonen untergliedert. Die Zonen beginnen am Nullmeridian von Greenwich und sind jeweils etwa 15 Längengrade breit. Es gibt 23 ganze Zeitzonen und westlich und östlich der Datumsgrenze jeweils eine Halbzone. Die Datumsgrenze ist eine Linie, die bei 180°, d. h. genau gegenüber Greenwich, gezogen wurde. In jeder Zeitzone ist es genau eine Stunde früher als in der westlich angrenzenden Zone und eine Stunde später als in der östlich angrenzenden Zone.

Wenn du daher zwei Zeitzonen nach Osten reist, musst du deine Uhr um zwei Stunden vorstellen, reist du eine Zeitzone nach Westen, wird die Uhr um eine Stunde zurückgestellt.

Die Planeten

Einige der Planeten, wie Erde und Mars, bestehen vorwiegend aus Gestein. Andere bestehen aus Gas und sind sehr viel größer als die Erde. Sie werden manchmal „Gasriesen“ genannt. Pluto ist der kleinste Planet, er besteht aus einer Mischung von Eis und Gestein. Die Erde ist der einzige unter den neun Planeten, auf dem sich Leben entwickeln konnte.

Unser blauer Planet

Wüsten, die fast ein Drittel des afrikanischen Kontinents bedecken, ein Wasserfall von 914 m Höhe (der höchste deutsche Kirchturm, das Ulmer Münster, ist gerade 161 m hoch), oder ein 555 km langes Höhlensystem: Dies sind nur drei der unglaublichen Naturerscheinungen, die man auf unserem einzigartigen Planeten finden kann.

Etwa 73 % der Erde sind von Wasser bedeckt. Allein der Pazifik, der größte Ozean der Welt, bedeckt fast ein Drittel der Erdoberfläche. Die Landmassen werden heute in sieben Kontinente untergliedert. Vom größten zum kleinsten sind das Asien, Afrika, Nordamerika, Südamerika, Antarktis, Europa und Australien mit Ozeanien. In den Landschaften der Erde findet man viele wunderbare Naturerscheinungen: Mächtige Gebirge und heiße, trockene Wüsten, rauschende Flüsse und große Seen, majestätische Vulkane und steile Täler, unterirdische Höhlen, gewaltige Gletscher (Eisströme) und vereiste Kontinente.

Die Erde wird heute von mehr als 6 Mrd. Menschen bewohnt, die fast jeden Winkel besiedelt haben. Wir teilen diese Welt mit über 2 Mio. Tier- und Pflanzenarten, die so groß sein können wie ein Blauwal oder ein Mammutbaum, oder so winzig, dass man sie nur unter einem starken Mikroskop sehen kann.

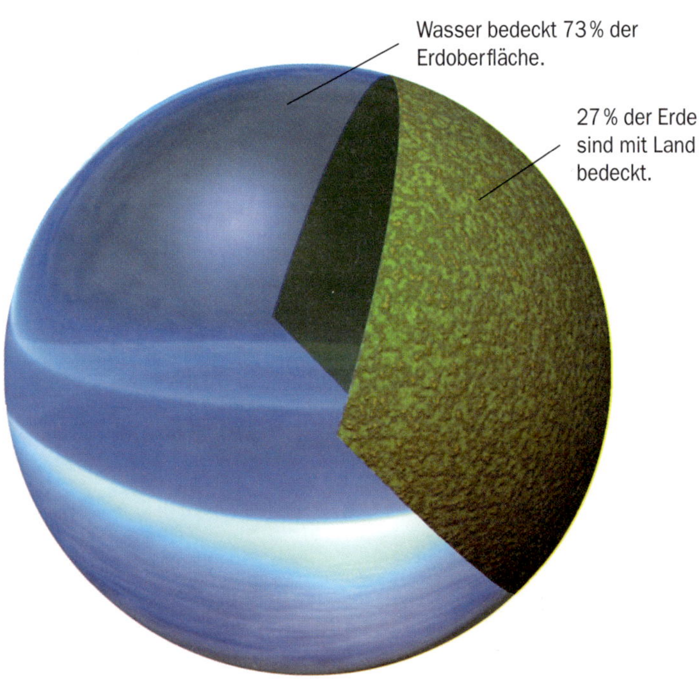

Wasser auf der Erde
Die Ozeane und Meere enthalten mehr als 97 % der Wasservorräte der Erde. Die restlichen 3 % sind entweder als Gletschereis gefroren oder befinden sich in Flüssen, Seen und unterirdischen Gewässern.

Einwohnerzahlen
Etwa die Hälfte der Weltbevölkerung lebt in nur fünf Staaten: China, Indien, den USA, Indonesien und Brasilien.

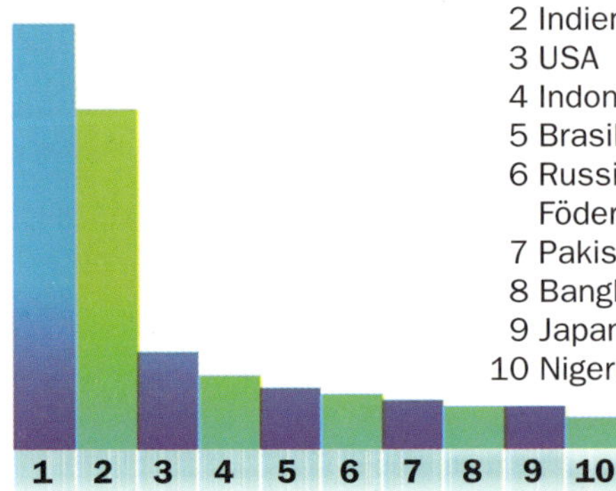

1	China	1.250.066.000
2	Indien	1.000.845.550
3	USA	275.306.000
4	Indonesien	216.108.345
5	Brasilien	171.853.126
6	Russische Föderation	146.393.569
7	Pakistan	138.123.359
8	Bangladesch	127.117.967
9	Japan	126.182.077
10	Nigeria	113.828.587

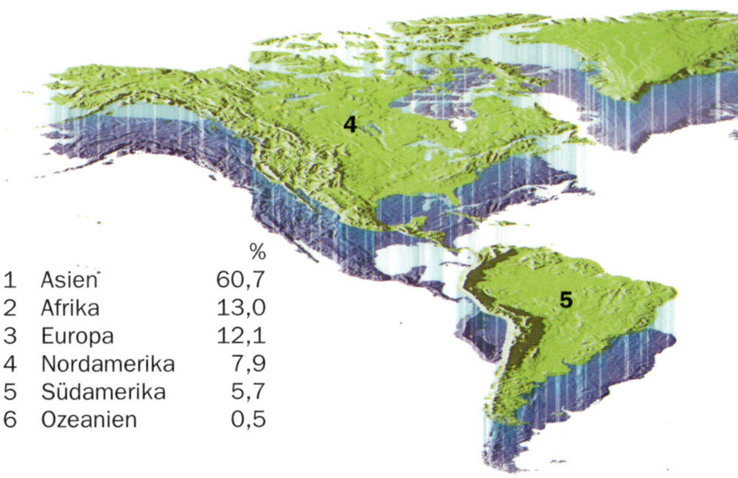

		%
1	Asien	60,7
2	Afrika	13,0
3	Europa	12,1
4	Nordamerika	7,9
5	Südamerika	5,7
6	Ozeanien	0,5

◀ *Der höchste Berg*
Der Mt. Everest an der Grenze zwischen China und Nepal ist der höchste Berg der Erde. Wie die neuesten Messungen ergeben haben, ist er sogar noch ein wenig höher als bisher vermutet. Im November 1999 wurde seine offizielle Höhe auf 8.848 m festgelegt – 2 m höher als bisher in Karten angegeben.

▶ *Der tiefste Ort*
Das Tote Meer befindet sich auf der Grenze zwischen Israel und Jordanien. Es liegt 400 m unter dem Meeresspiegel. In seinem stark salzhaltigen Wasser können keine Fische und nur wenige Pflanzen leben, daher der Name.

◀ *Die größte Wüste*
Die Sahara bedeckt fast ein Drittel des riesigen afrikanischen Kontinents. Sie ist 3,5 Mio. km² groß und besteht zu etwa 30 % aus Sand, der zu teilweise hohen Dünen aufgeweht ist. Der Rest sind ebene Flächen mit kleinen Felsen und Geröll.

Die höchste Bevölkerungsdichte
Die Karte unten zeigt die Bevölkerungsdichte der Kontinente. Die Höhe der Bevölkerungsdichte wird durch die Höhe der schwebenden Kontinente verdeutlicht. Asien hat die höchste Bevölkerungsdichte.

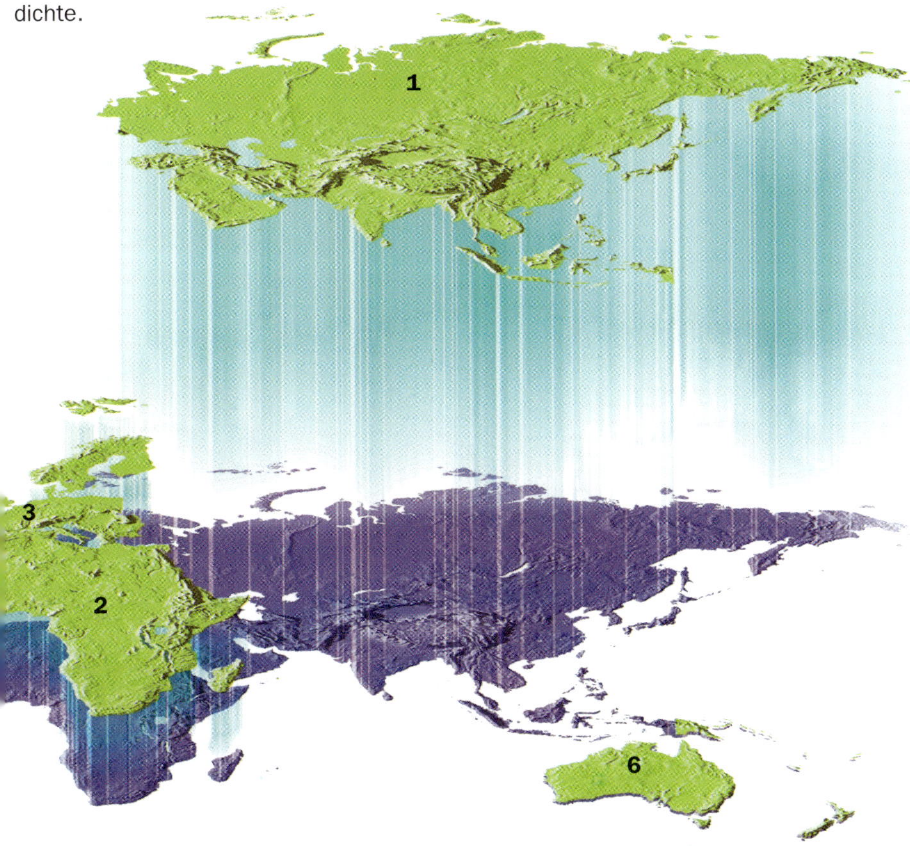

◀ Der größte Ozean
Der Pazifik ist fast doppelt so groß wie der Atlantik; er bedeckt eine Fläche von 1.662.425.000 km².

▶ Die größte Insel
Grönland ist rund viermal so groß wie die nächstgrößere Insel, Papua-Neuguinea. Das eiskalte Grönland nimmt eine Fläche von 2.175.600 km² ein. Grönland gehört zu Dänemark, ist aber 50-mal größer als sein Mutterland.

◀ Der größte See
394.299 km² groß ist das Kaspische Meer in Asien. Obwohl es als See von allen Seiten von Land umschlossen ist, trägt es wegen seines salzigen Wasser schon seit den Römern den Beinamen „Meer". Der größte Süßwassersee ist der Obere See in Nordamerika. Er gehört zu den Großen Seen.

▶ Der längste Fluss
Der majestätische afrikanische Nil fließt von seiner Quelle nahe dem Victoriasee 6.670 km weit, ehe er in das Mittelmeer mündet. Der kürzeste Fluss weltweit liegt in Amerika: Der Roe im Bundesstaat Wisconsin bringt es gerade auf 64 m!

Bevölkerungsexplosion

Jeden Tag nimmt die Weltbevölkerung um durchschnittlich 212.000 Menschen zu. Allerdings ist die Bevölkerung nicht gleichmäßig über die Erde verteilt, denn es gibt eine Reihe großer Länder mit geringer Bevölkerung.

Fläche und Bevölkerung
Australien ist etwa 7,8 Mio. km² groß, hat aber nur 18,8 Mio. Einwohner. Die kleinen Niederlande (41.525 km²) haben fast genauso viele Einwohner wie Australien – 15,8 Millionen.

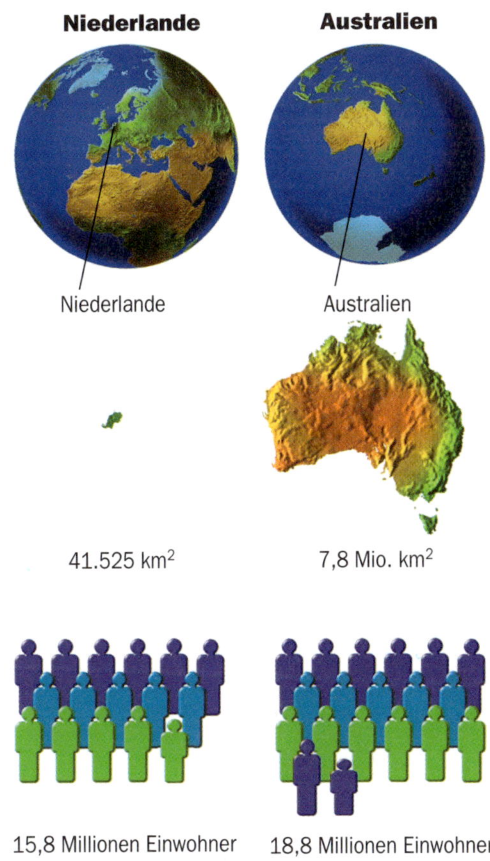

Bevölkerungsdichte
In den trockenen Wüsten und Steppen im Innern von Australien leben nur sehr wenige Menschen. Die meisten Australier wohnen an den kühleren Küsten, wo mehr Regen fällt. Daher ist dieses Land im Durchschnitt nur sehr dünn besiedelt: Pro Quadratkilometer leben gerade 2,3 Menschen. In den winzigen Niederlanden leben dagegen 380 Menschen auf einem Quadratkilometer. Das am dichtesten besiedelte Land der Erde ist jedoch Bangladesch in Südasien. Hier leben 883 Menschen pro Quadratkilometer.

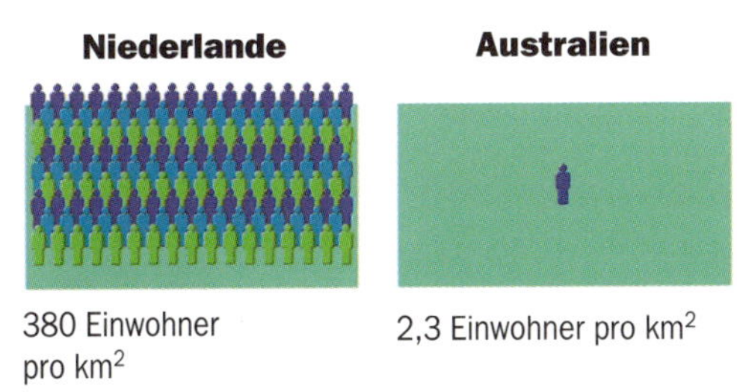

Die Erde in Bewegung

Die Erde ist eine riesige, felsige Kugel. Ihre Oberfläche wird von großen Landmassen und riesigen Ozeanen bedeckt. Dennoch gehören beide zur harten „Kruste“ der Erde, die den gesamten Planeten überzieht. Unter den Kontinenten ist die Kruste mit 40 km Stärke dicker ausgebildet als unter den Ozeanen, wo sie nur 8 km dick ist.

Unterhalb der Erdkruste lagern heiße Gesteine und Metalle, die zum Teil flüssig, zum Teil aber auch fest sein können. An die Kruste schließt sich der so genannte Erdmantel an. Er ist eine Gesteinsschale, die bis 2.900 km tief reicht. Sie besteht aus chemischen Elementen wie Silizium, Aluminium, Magnesium, Eisen und Sauerstoff. Nach innen folgt auf den Mantel der äußere Kern. Dieser ist so heiß, dass Eisen und Nickel geschmolzen sind. Hier herrschen Temperaturen von rund 5.000 °C – das ist 500-mal heißer als kochendes Wasser!

Noch weiter im Innern der Erde folgt ein innerer Kern aus festem Eisen und Nickel. Die Entfernung von der Erdoberfläche bis zum Mittelpunkt beträgt 6.400 km. Wissenschaftler untersuchen das Innere der Erde, indem sie die Ausbreitung von Erdbebenwellen auswerten.

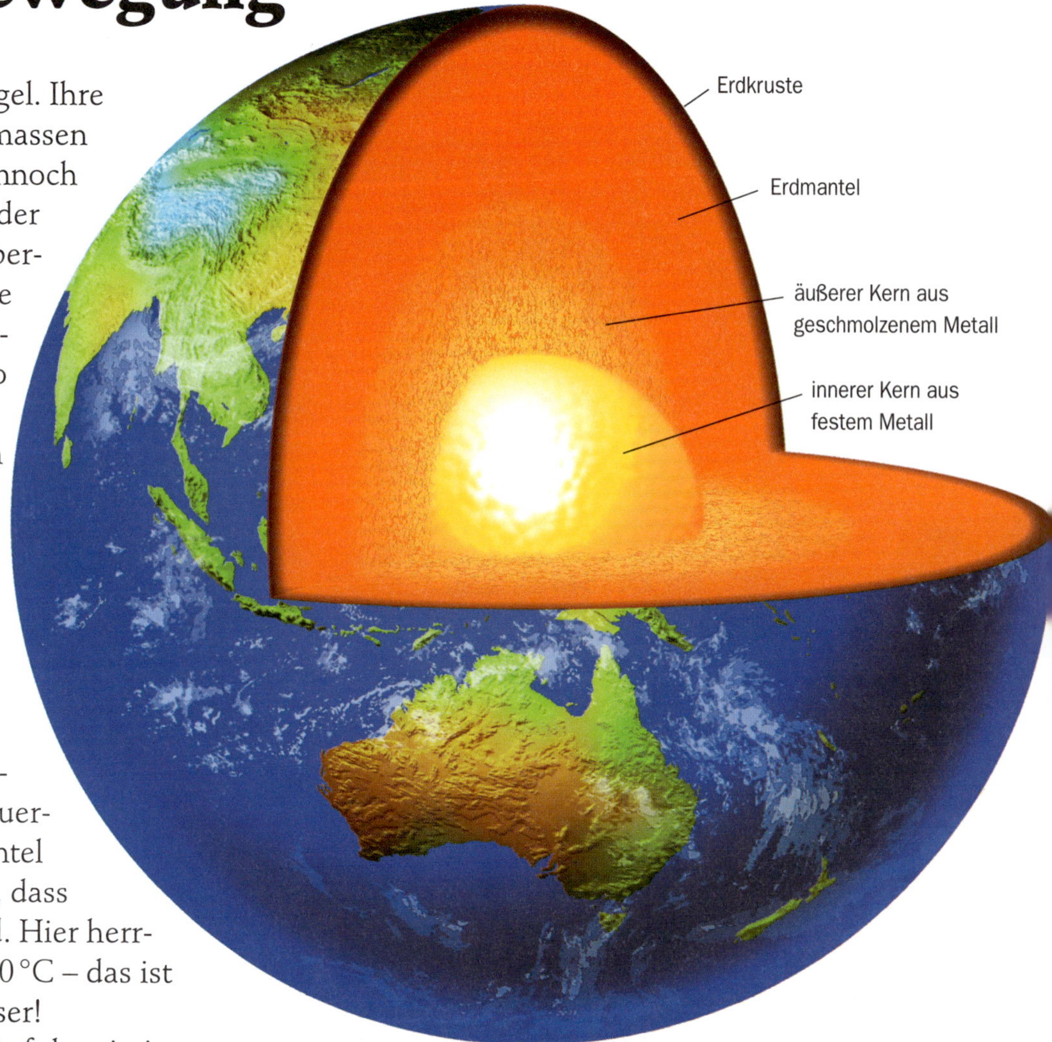

Das Innere der Erde
Der Anteil der Kruste unter den Landmassen wird Kontinentalkruste genannt, während die ozeanische Kruste unter den Meeren liegt. Je tiefer man in die Kruste und den Mantel vordringt, desto höher steigt die Temperatur. Wie es jedoch im äußeren und inneren Kern aussieht, darüber kann man nur Vermutungen anstellen. Es ist Wissenschaftlern bisher weder gelungen, ihn zu sehen, noch Proben zu nehmen. Allerdings glauben sie, dass der äußere Kern aus flüssigem Eisen und Nickel, der innere aus festen Metallen besteht.

Ein bewegtes Puzzle
Die Erdkruste ist in 16 große Stücke zerbrochen, die so genannten Platten. Jede Platte besteht aus Gestein und einem Teil des äußeren Mantels. Die Platten schwimmen auf dem flüssigen Metall unter ihnen. Dabei entstehen Kräfte, die die Platten in ständiger Bewegung halten. Allerdings kann man die Bewegungen der Platten nicht direkt spüren, denn sie wandern mit Geschwindigkeiten von nur 1,25–10 cm pro Jahr. An den Berührungsstellen der Platten kommt es häufiger zu Erdbeben und Vulkanausbrüchen.

▲ Bedeutende Vulkane
● Erdbebengefährdete Gebiete
Plattengrenzen

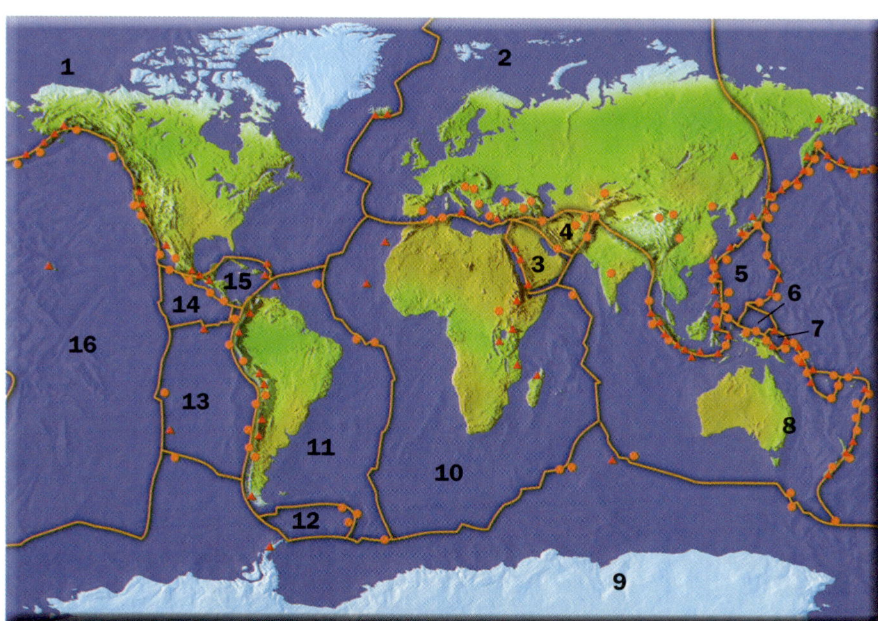

Platten
1 Nordamerikanisch
2 Eurasische
3 Arabische
4 Iranische
5 Philippinische
6 Karolinen
7 Fidschi
8 Indisch-Australisc
9 Antarktische
10 Afrikanische
11 Südamerikanische
12 Scotia
13 Nazca
14 Kokos
15 Karibische
16 Pazifische

Plattentektonik

Manchmal bewegen sich die Platten der Erdkruste voneinander weg, manchmal aufeinander zu; gelegentlich gleiten sie aneinander vorbei. Treffen zwei Platten aufeinander, türmen sich gewaltige Gebirge auf, wie z. B. die Anden in Südamerika. So eine Gebirgsbildung dauert allerdings sehr lange – mehrere Millionen Jahre. Bei einer Kollision kann auch eine der Platten in den Untergrund abtauchen. So entstehen z. B. die tiefen Ozeangräben.

Die Grenze zwischen zwei aneinander vorbeigleitenden Platten heißt Verwerfungslinie. Bei der Gleitbewegung werden die Gesteinsmassen gestaucht und gedehnt. Wird der Druck zu groß, entlädt sich die Spannung ruckartig in einem Erdbeben.

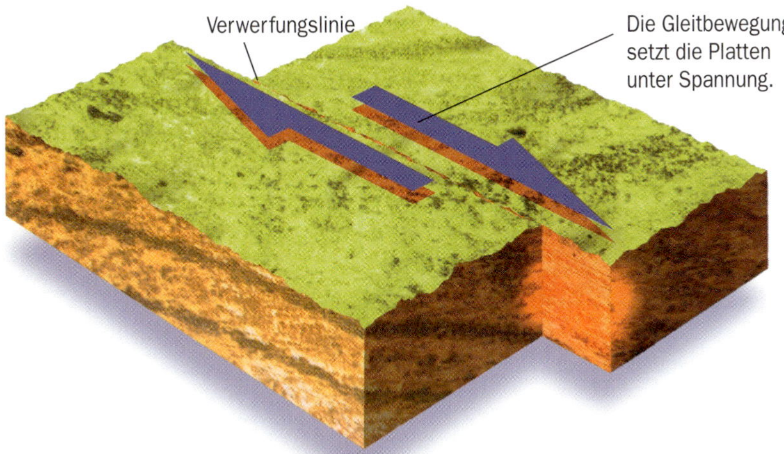

◀ *Ein verheerendes Erdbeben in der Türkei zerstörte 1999 die Häuser von tausenden von Menschen.*

Gefährliche Vulkane

Drückt eine Platte eine andere nach unten, beginnt die harte Kruste zu schmelzen. Dabei kann es passieren, dass geschmolzenes Gestein in einem Vulkanausbruch zur Oberfläche gelangt.

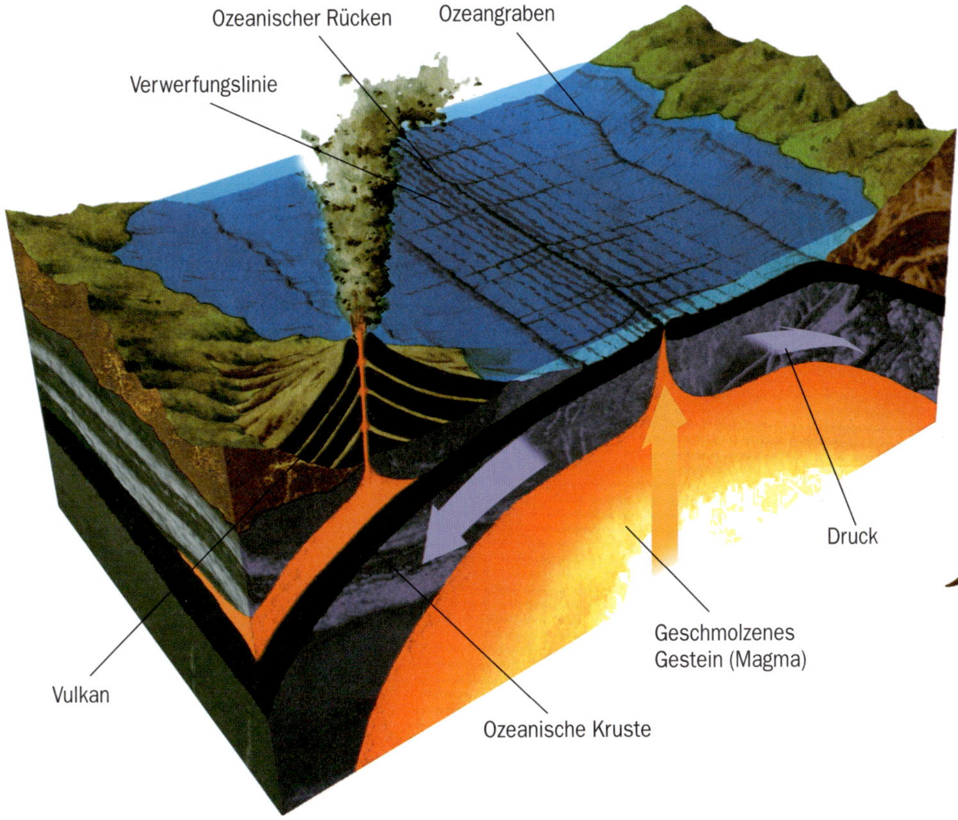

Die Erde wandelt sich

Vor 200 Mio. Jahren

Damals waren alle Kontinente zu einer gewaltigen Landmasse (Pangäa) verbunden, die langsam auseinanderbrach. Zu jener Zeit bevölkerten die größten Dinosaurier unsere Erde und die ersten Vögel flogen am Himmel. In den warmen Meeren lebten Weichtiere, Schnecken und viele Arten von Fischen.

Vor 120 Mio. Jahren

Nachdem Pangäa zerbrochen war, gab es zwei Landmassen: Laurasia im Norden und Gondwanaland im Süden. Auf dem Land tauchten die ersten Blütenpflanzen auf und es gab Dinosaurier mit Hörnern und Knochenplatten.

Vor 60 Mio. Jahren

Laurasia und Gondwanaland brachen noch weiter auseinander; die heutigen Kontinente entstanden. Zu dieser Zeit waren die Dinosaurier bereits ausgestorben. Ihren Platz nahmen die warmblütigen Tiere ein.

Die Weltmeere

MEHR als zwei Drittel der Erdoberfläche sind von Salzwasser bedeckt. Man unterscheidet vier große Ozeane (Pazifik, Atlantik, Indischer Ozean und Südpolarmeer) sowie eine Reihe kleinerer Meere, die auch als Golf bezeichnet werden.

Voller Leben

In den Meeren der Welt wimmelt es von Leben. Es gibt mikroskopisch kleine Lebewesen, die wie die Planktonorganismen frei im Wasser treiben, aber auch den gewaltigen Blauwal, das größte heute lebende Tier. Ein Blauwalbulle erreicht eine Körperlänge von bis zu 30 m. Die meisten Meerestiere leben nahe der Oberfläche, weil hier das Nahrungsangebot am größten ist. Nur wenige Lebewesen halten es in den kalten, dunklen Tiefen oder auf dem Meeresgrund aus.

Der bewegte Ozeanboden

Ozeanografen, das sind Wissenschaftler, die sich mit den Ozeanen befassen, haben herausgefunden, dass der Meeresboden in ständiger Bewegung ist. Jedes Jahr verschiebt er sich um 1,25–10 cm. Der Grund für diese Bewegung ist die ständige Verlagerung der Platten, die den Meeresboden nicht ausschließt. Wenn sich zwei Platten langsam auseinander schieben, entsteht zwischen ihnen neuer Meeresboden. In der Mitte des Atlantiks entfernen sich die beiden Platten jedes Jahr um 2,5 cm voneinander. Im Pazifik treffen dagegen zwei Platten aufeinander und verkleinern den Ozeanboden. Dabei wird eine der beiden Platten nach unten in den Erdmantel gedrückt.

▲ *Neben einem heißen (hydrothermalen) Strom am Meeresgrund haben sich diese seltsamen Röhrenwürmer angesiedelt. Hier strömt durch Mineralien schwarz gefärbtes und durch das heiße Gestein im Untergrund erhitztes Wasser aus.*

Die Gezeiten

Wenn das Meerwasser an der Küste steigt, herrscht Flut, wenn es wieder fällt, Ebbe. Fast überall auf der Welt wechseln an den Meeresküsten zweimal täglich Ebbe und Flut ab. Ursache für diese Gezeiten ist die Anziehungskraft des Mondes: Das Wasser direkt unter dem Mond wird durch seine Gravitation angezogen und bildet einen riesigen Wellenberg. Ein ähnlicher Wellenberg existiert auf der Gegenseite der Erde. Unter dem „Berg“ herrscht Flut, in den Bereichen dazwischen Ebbe. Die beiden Wellenberge bewegen sich nicht wirklich, sondern werden durch die Anziehungskraft von Sonne und Mond an derselben Stelle gehalten. Da sich die Erde jedoch ständig um ihre Achse dreht, wandert sie gewissermaßen unter den Wellenbergen.

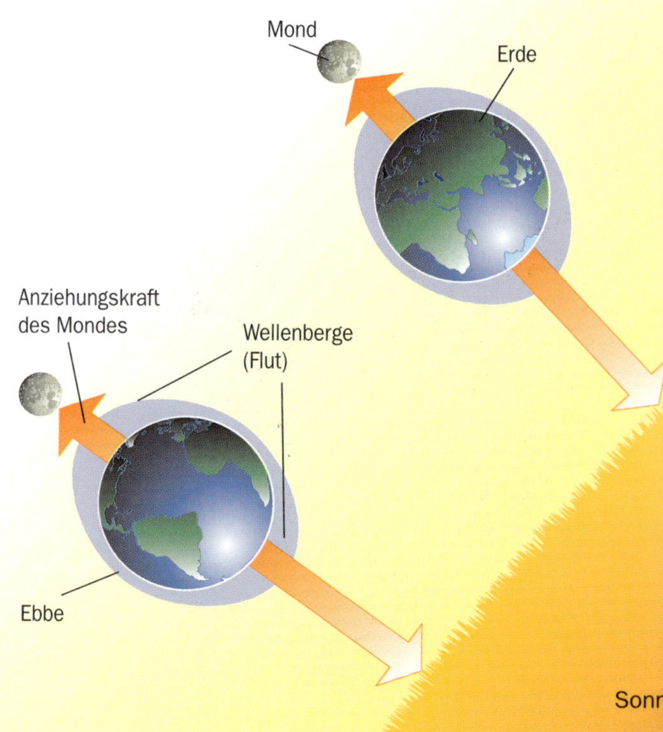

▲ *In diesem Korallenriff in einem warmen, tropischen Meer haben sich Korallen in zahlreichen Formen entwickelt. Das eigentliche Riff besteht aus den abgestorbenen Kalkskeletten der winzigen Korallentiere.*

Landschaft unter Wasser

Die Landschaft am Meeresboden ist fast genauso geformt wie die entsprechenden Landschaften auf den Kontinenten: Es gibt weite, flache Ebenen (oft als Becken bezeichnet), aktive Vulkane, Berge und Gebirge und auch tiefe, steil abfallende Täler, die Tiefseegräben. Unterwasserberge können so hoch sein, dass sie die Meeresoberfläche überragen und als Inseln sichtbar werden. Ein Beispiel sind die Azoren vor der Küste von Nordwestafrika.

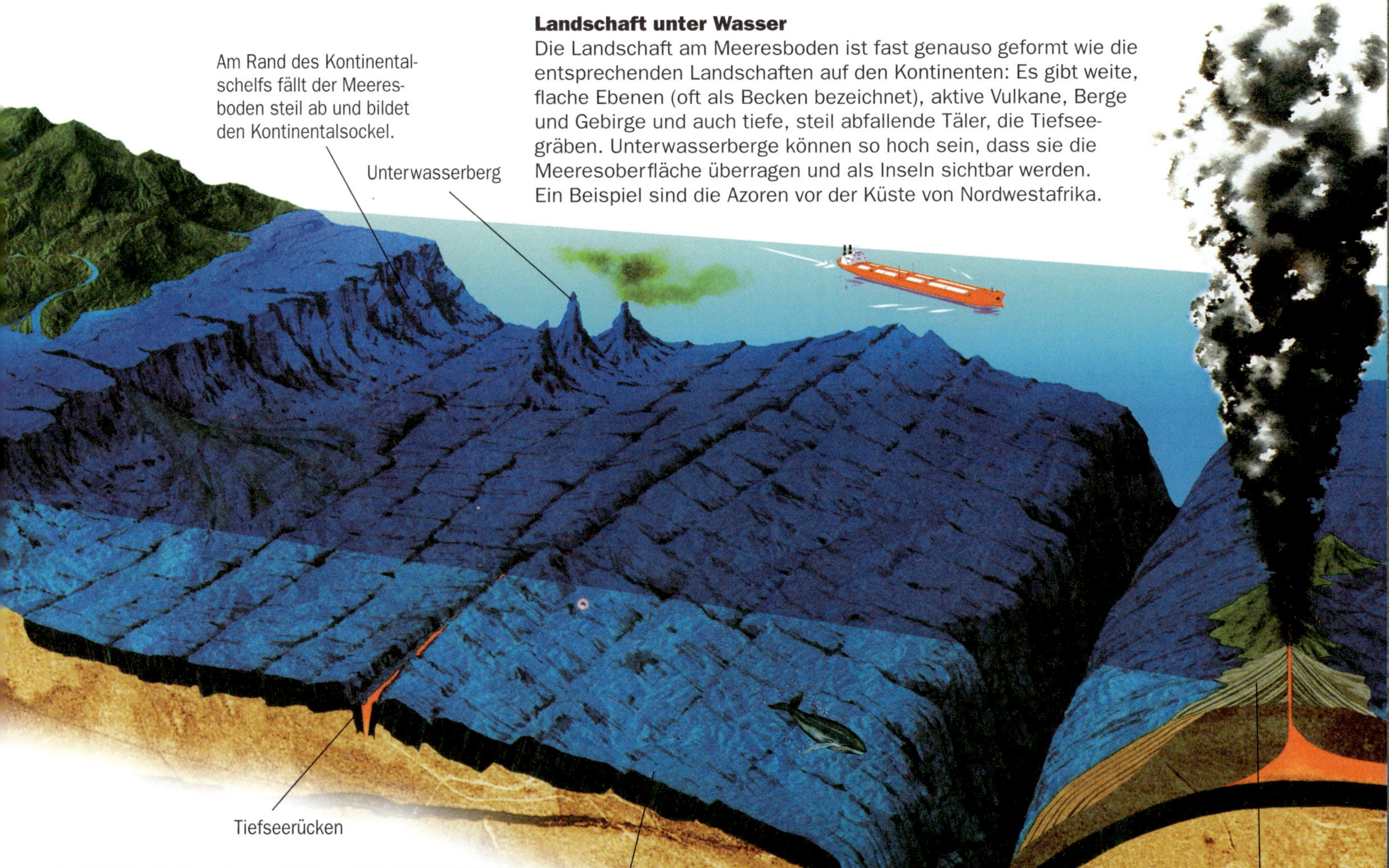

▲ *Die höchste Flut hat man in der Bucht von Fundy in Südost-Kanada gemessen. Hier steigt das Wasser um 15 m an. Die Bucht ist am Eingang 100 km breit und erstreckt sich 240 km tief ins Land.*

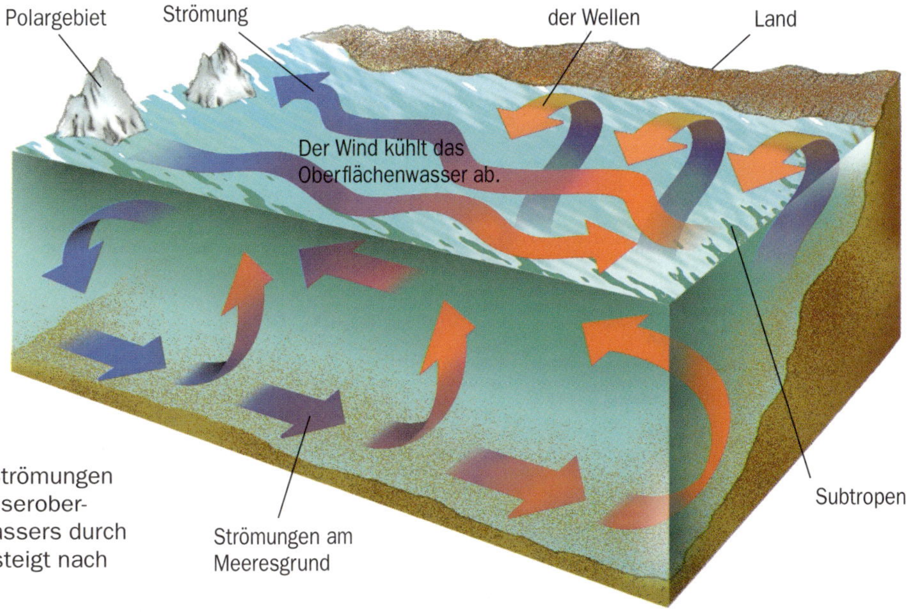

Woher kommen die Meeresströmungen?

Das Wasser der Ozeane ist in ständiger Bewegung. Die Strömungen werden durch stetige Winde verursacht, die über die Wasseroberfläche wehen. Hinzu kommen Dichteunterschiede des Wassers durch die Temperatur und den Salzgehalt – „süßeres“ Wasser steigt nach oben und kaltes Wasser sinkt nach unten.

Wetter und Klima

Wird es morgen beim Fussballspiel regnen? Ist es warm genug für einen Besuch im Freibad? Weht morgen genügend Wind, um einen Drachen steigen zu lassen? Solche Fragen beziehen sich auf das Wetter, das Tag für Tag unser Leben beeinflusst. Wetter ist das Zusammenspiel von Regen, Sonnenschein, Schnee, Wind und Stürmen. Über einen längeren Zeitraum betrachtet bleibt das Wetter an unserem Wohnort ziemlich gleichförmig. Natürlich wechseln sich warme Sommer und kühle Winter regelmäßig ab. Das durchschnittliche Wetter in einer bestimmten Region und über einen großen Zeitraum nennt man Klima.

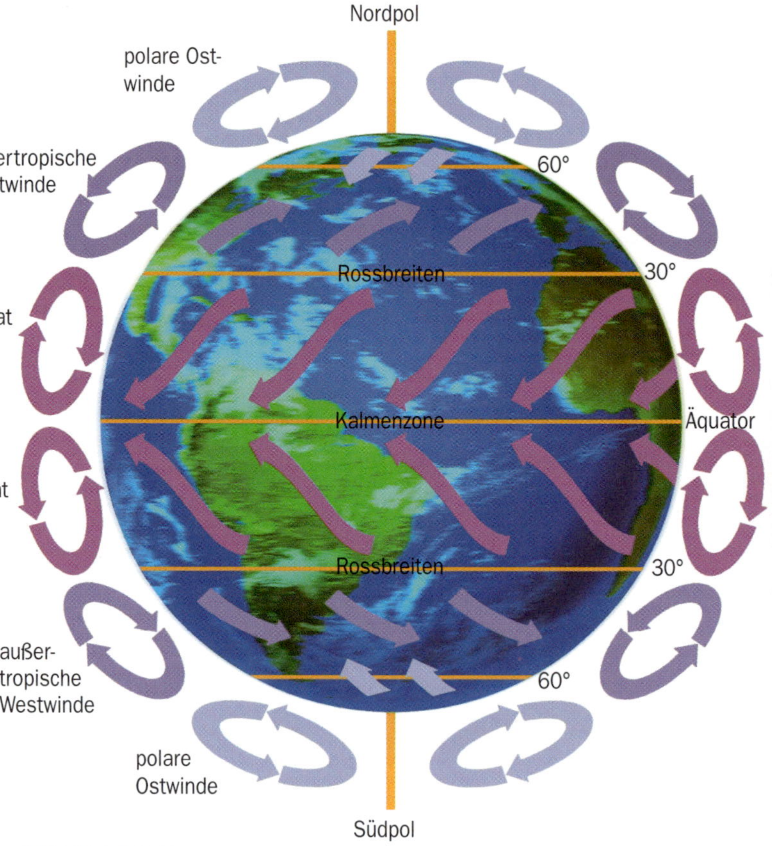

Windsysteme
Die Sonnenstrahlung erwärmt die Erde sehr unterschiedlich. Die Luft über heißen Landmassen steigt auf und wird von nachströmender, kalter Luft ersetzt. Dadurch entsteht eine Luftbewegung, die als Zirkulation oder allgemein als Wind bezeichnet wird. Neben örtlichen Winden herrschen auf der Erde sechs große Zirkulationssysteme vor. Allerdings gibt es auch Regionen, die fast windstill sind: In der Kalmenzone um den Äquator steigt die Luft nur auf. Dort gibt es kaum Oberflächenwinde. Geringe Windbewegungen herrschen auch in den Rossbreiten bei 30° nördlicher oder südlicher Breite.

Klimaregionen der Erde

In welcher Klimaregion wohnst du? Stünde dein Haus am Äquator, wäre es das ganze Jahr heiß. Je weiter im Norden oder Süden man wohnt, desto kühler ist das Klima. Die Lage eines Ortes – sein Breitengrad – bestimmt das dort herrschende Klima. Fast ebenso wichtig für das Klima sind die Höhenlage und die Entfernung zum nächsten Ozean.

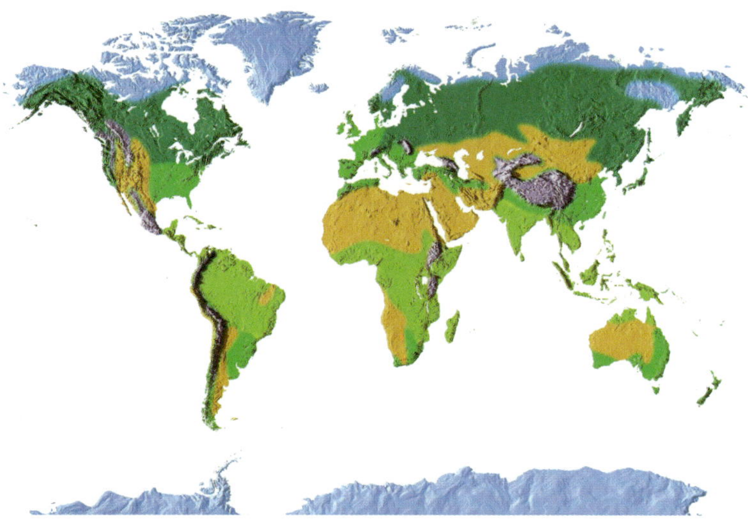

Verschiedene Klimate
An jedem Ort auf der Erde herrscht ein bestimmtes Klima. Dabei können Regionen mit ähnlichem Klima sehr weit auseinander liegen: Ganzjährig heiße Temperaturen und täglichen Regen findet man in Brasilien, Zentralafrika und Südostasien. Die wichtigsten Klimate auf der Erde tragen beschreibende Namen: Polares, feucht gemäßigtes, trocken gemäßigtes (Mittelmeer-), Wüsten-, tropisches und Hochgebirgsklima.

- Polar
- Feucht gemäßigt
- Trocken gemäßigt (Mittelmeerklima)
- Wüstenklima
- Tropisch
- Hochgebirgsklima

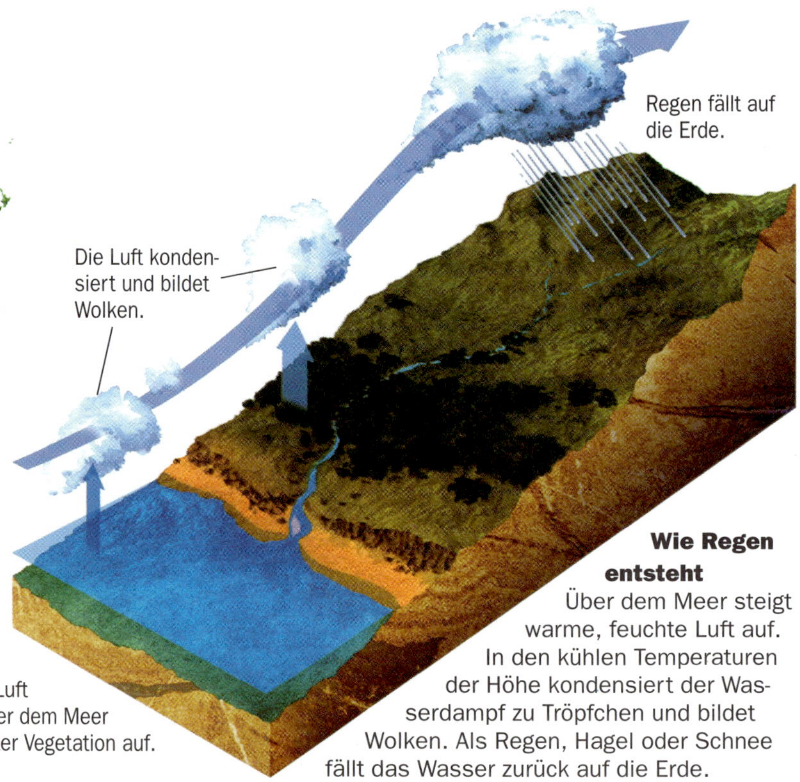

Feuchte Luft steigt über dem Meer und dichter Vegetation auf.

Wie Regen entsteht
Über dem Meer steigt warme, feuchte Luft auf. In den kühlen Temperaturen der Höhe kondensiert der Wasserdampf zu Tröpfchen und bildet Wolken. Als Regen, Hagel oder Schnee fällt das Wasser zurück auf die Erde.

Sonneneinstrahlung und Klima
In den Tropen, direkt am Äquator, steht die Sonne fast senkrecht über der Erde. Ihre Strahlen haben einen kurzen Weg durch die Atmosphäre und heizen die Erdoberfläche stark auf. An Nord- und Südpol legen die Sonnenstrahlen eine längere Strecke durch die Atmosphäre bis zur Erde zurück – hier kommt viel weniger Sonnenwärme am Boden an. Je weiter man sich also vom Äquator entfernt, desto kühler wird das Klima.

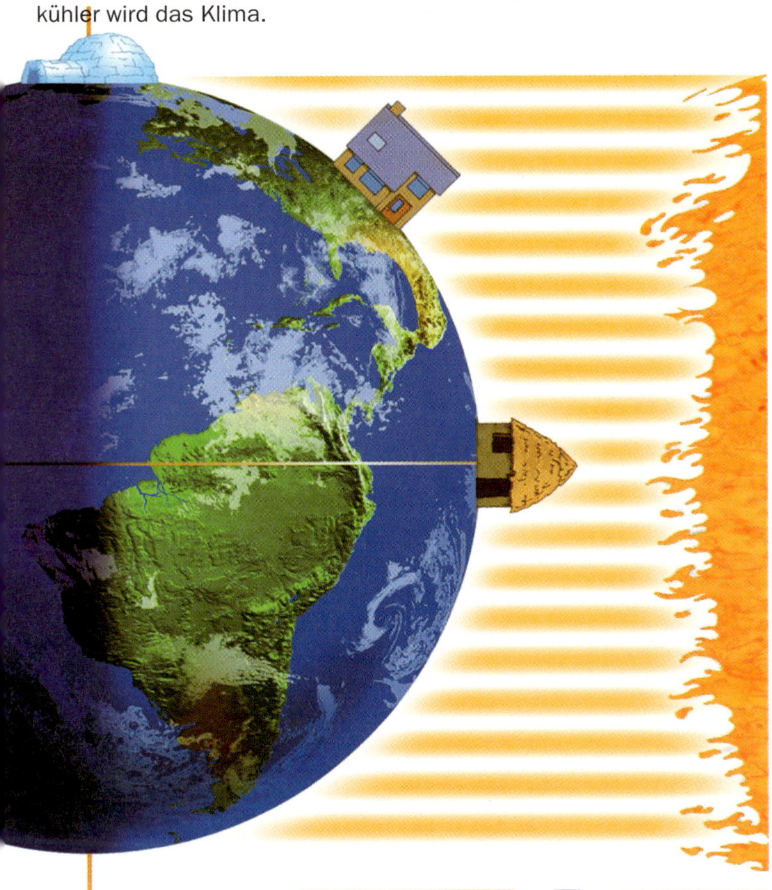

Arktis
Am Nordpol haben die Sonnenstrahlen sehr viel von ihrer Kraft verloren.

Gemäßigtes Klima
In den Mittelbreiten ist der Weg der Sonnenstrahlen kürzer – es wird wärmer.

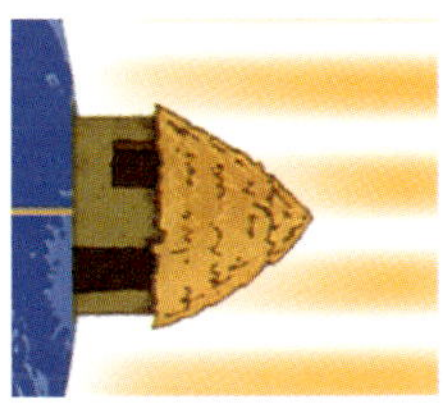

Am Äquator
Hier ist der Weg der Sonnenstrahlen am kürzesten – es ist heiß.

▲ *Blitze sind elektrische Entladungen bei Gewitter.*

◀ *Der gewaltige Wirbelwind eines Tornados kann Häuser zerstören und sogar große Objekte, wie Autos, aufsaugen und viele hundert Meter weiter wieder zu Boden schleudern.*

Die Atmosphäre

Die Atmosphäre ist die dünne Schicht aus Gasen, die unsere Erde umgibt. Etwa 99 % der Atmosphäre bestehen aus Stickstoff und Sauerstoff, den Rest machen Gase wie Argon, Kohlendioxid, Wasserdampf oder Wasserstoff aus. Die Atmosphäre schützt uns vor den schädlichen Anteilen der Sonnenstrahlen und hält die Erde warm, weil sie die Wärme der Sonne einfängt. Wissenschaftler gliedern die Atmosphäre in vier Schichten: Troposphäre, Stratosphäre, Mesosphäre und Thermosphäre.

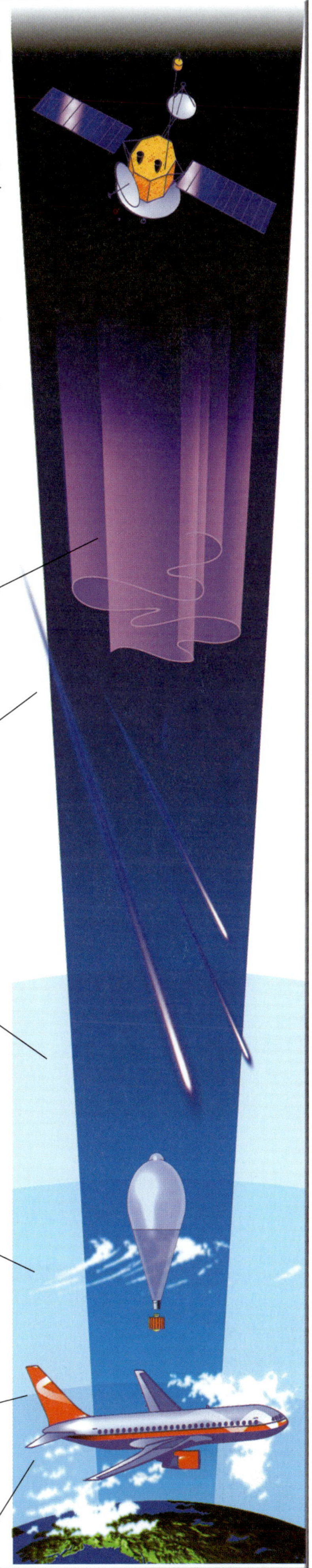

Nordlichter sind elektrische Erscheinungen viele hundert Kilometer über der Erdoberfläche.

Die Thermosphäre bildet die äußerste Schicht der Atmosphäre, darüber beginnt der Weltraum.

Die Mesosphäre reicht bis in eine Höhe von etwa 80 km über dem Erdboden. In dieser Schicht entstehen die Lichtspuren von Meteoren oder Sternschnuppen.

In der Stratosphäre dehnt sich die Ozonschicht aus, die uns vor den ultravioletten Strahlen der Sonne schützt.

Die Stratosphäre reicht bis in eine Höhe von etwa 48 km über der Erdoberfläche. Große Flugzeuge fliegen in dieser Schicht, um das Wetter der Troposphäre zu meiden.

Die Troposphäre ist die Luftschicht direkt über dem Erdboden. Hier findet das Wettergeschehen statt.

Die Entstehung der Landformen

Die Landschaften um uns herum werden durch die Naturkräfte ständig umgestaltet, allerdings so langsam, dass wir es nicht wahrnehmen. Neue Berge entstehen, bestehende ändern ihre Form. Sie verwittern und Flüsse schneiden neue Täler ein.

Ein Gebirge entsteht

Wenn zwei Kontinentalplatten aneinander stoßen, entstehen unvorstellbar starke Kräfte, die ein Gebirge auftürmen können. Manchmal wird eine der Platten in komplizierte Falten gelegt, bis ein mehrere tausend Meter hohes Gebirge entstanden ist. Manche Gebirge sind uralt: Als sich die nordamerikanischen Appalachen vor über 400 Millionen Jahren bildeten, gab es noch keine Dinosaurier auf unserer Erde. Andere Gebirge, wie die Alpen, sind dagegen mit nur 15 Millionen Jahren noch jung.

Veränderung der Form

Formen und Höhe eines Gebirges sind sowohl von seinem Alter wie von der Art der Entstehung abhängig. Auch die Verwitterung und Abtragung bestimmt die Gebirgsform.

Bei der Verwitterung sorgen Wasser, Eis und im Wasser gelöste Substanzen für den langsamen Abbau eines Berges. Wind, Wasser oder Gletschereis transportieren kleine und kleinste Teilchen des Berges ab. Dadurch verändern sich Berghänge, Felsen ändern ihre Gestalt und die Flüsse weiten alte Täler aus oder schaffen neue. Vor allem Flüsse können verwittertes Gestein sehr weit abtransportieren und sich dabei immer tiefer einscheiden.

Vulkanberge
Vulkane bilden sich, wenn heißes, geschmolzenes Gestein aus dem Erdinnern durch die Erdkruste bricht. Beim Abkühlen verwandelt es sich in soliden Fels und kann hohe Berge aufbauen. Zwei besonders berühmte Vulkanberge sind der Kilimandscharo in Tansania und der Fujisan (Fudschijama) in Japan.

Faltengebirge
Faltengebirge entstehen, wenn zwei Kontinentalplatten aneinander stoßen. Dabei werden die Gesteinsschichten gefaltet und hochgedrückt, bis sich ein Gebirge aufgetürmt hat. Der Himalaja und die Alpen sind auf diese Weise entstanden.

Gletscher
Ein Gletscher ist eine durch Druck verfestigte Masse aus Eis und Schnee. Er kann so dick werden, dass er unter seinem eigenen Gewicht zu fließen beginnt. Dabei hobelt er sich in den Untergrund ein und nimmt Steine und Felsen mit sich. Schmilzt das Eis ab, bleibt das Gestein liegen. Durch die Gletscherbewegung entstehen flache, U-förmige Täler. Die meisten Gletscher wandern mit einer Geschwindigkeit von 30 cm pro Tag, manche legen auch 130 cm zurück. Gletscher bilden sich nur in den Polarregionen und in den höchsten Gebirgen der Erde.

◀ Die Sandkörnchen im Wind haben diesen weichen Fels in Namibia (Afrika) so lange abgeschliffen, bis er diese merkwürdige Form hatte.

Aufschiebung
Bewegen sich zwei Platten entlang einer Verwerfung, kann ein Teil der Kruste (Block) durch den Druck an der Verwerfungsfläche nach oben geschoben werden. Auf diese Weise entstand z. B. die Sierra Nevada in Kalifornien.

Dom
Solche Bergkuppeln entstehen, wenn zwei Platten den Bereich zwischen sich nach oben drücken. Die amerikanischen Black Hills in South Dakota sind ein gutes Beispiel für diese Art der Gebirgsbildung.

▲ *Junge Gebirge wie die Alpen zeichnen sich durch große Höhen, schroffe Felsen und das Fehlen von Spuren der Abtragung aus.*

▲ *Die meisten alten Gebirge haben dagegen abgerundete Formen und sanftere Hänge. Sie wurden über Millionen von Jahren abgetragen.*

Gesteinsarten

Die harte Erdkruste besteht aus drei Arten von Gesteinen: Ergussgesteinen, Sedimentgesteinen und metamorphen Gesteinen. Diese bestehen zwar alle aus denselben Bausteinen, entstanden aber in unterschiedlichen Prozessen.

Ergussgesteine
Erguss- oder vulkanische Gesteine stammen aus geschmolzenem Fels im Erdinnern. Sie können langsam unter der Erdoberfläche erhärten oder in Form von Lava die Kruste durchbrechen. An der Erdoberfläche kühlen sie ab und werden hart.

Granit ist ein Ergussgestein, das aus zahlreichen groben, farbigen Gesteinspartikeln besteht. Einige Granite sehen rötlich aus. Granit ist ein sehr hartes Gestein, das zum Bauen von Häusern verwendet wird. Weil die Schotten in Aberdeen viele ihrer Gebäude aus Granit errichtet haben, nennt man die Stadt auch „Granitstadt".

Der dunkle Basalt ist das häufigste Gestein auf der Erde. Man findet ihn auch in den Becken auf der Mondoberfläche.

Sedimentgesteine
Sedimentgesteine können entweder aus den mineralischen Überresten von Tieren und Pflanzen bestehen, die sich vor langer Zeit im Meer sammelten, oder aus den verwitterten Überresten alter Gesteine. Sedimente lagern sich in Schichten ab und können zu hartem Fels verfestigt werden.

Kreide ist ein Sedimentgestein. Man findet es z.B. in den Klippen der Insel Rügen. Kreide oder Kalkgestein besteht aus den versteinerten Überresten von Meerestieren. Manchmal findet man ihre Überreste im Gestein.

Schieferton bildet sich aus Schichten von feinem Sand und Ton, die unter Druck zusammengepresst werden. Schiefertone werden zermahlen und zur Herstellung von Zement oder Ziegeln verwendet.

Metamorphe Gesteine
Metamorphe Gesteine bilden sich sowohl aus Erguss- wie aus Sedimentgesteinen, die durch Hitze, Druck oder beides innerhalb der Erdkruste umgewandelt werden.

Schiefer ist ein metamorphes Gestein, das aus Schieferton entsteht. Man kann ihn in flache Scheiben spalten, die zum Dachdecken verwendet werden.

Marmor entsteht aus Kalkstein. Da er in vielen schönen Farbschattierungen vorkommt, ist Marmor ein begehrtes Material für Gebäude und Skulpturen.

Fließendes Wasser

Alle Flüsse zusammen enthalten weniger als 1% des gesamten Wasservorkommens der Erde. Dennoch spielen sie eine wichtige Rolle bei der Gestaltung der Erdoberfläche. Schon seit alters haben uns Flüsse Wasser zum Trinken und Waschen geliefert oder unsere Felder bewässert. Da sie die Küste mit dem Inland verbinden, sind Wasserstraßen wichtige Transportwege. Viele Städte wurden dort gegründet, wo sich Brücken über Flüsse bauen ließen. Rasch fließende Flüsse können auch zur Stromerzeugung genutzt werden. Wenn ein Fluss durch eine Landschaft fließt, schneidet er sich in den Untergrund ein, wodurch tiefe Schluchten entstehen können.

Von der Quelle bis zur Mündung

Die meisten Flüsse entspringen in Bergen oder Hügeln, wo sich das Wasser schmelzenden Schnees sammelt. Zuerst fließen kleine Bäche, die sich zu größeren Flüssen vereinigen. Andere Flüsse beginnen ihren Weg an einer unterirdischen Quelle oder am Ende eines schmelzenden Gletschers. Junge Flüsse sind in der Regel flach, sie stürzen über steile Wasserfälle oder durch Stromschnellen. In solchen Bereichen schneidet das schnell fließende Wasser V-förmige Täler in die Landschaft.

Weiter flussabwärts fließen die Flüsse langsamer, sie werden breiter und schlängeln sich (mäandern) in einer weiten Flussebene hin und her. Kurz vor der Einmündung ins Meer sind die Flüsse am breitesten und ihre Strömung wird noch schwächer. Wenn sie sich ins Meer ergießen, lagern sie den mitgeführten Schlamm ab und können dabei ein Delta bilden, wie z. B. der Mississippi im Golf von Mexiko.

◀ *Um einen künstlichen See aufzustauen, sind gewaltige Dämme aus Stein, Beton oder Erde erforderlich. Der Nasser-Staudamm in Ägypten staut das Wasser des Nils, um Felder zu bewässern und Strom zu erzeugen.*

▲ *Auf seiner 2.333 km langen Reise schleppt der Colorado Tonnen von Schlick und Sand von den Rocky Mountains bis in den Golf von Kalifornien mit sich.*

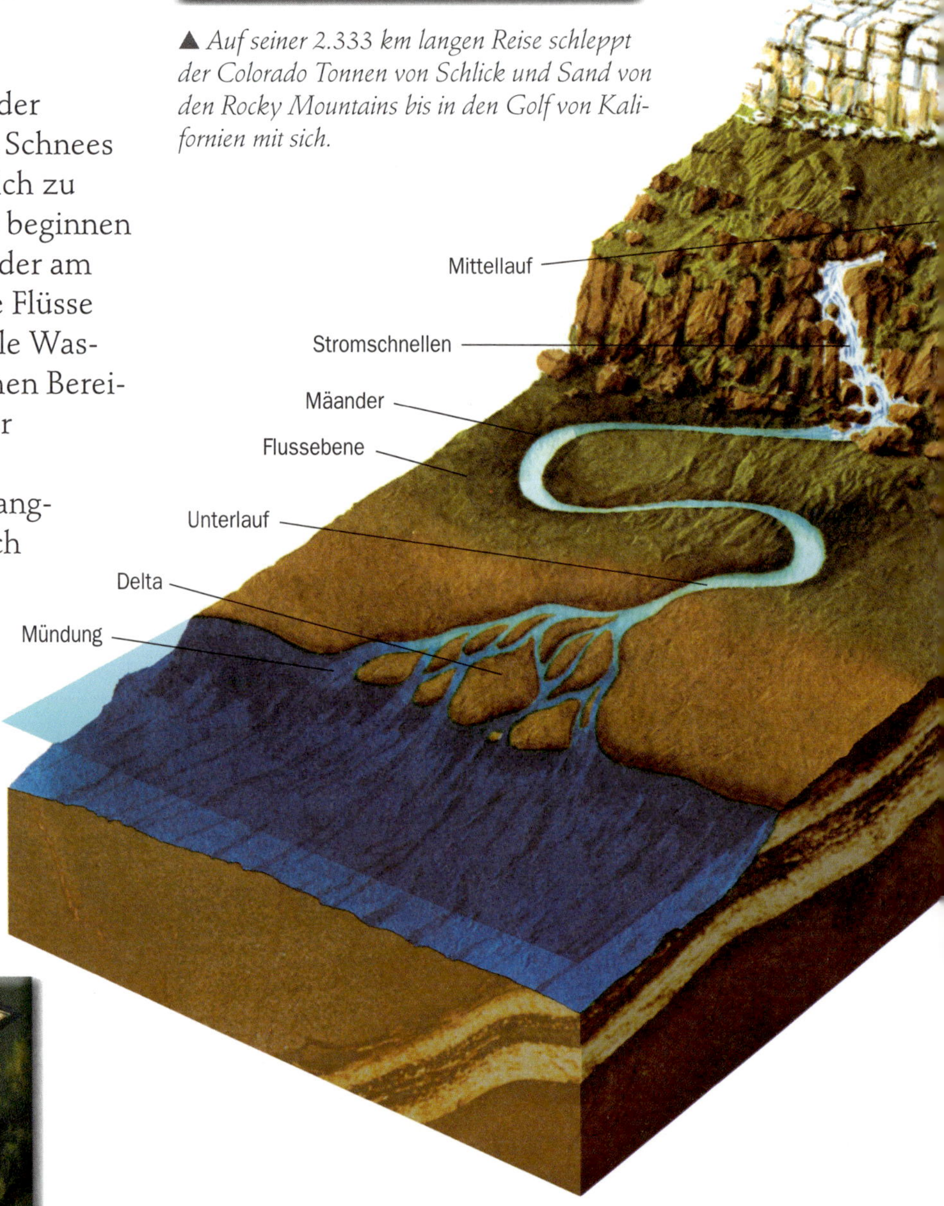

◀ *Ein starker Schlepper schiebt große Schleppkähne, beladen mit landwirtschaftlichen Produkten, Kohle, Öl und Stahlwaren, auf dem Mississippi.*

Ein Flusslauf
Der Weg eines Flusses zwischen Quelle und Mündung wird als Lauf bezeichnet. Der Fluss kann in einen anderen Fluss, einen See oder ins Meer münden. Im Oberlauf fließen Flüsse sehr schnell, im Mittel- und Unterlauf nimmt die Fließgeschwindigkeit ab.

Tropfsteinhöhlen
In Gebirgen, die hauptsächlich aus Kalkstein bestehen, lösen Flüsse oft große Höhlen aus dem Gestein. Zuerst dringt das Wasser durch kleine Risse und Spalten ein, doch im Verlauf von vielen tausend Jahren entstehen schließlich größere Hohlräume. Die entstandenen unterirdischen Flüsse vergrößern die Höhlen weiter. Der Kalk in den Wassertropfen bildet von der Decke hängende Stalaktiten. Wo die Tropfen auf den Boden treffen, wachsen Stalagmiten in die Höhe.

▶ *Der spektakuläre Angel-Wasserfall in Venezuela stürzt in den Cherún. Mit seiner gewaltigen Höhe von 979 m ist er der höchste Wasserfall der Erde.*

Die Großen Seen
Die amerikanischen Großen Seen stellen die größte zusammenhängende Süßwassermenge der Erde dar. Sie liegen an der Grenze zwischen den USA und Kanada. Die Gruppe besteht aus fünf Seen. Der Obere See ist außerdem der größte Süßwassersee der Erde.

Tiefe der Seen

Oberer See	405 m
Michigansee	281 m
Ontariosee	244 m
Huronsee	229 m
Eriesee	64 m

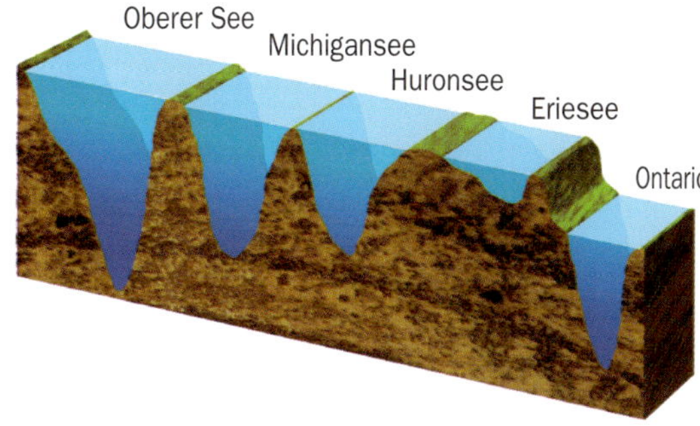

Fläche der Seen

1 Oberer See	82.420 km^2
2 Huronsee	59.930 km^2
3 Michigansee	57.980 km^2
4 Eriesee	25.766 km^2
5 Ontariosee	19.630 km^2

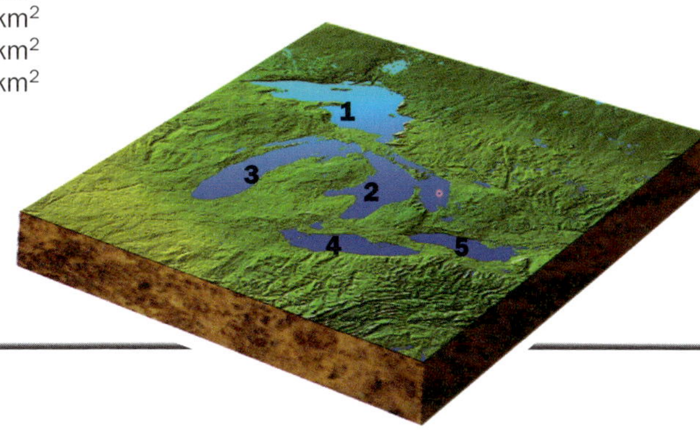

Was für eine Art von Delta?
An der Stelle, wo der Nil ins Mittelmeer fließt, bildete sich ein Delta. Der Name stammt von dem dreieckig geformten griechischen Buchstaben Delta (Δ).

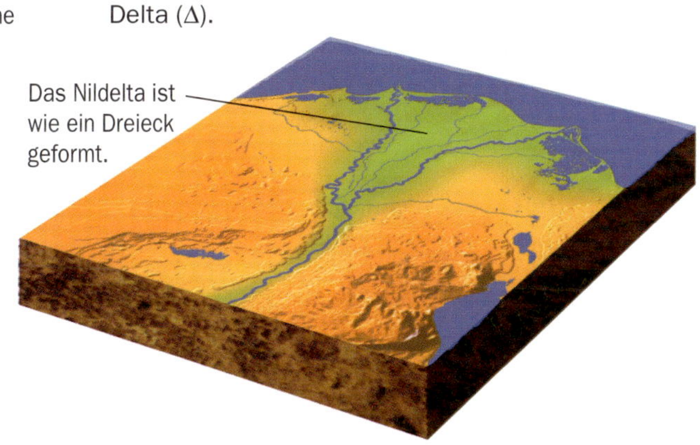

Der Mississippi mündet in den Golf von Mexiko. Er teilt sich in mehrere Mündungsflüsse, die alle eigene Ablagerungen mit sich führen.

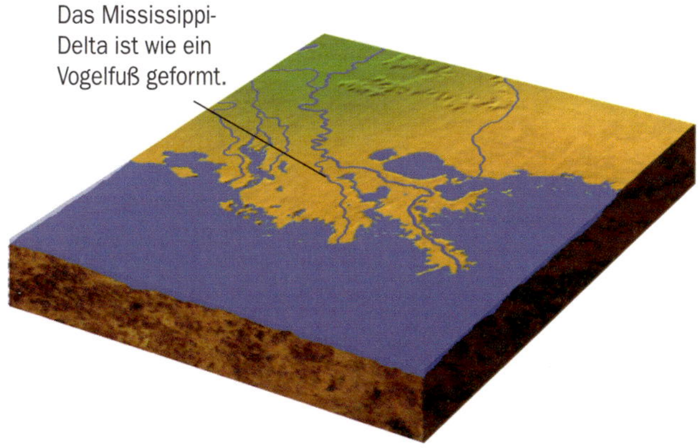

Inseln und Küsten

Es gibt Inseln der unterschiedlichsten Größe, von dem riesigen, von Gletschern bedeckten Grönland bis hin zu winzigen unbewohnten Felsen irgendwo im Meer. Auch Australien ist eigentlich eine Insel, die wir allerdings üblicherweise als eigenen Kontinent ansehen. Es gibt sogar Länder, wie die Philippinen oder Indonesien, die aus tausenden einzelner Inseln bestehen. Jede Insel ist ein rundum von Wasser umgebenes Stück Land.

▲ *Als der Vulkan, dessen Lava die Insel Surtsey bildete, zur Ruhe kam, ragte die Insel bereits 170 m über den Meeresspiegel. Surtsey heißt der isländische Gott des Feuers.*

▲ *Mehr als 40 % der Fläche der Niederlande waren einst von Meer bedeckt. Die Holländer haben Deiche gebaut und das Wasser abgepumpt.*

Die Geburt einer Insel

Viele Inseln entstanden bereits vor Millionen von Jahren. Einige gehörten einst zu einer Landmasse und wurden erst zu Inseln, als der Meeresspiegel stieg. So entstanden z. B. vor mehr als 10.000 Jahren die Britischen Inseln. Andere Inseln brachen durch die Plattenbewegung vom Festland ab, wieder andere entstanden, als Landbrücken zum Festland durch Wellen oder große Flüsse durchtrennt wurden.

Es gibt aber auch sehr junge Inseln – einige stammen sogar aus unserer Zeit. Im Jahre 1963 entstand die Insel Surtsey vor der Küste Islands. Sie besteht aus erkalteter Lava, die aus einem Vulkan unter dem Meer herausquoll. Das flüssige Gestein lagerte sich so lange schichtweise aufeinander, bis es die Wasseroberfläche durchbrach.

Kontinentale inseln
Inseln wie Grönland waren einst mit einem Kontinent verbunden.

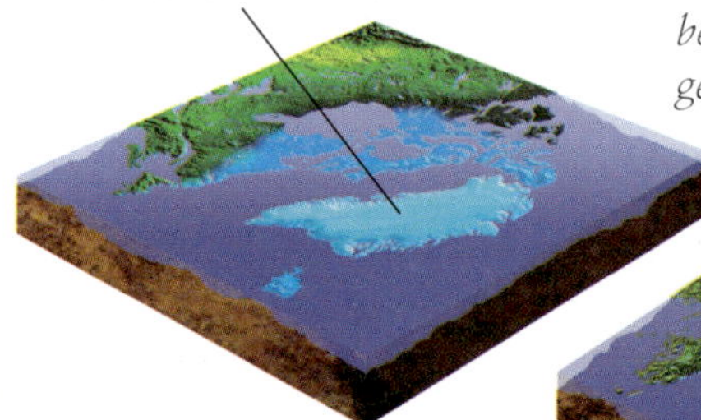

Vulkanische Insel
Vulkanische Inseln entstehen aus Lava, die am Meeresboden austritt. Dabei entstehen manchmal ganze Inselbögen, wie z. B. die Japanischen Inseln.

Veränderung der Küstenlinie

Die Tätigkeit des Meeres verändert kontinuierlich jede Küste, sei es das Ufer einer kleinen Insel oder der weite Strand eines Festlandes. Die Wellen können in jahrelanger Arbeit sogar Felsen zerstören, sodass steile Klippen entstehen. Gelegentlich bilden sich dabei Höhlen am Fuße einer Steilküste. Die Wellen sind aber nicht nur zerstörerisch, sie können auch Land aufbauen. Das Meer spült Sand, Steine und andere Sedimente an, die sich zu Nehrungen ablagern.

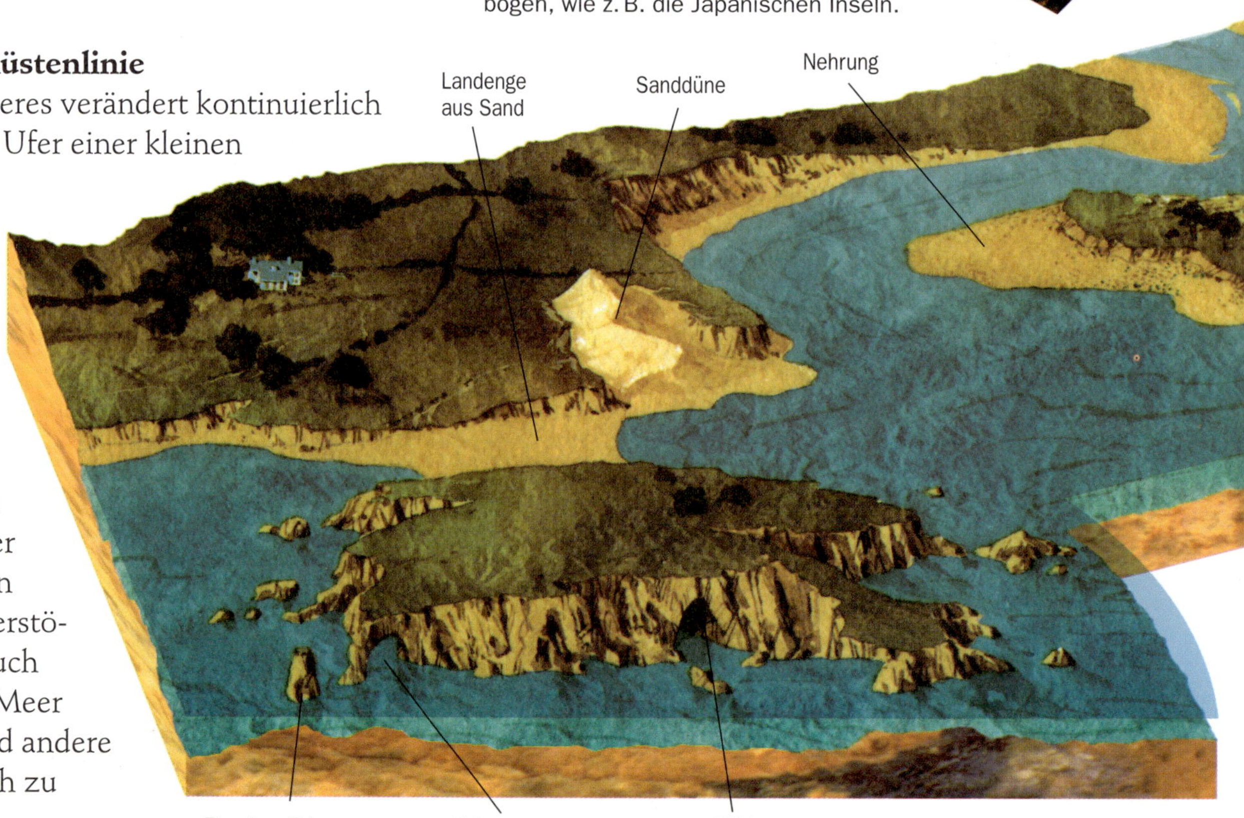

So entsteht ein Atoll

In warmen, tropischen Meeren können sich Inseln aus den Überresten von Millionen von Korallenskeletten bilden. Diese Kalkskelette bilden ein Korallenriff. Es kann vorkommen, dass solch ein Riff rund um eine sinkende Vulkaninsel wächst. Sobald das Riff die Insel ringförmig umschließt, nennt man es Atoll, das Wasser dahinter eine Lagune. Auf dem Riff sammelt sich nach und nach Erde an, Pflanzen beginnen zu wachsen und schließlich wird das Atoll durch die Wellen in eine Reihe einzelner Inseln zerschlagen.

◀ *Manche Koralleninseln, wie die Malediven im Indischen Ozean, ragen nur knapp 180 cm aus dem Wasser. Da der Meeresspiegel weltweit ansteigt, werden sie eines Tages versinken.*

Globale Erwärmung

Die Untersuchungen von Klimaforschern haben ergeben, dass die Temperatur der Erde langsam ansteigt. Im 21. Jh. könnte die Durchschnittstemperatur um 1 bis 3,5 °C ansteigen. Warum geschieht das?

Die Gase der Atmosphäre wirken wie ein Gewächshaus – sie halten die Wärme der Sonne zurück. Wir Menschen haben die Menge dieser Gase erhöht, indem wir fossile Rohstoffe – Kohle, Öl, Gas – verbrennen. Dadurch wird mehr Wärme zurückgehalten und die Temperatur steigt an. Als Folge könnten fruchtbare Landstriche zu Wüsten werden und die Eiskappen der Pole schmelzen. Der Meeresspiegel steigt an, sodass einige Inseln und Küsten im Meer verschwinden.

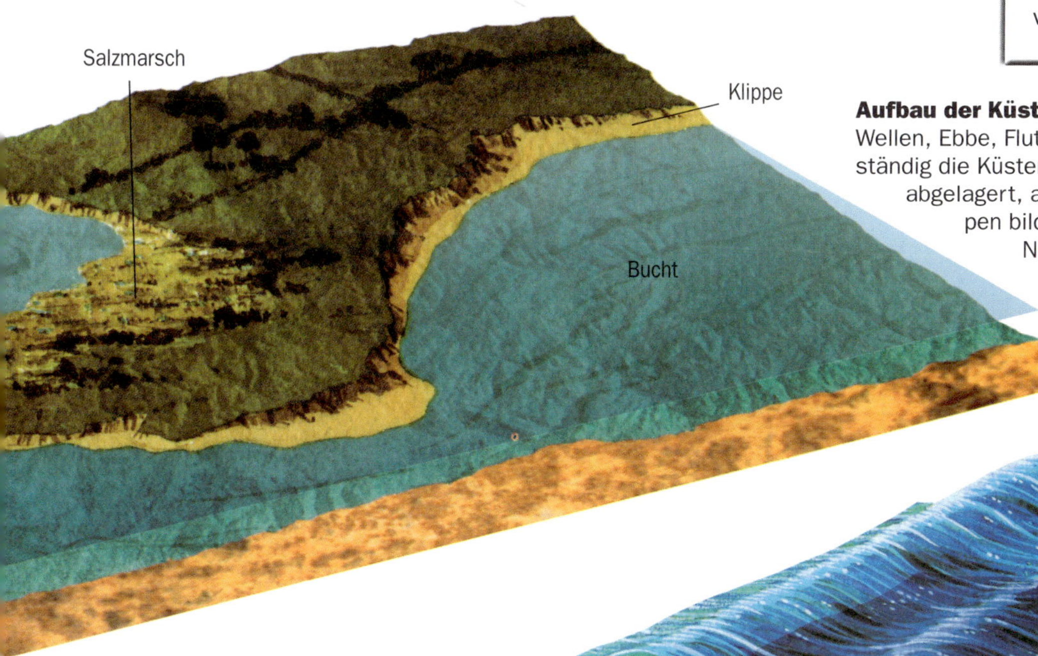

Aufbau der Küste

Wellen, Ebbe, Flut und die Strömungen des Meeres verändern ständig die Küsten der Erde. An manchen Orten wird Material abgelagert, an anderen abgetragen. Die Wellen können Klippen bilden, sie aushöhlen oder Riffe erzeugen und Nehrungen anlagern.

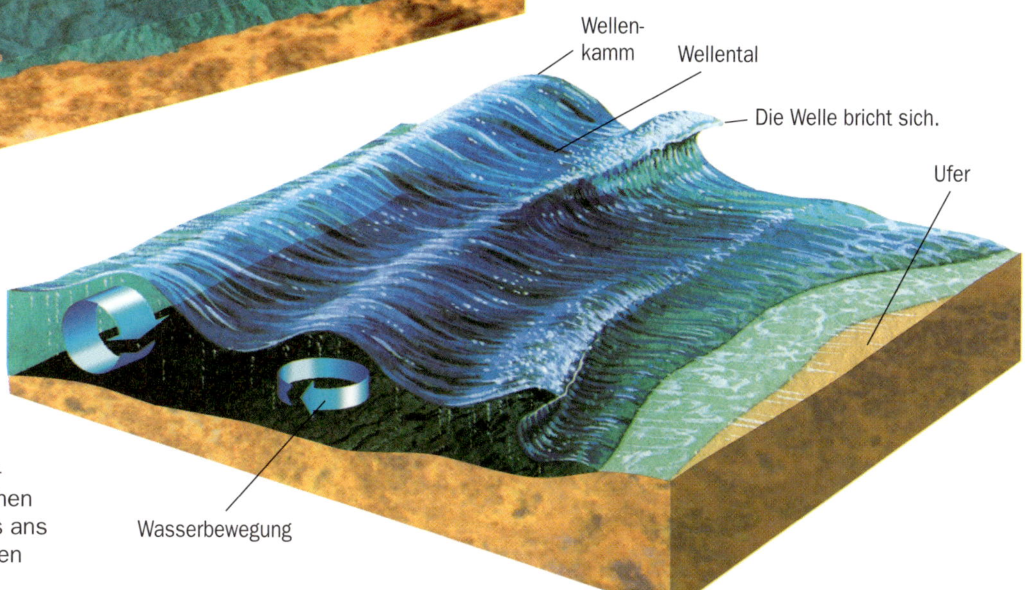

Wellenbewegung

Die meisten Wellen des Ozeans gehen auf den Wind zurück. Auf dem offenen Meer erreichen sie eine bestimmte Höhe und brechen sich. Längere, flachere Wellen gelangen bis ans Ufer. Dort brechen sie sich, wenn sie auf den Strand auftreffen.

Naturlandschaften

Pflanzen und Tiere besiedelten fast alle Landschaften der Erde – sie bilden die Biosphäre. Es sind etwa 2 Millionen Tier- und Pflanzenarten bekannt, vermutlich wurden aber mehrere Millionen noch gar nicht entdeckt! Man kann die Erde in verschiedene Naturlandschaften einteilen. Jede davon hat eine charakteristische Gestalt und eine typische Pflanzen- und Tierwelt.

Tiere und Pflanzen einer Region haben sich in dem Prozess der Evolution über viele tausend Jahre an ihre Umgebung angepasst. So wachsen in heißen, trockenen Wüsten Kakteen mit dicken, fleischigen Stämmen, in denen sie Wasser speichern. Auf den Gipfeln eisiger Gebirge kommen Wildziegen mit sicherem Tritt und einem dicken, wärmenden Fell gut zurecht.

Legende zu den Landschaften

- Gebirge
- Polarregion
- Tundra
- Wüste
- Savanne
- Gemäßigte Wälder
- Nadelwälder
- Tropische Wälder
- Meer

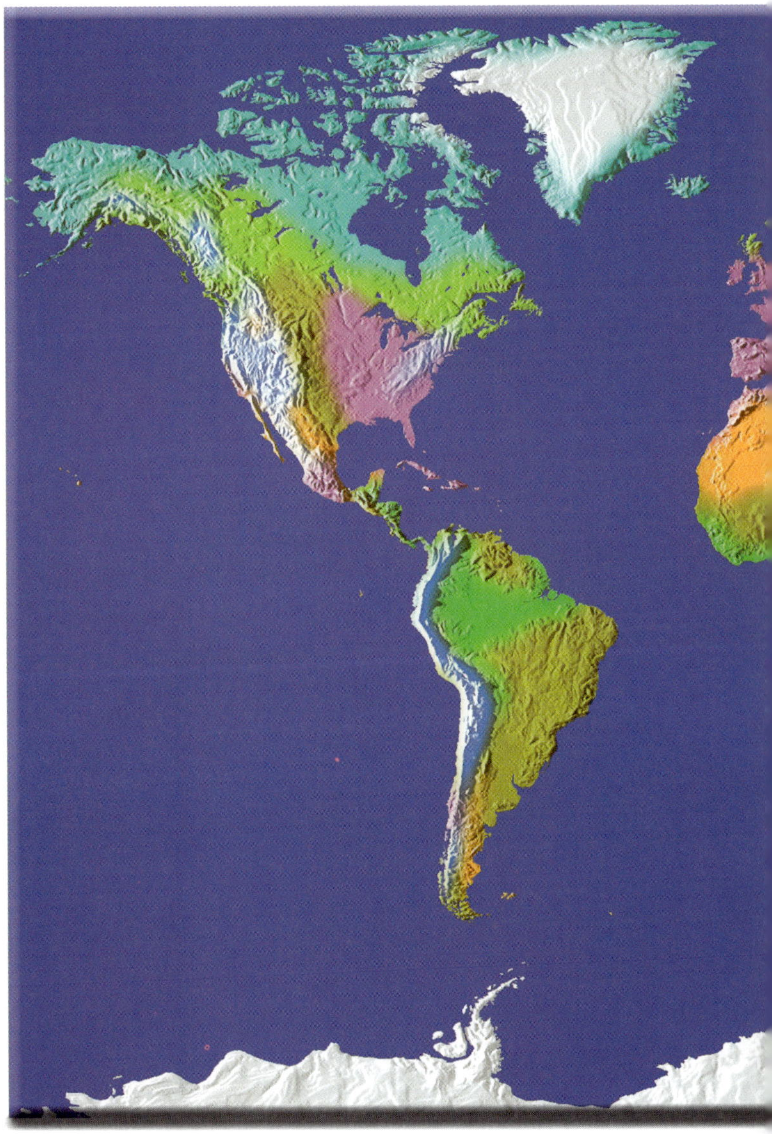

◀ ***Gebirge***
Je höher man hinaufsteigt, desto kälter wird es. Oberhalb einer bestimmten Linie, der Baumgrenze, wird es so kalt, dass keine Bäume mehr überleben. Viele Tiere im Gebirge sind mit einem dichten Fell vor der Kälte geschützt.

▼ ***Polarregion***
Hier ist es das ganze Jahr über bitterkalt. Tiere gibt es kaum, nur wenige besonders spezialisierte und gut angepasste Arten.

▶ ***Tundra***
In diesen kalten Regionen sind die Sommer sehr kurz und der Boden bleibt fast das ganze Jahr über gefroren. Hier wachsen keine Bäume, sondern nur Moose, Flechten, niedrige Sträucher und einige Blumen. Tiere gibt es hier nur wenige.

▶ ***Meere***
In den Weltmeeren leben mehr als 13.000 Fischarten, dazu viele andere Tiere, von den winzigen Krill-Garnelen bis hin zu den Meeressäugern, wie Robben und Wale. Meerespflanzen, darunter die Algen, wachsen nur in den von der Sonne erhellten oberen Wasserschichten.

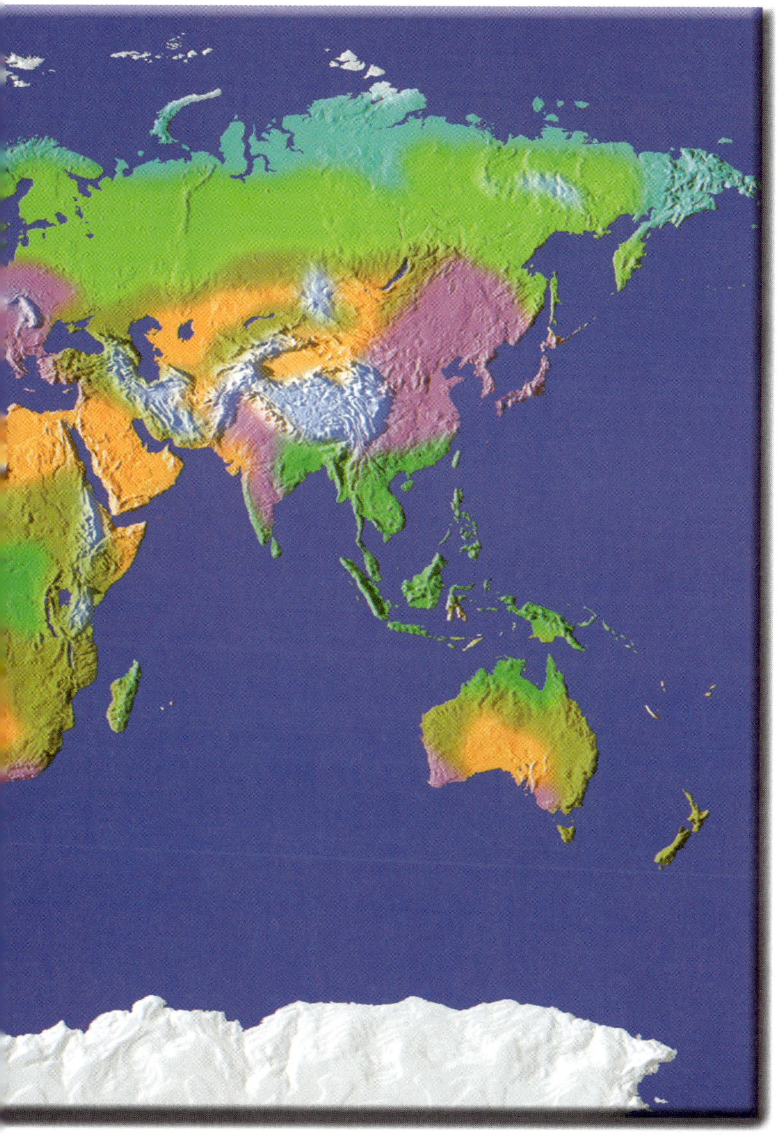

◀ ***Tropenwald***
In den tropischen Regenwäldern wachsen die Bäume so dicht, dass kaum Sonnenlicht bis auf den Boden fällt. Hier leben mehr Pflanzen und Tiere als an jedem anderen Ort der Erde.

▼ ***Nadelwald***
Nadelbäume behalten ihre Blätter das ganze Jahr über. Während des kalten Winters fallen einige Tiere in den Winterschlaf, um die magere Zeit zu überleben.

▶ ***Gemäßigter Wald***
Die meisten Bäume dort werfen im Herbst ihre Blätter ab und ruhen im Winter. Während einige Tiere Winterschlaf halten, leben andere von den Vorräten, die sie im Sommer gesammelt haben. Einige wandern auch nach Süden.

▼ ***Savanne***
In diesen weiten, offenen Regionen wachsen unterschiedliche Gräser, von denen zahlreiche Tiere leben. Heute sind viele Savannen in Ackerland umgewandelt worden.

▲ ***Wüste***
In den Wüsten ist es heiß und trocken. Tiere, die hier leben, suchen tagsüber nach Schatten, um der glühenden Hitze zu entfliehen.

Die Rohstoffe der Erde

Die Erde bietet uns alles, was wir zum Leben brauchen. Sie liefert uns frisches Wasser zum Trinken, Waschen und zur Bewässerung unserer Felder. Auf ihr wachsen Pflanzen, die wir essen und mit denen wir unsere Tiere füttern. Wir ernten Holz und Baumwolle und bekommen Milch, Fleisch, Wolle und anderes mehr von unseren Nutztieren. Wenn wir bedachtsam mit diesen Vorräten (Ressourcen) umgehen, werden sie niemals ausgehen, denn sie sind erneuerbar. Andererseits liefert uns die Erde aber auch Rohstoffe wie Kohle, Öl, Gas und kostbare Minerale wie Diamanten oder Smaragde. Solche Rohstoffe sind nicht erneuerbar – sie werden eines Tages aufgebraucht sein.

Die Energie der Erde

Die natürlichen Energiequellen der Erde gehören zu unseren kostbarsten natürlichen Ressourcen. Ohne sie könnten wir weder heizen noch unsere Häuser beleuchten, wir könnten keine Züge, Flugzeuge, Schiffe oder Autos fahren, keine Maschinen benutzen, Plastik herstellen und vieles mehr. Die wichtigsten Energiequellen sind Kohle, Öl und Gas. Sie werden fossile Brennstoffe genannt, weil sie aus den Überresten von Pflanzen und Tieren bestehen, die vor vielen Millionen Jahren lebten.

Eines Tages werden diese fossilen Brennstoffe verbraucht sein. Außerdem tragen sie zur globalen Erwärmung der Erde bei (siehe Seite 29). Daher forschen Wissenschaftler nach erneuerbaren Energiequellen, wie Sonnenenergie, Windenergie oder Wasserkraft. Je weniger fossile Brennstoffe übrig bleiben, desto wichtiger werden die umweltfreundlichen erneuerbaren Energien werden.

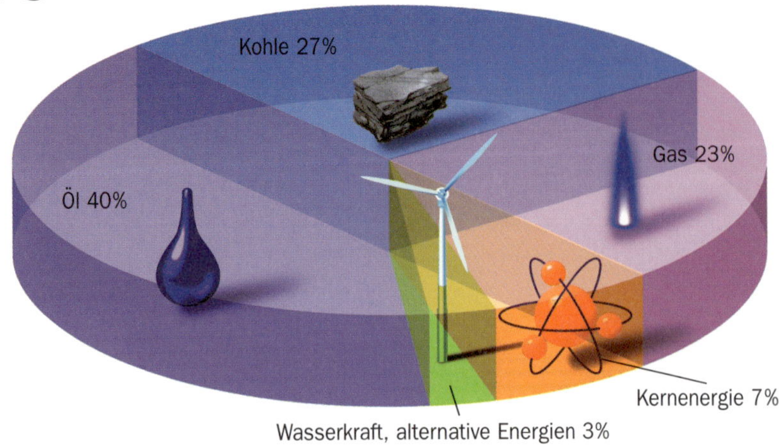

Die Energie der Erde
Eines Tages werden die fossilen Brennstoffe, wie Öl, Kohle und Gas, verbraucht sein. Zur Zeit werden alternative Energiequellen untersucht. Das Diagramm zeigt, wie viel Energie wir heute aus fossilen Brennstoffen und wie wenig wir aus alternativen Energiequellen gewinnen.

Verteilung der Energiequellen
Die Karte zeigt weltweit die Fundorte für fossile Brennstoffe.

▲ *Aus dem Meer kann man Salz gewinnen. Solche Salinen können die Salzressourcen des Meeres sehr kostengünstig ausbeuten.*

▲ *Die Sonnenkollektoren auf dem Dach dieses Hauses verwandeln Sonnenlicht in Energie: Sie liefern Strom und warmes Wasser.*

▲ *Windräder treiben Generatoren an und erzeugen Strom. An günstigen Stellen werden viele Windräder als Windpark installiert.*

▲ *Die Böden der amerikanischen Prärien wurden in Weide- und Ackerland umgewandelt; hier wird Getreide und Fleisch produziert.*

So entsteht Kohle

Abgestorbene Pflanzen bleiben am Grund von Sümpfen liegen. Sie werden kaum abgebaut und verdichten sich im Laufe der Zeit zu dicken Torfschichten. Lagern sich Sand oder andere Sedimente auf dem Torf ab, pressen sie den Torf immer stärker zusammen, bis er sich in Braunkohle verwandelt. Unter sehr starkem Druck verwandelt sich der Torf in Steinkohle.

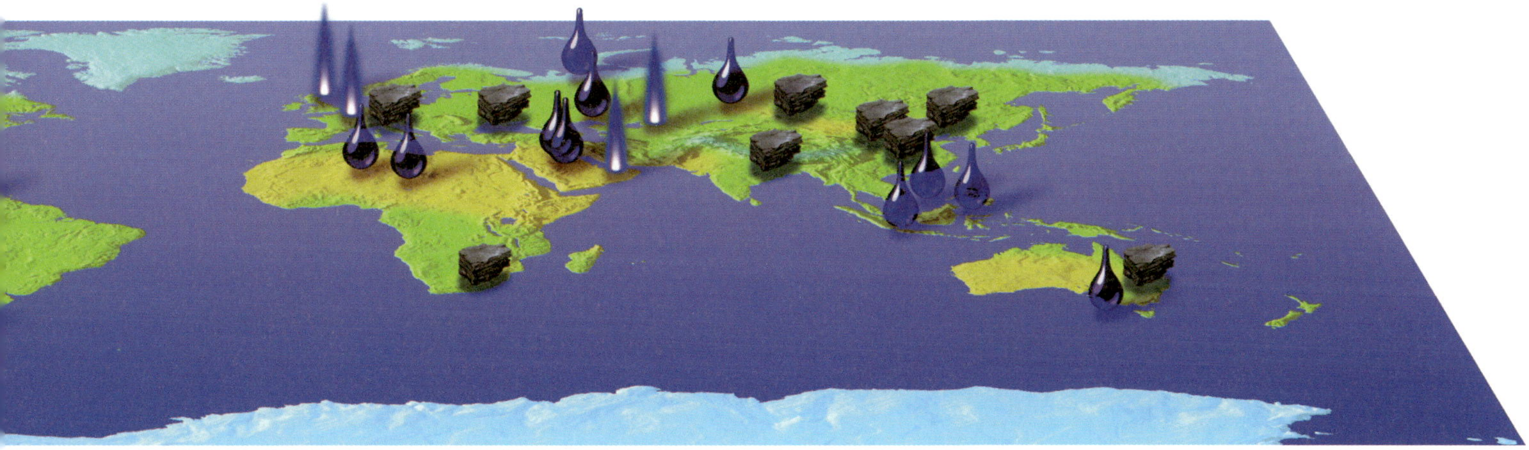

Die Nutzung des Landes

Das Land versorgt uns mit vielen wertvollen Ressourcen. Wir sollten uns bemühen, diese Rohstoffvorräte so lange wie möglich zu bewahren.

Alles an einem Tag

Es dauert 24 Stunden, bis ein Tag und eine Nacht vergangen sind. Was erlebst du während dieser Zeit? Du stehst morgens auf, gehst zur Schule, isst, kommst nach Hause, spielst oder siehst fern, dann gehst du wieder ins Bett und schläfst – alles innerhalb von 24 Stunden. Aber was geschieht zur gleichen Zeit auf der Welt? Innerhalb von 24 Stunden können auf der Welt ziemlich interessante Dinge geschehen. Hier findest du einige Informationen, was während eines Tages passiert.

▲ 360.187 Babys werden geboren und 148.348 Menschen sterben.
Während du diesen Satz liest, kommen mindestens 25 neue Babys zur Welt.

◀ Die Weltbevölkerung wächst um 211.839 Menschen.
Die Weltbevölkerung vergrößert sich rapide. In den letzten 50 Jahren hat sie sich verdoppelt.

▲ 1.000 kleinere Erdbeben
Ein „kleines Erdbeben" hat die Stärke 2 bis 3 auf einer Skala, die die Stärke von Beben angibt. Ein „großes" Beben (Stärke 7 bis 8) ist bis zu 60-mal heftiger.

▼ 7,7 Mio. t Wasser verdunsten aus dem Toten Meer an der Grenze von Israel und Jordanien
Das Tote Meer ist ein See an der tiefsten Stelle der Erde. Es ist enorm salzhaltig. Diese Frau kann wegen des hohen Salzgehaltes – er ist neunmal höher als bei normalem Meerwasser – nicht untergehen.

▶ 45.000 Gewitter und 518.400.000 Blitzeinschläge
Während eines Gewitters zucken helle Blitze über den Himmel – gewaltige elektrische Entladungen. Es gibt überall in der Welt Gewitter, aber am häufigsten kommen sie in den Tropen vor.

◀ **464.790 Mio. l Wasser stürzen die Victoriafälle hinunter.**
Der 105 m hohe Wasserfall des Sambesi liegt teilweise in Sambia und teilweise in Simbabwe im südlichen Afrika.

▼ **Bambus kann bis zu 46 cm wachsen.**
Bambus, die Leibspeise der Pandas, sind riesenhafte Gräser mit hohlen Stängeln. In tropischen Ländern stellt man aus ihnen Häuser, Möbel, Matten und Flöße her.

▼ **Am O'Hare International Airport in Chicago, einem der größten Flughäfen der Welt, starten und landen mehr als 2.000 Flugzeuge.**
Ein Flug von London nach New York dauert nur 7 Stunden; vor 60 Jahren brauchte ein Flugzeug dafür noch 24 Stunden.

▼ **Etwa 900 kg Weltraumstaub fallen auf die Erde.**
Solches Material stammt vermutlich aus der Zeit, als sich Erde, Mond und die Planeten bildeten.

▲ **Fernsehen gehört für viele zum festen Tagesprogramm.**
70 % der Mädchen und sogar 77 % der Jungen in Deutschland zwischen 3 und 13 Jahren sitzen täglich vor dem Fernseher.

▼ **5,4 t Meteoriten treffen auf der Erde auf.**
Der Einschlag eines Meteoriten aus Stein oder Metall hinterließ diesen gigantischen Krater.

Die Länder der Erde

LEGENDE

1 ALBANIEN
2 ANDORRA
3 BOSNIEN-HERZEGOWINA
4 KROATIEN
5 LIECHTENSTEIN
6 LUXEMBURG
7 MAZEDONIEN
8 MOLDAU
9 MONACO
10 NIEDERLANDE
11 SAN MARINO
12 VATIKANSTADT
13 SLOWENIEN
14 SCHWEIZ
15 JUGOSLAWIEN
16 ARMENIEN
17 ASERBEIDSCHAN
18 VEREINIGTE ARABISCHE EMIRATE
19 KALININGRAD (RUSSISCHE FÖDERATION)

WISSENSWERTES

- *Eine politische Karte zeigt die Grenzen von Staaten oder Bundesstaaten. Auch die Hauptstädte und andere große Orte werden eingetragen. Zur Kennzeichnung bestimmter Regionen werden einzelne Länder oder Ländergruppen in unterschiedlichen Farben dargestellt.*

Die Welt in Zahlen

Zahl der Länder	Zahl der Territorien	Größtes Land nach der Fläche (km^2)	Größtes Land nach der Einwohnerzahl
194	64	Russische Föderation (17.075.184)	China (1.250.066.000)

Diese Weltkarte ist eine Zylinderprojektion.

Spitzbergen (Norwegen)
Franz-Josef-Land
Sewernaja Semlja
Nowaja Semlja
Neusibirische Inseln
Jan Mayen (Norwegen)
Färöer Inseln (Dänemark)
SCHWEDEN
FINNLAND
NORWEGEN
ESTLAND
LETTLAND
LITAUEN
DÄNEMARK
GROSS-BRITANNIEN
IRLAND
DEUTSCH-LAND
POLEN
WEISS-RUSSLAND
BELGIEN
TSCHECHISCHE REPUBLIK
SLOWAKEI
UKRAINE
FRANK-REICH
ÖSTERREICH
UNGARN
RUMÄNIEN
ITALIEN
BULGARIEN
PORTUGAL
SPANIEN
GRIECHEN-LAND
MALTA
R U S S I S C H E F Ö D E R A T I O N
KASACHSTAN
MONGOLEI
GEORGIEN
USBEKISTAN
KIRGISISTAN
TURKMENISTAN
TADSCHIKISTAN
T Ü R K E I
ZYPERN
SYRIEN
LIBANON
ISRAEL
JORDANIEN
I R A K
I R A N
AFGHANISTAN
KUWAIT
PAKISTAN
BAHRAIN
KATAR
SAUDI-ARABIEN
OMAN
J E M E N
C H I N A
NORD-KOREA
SÜD-KOREA
JAPAN
NEPAL
BHUTAN
BANGLADESCH
INDIEN
MYANMAR (Burma)
LAOS
TAIWAN
THAILAND
VIETNAM
KAMBODSCHA
PHILIPPINEN
MAROKKO
TUNESIEN
ALGERIEN
LIBYEN
ÄGYPTEN
MALI
NIGER
TSCHAD
SUDAN
ERITREA
DSCHIBUTI
ÄTHIOPIEN
BURKINA FASO
GUINEA
NIGERIA
ELFEN-BEIN-KÜSTE
GHANA
TOGO
BENIN
LIBERIA
KAMERUN
ZENTRAL-AFRIKANISCHE REPUBLIK
ÄQUATORIAL-GUINEA
SÃO TOMÉ & PRÍNCIPE
GABUN
REPUBLIK KONGO
DEMOKRATISCHE REPUBLIK KONGO
UGANDA
KENIA
SOMALIA
RUANDA
BURUNDI
TANSANIA
ANGOLA
SAMBIA
MALAWI
MOSAMBIK
NAMIBIA
SIMBABWE
BOTSWANA
SWAZILAND
SÜD-AFRIKA
LESOTHO
MADAGASKAR
KOMOREN
Mayotte (FRANKREICH)
MAURITIUS
Réunion (FRANKREICH)
SEYCHELLEN
MALEDIVEN
Lakkadiven (INDIEN)
Andamanen (INDIEN)
Nicobaren (INDIEN)
SRI LANKA
Britisch-Indisches Ozean Territorium (GB)
St. Helena (GB)
St. Helena
Midway (USA)
Marianen (USA)
MARSHALL-INSELN
Guam (USA)
M I K R O N E S I E N
PALAU
FÖD. STAATEN VON MIKRONESIEN
M E L A N E S I E N
BRUNEI
MALAYSIEN
SINGAPUR
Sumatra
Borneo
Celebes
Irian Jaya
PAPUA-NEU-GUINEA
NAURU
K I R I B A T I
I N D O N E S I E N
Java
OSTTIMOR
SALOMONEN
TUVALU
Tokelau
SAMOA
Wallis und Futuna (FRANKREICH)
Amerikanisch Samoa (USA)
VANUATU
FIDSCHI
Niue (NEUSEELAND)
TONGA
Neu-Kaledonien (FRANKREICH)
Kokos-Inseln (AUSTRALIEN)
Weihnachtsinsel (AUSTRALIEN)
AUSTRALIEN
Norfolk (AUSTRALIEN)
Kermadec-Inseln (NEUSEELAND)
NEU-SEELAND
Tasmanien
Chatham-Inseln (NEUSEELAND)
Auckland-Inseln (NEUSEELAND)
Macquarie (AUSTRALIEN)
Neu-Amsterdam (FRANKREICH)
St. Paul (FRANKREICH)
Crozet-Inseln (FRANKREICH)
Kerguelen (FRANKREICH)
Prinz-Edward-Inseln (SÜDAFRIKA)
Heard- und McDonald-Inseln (AUSTRALIEN)
A N T A R K T I S

Physische Weltkarte

WISSENSWERTES

- *Physische Karten enthalten viele Details. Sie zeigen das Relief, d. h. die Höhe des Landes über dem Meeresspiegel. Sie zeigen Gebirge, in denen die höchsten Berge eingezeichnet sind. Auch Ebenen und Flüsse sind abgebildet. Du erkennst die Seen, die Meere, Küsten und Inseln. Durch die Farbe wird die Art der jeweiligen Landschaft charakterisiert: Wüsten sind z. B. gelb, Regenwälder dunkelgrün dargestellt.*

Die Welt in Zahlen

Umfang der Erde km	**Wasserfläche** km²	**Landfläche** km²	**größter Kontinent** km²
40.075	362.033.000	148.021.000	45.066.000

Diese Weltkarte ist eine Zylinderprojektion.

ARKTISCHER OZEAN
SPITZBERGEN
FRANZ-JOSEF-LAND
NOVAJA SEMLJA
SEWERNAJA SEMLJA
LAPTEWSEE
NEUSIBIRISCHE INSELN
OST-SIBIRISCHE SEE
BARENTS-SEE
KARA-SEE
Lappland
EUROPÄISCHES NORDMEER
NORD-SEE
OSTSEE
BALTISCHER LANDRÜCKEN
EUROPA
Dwina
Wolga
Dnjepr
KARPATEN
ALPEN
Donau
SCHWARZES MEER
URALGEBIRGE
Ural
Ob
Jenissej
Westsibirisches Tiefland
Untere Tunguska
Mittel-sibirisches Bergland
Lena
Angara
Aldan
ASIEN
Irtysch
SAJAN-GEBIRGE
Baikalsee
OCHOTSKISCHES MEER
BERING-SEE
KURILENGRABEN
ARALSEE
KASPISCHES MEER
Balchaschsee
Wüste Gobi
Turan
TIENSCHAN
HINDU KUSCH
KUNLUN SHAN
Hochland von Tibet
HIMALAJA
Huang-he
Jangtsekiang
JAPANISCHES MEER
OST-CHINESISCHES MEER
PAZIFIK
MITTELMEER
ATLAS-GEBIRGE
Euphrat
Tigris
ZAGROS-GEBIRGE
Indus
Ganges
Irawadi
Mekong
Sahara
Nil
Nubische Wüste
ROTES MEER
Arabische Halbinsel
ARABISCHES MEER
VORDER-INDIEN
Golf von Bengalen
SÜD-CHINESISCHES MEER
MIKRONESIEN
Niger
AFRIKA
Golf von Aden
ÄTHIOPISCHES HOCHLAND
Uelle
Kongo
KONGO-BECKEN
Kasai
GROSSER GRABENBRUCH
Victoria-see
Golf von Guinea
MITTELINDISCHER RÜCKEN
INDONESISCHE INSELWELT
CELEBES-SEE
MELANESIEN
OZEANIEN
JAVAGRABEN
SÜD-ATLANTIK
INDISCHER OZEAN
Madagaskar
Kalahari-wüste
Orange
WALVIS RÜCKEN
Kap der Guten Hoffnung
Große Sandwüste
Große Viktoriawüste
GREAT DIVIDING RANGE
KORALLEN-SEE
Große Australische Bucht
TASMANISCHE SEE
SÜDWESTINDISCHER RÜCKEN
SÜDOSTINDISCHER RÜCKEN
ANTARKTIS

Nordamerika

Wenn die Kanadagänse laut rufend in Keilformation zum nördlichen Polarkreis fliegen, dann beginnt der Frühling in den Vereinigten Staaten. An ihrem Ziel, der baumlosen Tundra des hohen Nordens, beginnen nach dem langen, kalten Winter Schnee und Eis endlich zu schmelzen. Viele Zugvögel fliegen vom heißen, feuchten Golf von Mexiko aus quer über den Kontinent bis nach Grönland.

Zum drittgrößten Kontinent der Erde gehören Kanada, die Vereinigten Staaten von Amerika (USA, mit Alaska im Nordwesten), Mexiko und die sieben kleineren Staaten Mittelamerikas. Weiterhin gehören dazu das dänische Außengebiet Grönland (die größte Insel der Erde) und die kleinen französischen Inseln St. Pierre und Miquelon.

Die Landoberfläche von West nach Ost, vom Pazifik zum Atlantik, steigt und fällt stetig: Zuerst kommen die Küstengebirge, die Kaskade-Kette und die Sierra Nevada. Dann fällt das Land zum Großen Becken ab, einer ungewöhnlichen Region mit Salzseen, verwitterten Felsen und Wüsten, die sich bis nach Mexiko erstrecken. Die gewaltigen Rocky Mountains fallen zu den Great Plains und zur Mississippi-Missouri-Ebene ab.

Auch nach Süden reichen die Berge: Die Sierra Madre von Mexiko geht in die Gebirgskette über, die sich durch Mittelamerika erstreckt. Die Trockengebiete des Nordens weichen schließlich den feuchten Regenwäldern der Tropen. Sie wurden in weiten Gebieten gerodet, um Platz für Landwirtschaft zu schaffen.

WISSENSWERTES

- *Der Obere See zwischen Kanada und den USA ist der größte Süßwassersee der Erde. Etwa 200 Flüsse entwässern in den See, der eine Fläche von 82.420 km² bedeckt.*
- *Der am tiefsten gelegene Ort in Nordamerika ist Badwater im Death Valley (Kalifornien). Er liegt 86 m unter dem Meeresspiegel.*

Der Colorado schneidet sich seit 1 Mrd. Jahre in den Fels. Dabei schuf er den Grand Canyon in Arizona, das größte Schluchtensystem der Erde.

Kontinent in Zahlen

	Fläche (km²)	**% der Erdoberfläche**	**Einwohner**	**Größtes Land** (Fläche, km²)	**Größtes Land (Einwohner)**
Nordamerika	24.346.000	16,2	475.815.000	Kanada 9.976.162	USA 281.421.906

Wo auf der Welt?

Washington D.C. liegt auf 38°54′ nördlicher Breite 77°01′ westlicher Länge

7.00 Uhr Washington D.C.

12.00 Uhr GMT

Suche und finde

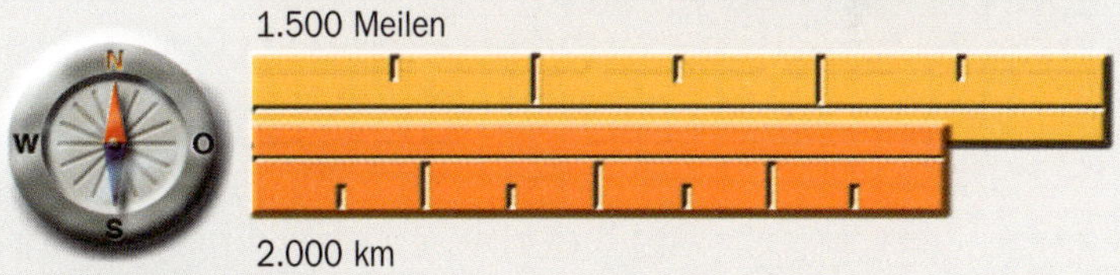

Das kanadische Eishockey-Team kämpft um den Sieg während der Winter-Olympiade 1998.

A B C D E F G

Die Vereinigten Staaten von Amerika (USA)

DIE Amerikaner sind ein Volk von Reisenden. Auf den Anzeigetafeln der Flughäfen und Busstationen liest man die Namen von amerikanischen Städten aus sechs Zeitzonen. Der endlose Verkehr fließt durch die Großstädte der Ostküste, dann verliert er sich etwas auf den großen Highways nach Westen. Die Straßen führen durch die grünen und gelben Felder Nebraskas. Man passiert Raststätten, an denen die Fahrer der großen Trucks anhalten, um sich Donuts und Kaffee zu kaufen. Die Hügel von Wyoming liegen im fahlen Mondlicht, während die Straßen in Arizona durch glühend heiße Wüsten führen. An der Westküste kreuzt der Verkehr die Golden Gate Brücke in San Francisco und fließt über die Straßen von Los Angeles.

Obwohl die USA das bevölkerungsreichste Land der amerikanischen Kontinente sind, gibt es noch wilde Naturlandschaften. Das Land liegt zwischen dem Atlantik im Osten und dem Pazifik im Westen. Die südliche Grenze zu Mexiko bildet der Rio Grande, während die nördliche Grenze zu Kanada wie mit dem Lineal gezogen erscheint – eine künstliche, keine natürliche Grenze. Alaska bildet den nordwestlichsten arktischen Vorposten der USA, während die Hawaii-Inseln weitab im Pazifik liegen.

In den 50 Bundesstaaten leben ganz unterschiedliche Menschen. Es gibt indianische Ureinwohner, zum Beispiel die Inuit, und Menschen mit afrikanischen, europäischen, asiatischen oder polynesischen Vorfahren. Die wichtigste Sprache ist Englisch, wobei auch Spanisch weit verbreitet ist und viele andere Sprachen zu hören sind.

Die karibische Insel Puerto Rico hat eine eigene Regierung; es bestehen enge politische Beziehungen zu den USA.

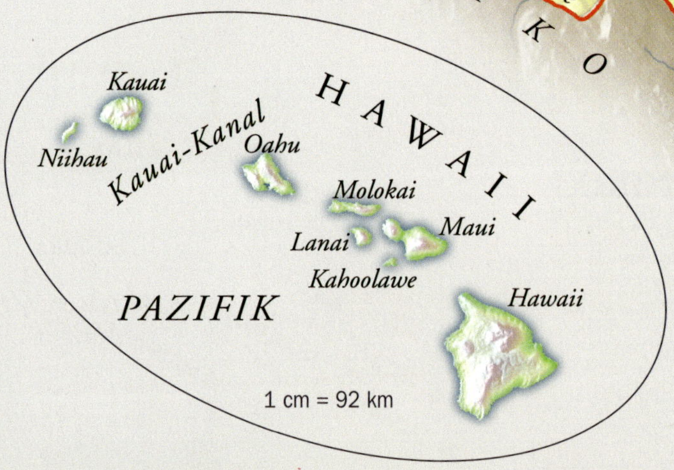

WISSENSWERTES

- *Für eine Reise quer durch die USA, von New York bis nach Kalifornien, fährt man 4.828 km über die Highways.*
- *Fast ein Drittel des Landes wird durch Gesetze der US-Regierung geschützt. Dazu gehören Nationalparks, Wälder, Küsten und Wildschutzgebiete.*

Länder in Zahlen

	Fläche (km^2)	Einwohner	Sprache	Religion	Währung
Vereinigte Staaten von Amerika	9.629.092	281.421.906	Englisch	Protestanten / Katholiken	US-Dollar

Vereinigte Staaten von Amerika

Die eindrucksvolle Kuppel des Kapitols überragt Washington D.C. Auf dem Sockel stehen die lateinischen Worte E Pluribus Unum – das heißt „eine (Nation) aus vielen".

Wo auf der Welt?

Von Washington nach Juneau
4.554 km
5 Std. 25 Min.

3.00 Uhr Juneau
7.00 Uhr Washington D.C.

Leben in Zahlen

Wie hoch ist die Lebenserwartung?
USA
76 Jahre

Anzahl der Autos je 100 Menschen
48

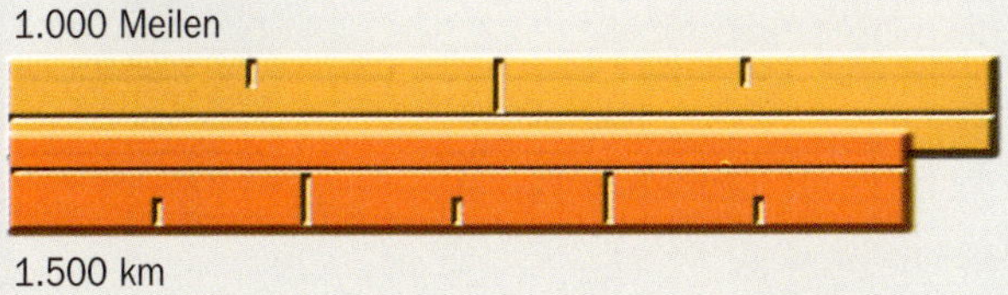

Seit 1886 hält die Freiheitsstatue, ein Geschenk der französischen Nation, ihre Fackel über den Hafen von New York. In ihrem Innern können Besucher bis in die Krone hochsteigen.

Suche und finde

USA: Der Nordosten

NEW YORK, MAINE, VERMONT, NEW HAMPSHIRE, MASSACHUSETTS, CONNECTICUT, RHODE ISLAND

IN New York stehen mehr Wolkenkratzer als in anderen Weltstädten. Ihre Fensterflächen teilen die Insel Manhattan, die vom East River und dem Hudson umflossen wird, in Schluchten aus Glas und Stahl. Hier liegt die Wall Street, das Finanzzentrum der USA, aber auch die vielen Theater des Broadway. Während die Straßen im Winter von dichtem Schneetreiben erfüllt sein können, herrscht im Sommer flirrende Hitze. In New York leben 7,4 Millionen Menschen. Im Westen geht die Landschaft in das sanft gewellte Farmland des Staates New York über, der durch zwei der Großen Seen (Ontario- und Eriesee) begrenzt wird. Im Süden schließt sich das Allegheny-Gebirge an, das zu den Appalachen gehört. Im Osten liegen die felsigen Küsten des Nordatlantiks. Weite Flächen sind von Wald bedeckt, dessen Birken und Ahornbäume sich im Herbst in einem spektakulären Farbenspiel zeigen. Diese sechs nordöstlichsten Staaten werden oft als Neuengland bezeichnet. Sie erstrecken sich von den Wäldern und Küstenebenen Maines über die Holzhäuser und weißen Kirchen des historischen Massachusetts mit der Stadt Boston bis zu den Küsten von Rhode Island und Connecticut.

Dazwischen liegen die Bundesstaaten New Hampshire und Vermont, die beide berühmt sind für ihre Naturlandschaften. Im Winter locken ihre Skipisten tausende von Skiläufern an.

Seit über hundert Jahren werden in New York immer höhere Wolkenkratzer gebaut. Die Insel ist das Zentrum von New York.

WISSENSWERTES

- *Jeder Tag in den USA beginnt in Maine. Als östlichster Ort in den Staaten geht die Sonne hier am frühesten auf.*
- *An den Niagarafällen an der Grenze zwischen den USA und Kanada fließen pro Sekunde 5.720 m³ Wasser durch die Turbinen eines Kraftwerkes.*

New York

Maine

Vermont

New Hampshire

Massachusetts

Connecticut

Rhode Island

Bundesstaaten in Zahlen

	Fläche (km²)	Einwohner	Wappenblume	Wappenbaum	Wappenvogel
New York	139.832	18.976.457	Rose	Zuckerahorn	Hüttensänger
Maine	87.389	1.274.923	Kiefernzapfen/Amarantus	Weymouthskiefer	Chickadee-Meise
Vermont	24.903	608.827	Rotklee	Zuckerahorn	Drossel
New Hampshire	24.043	1.235.786	Flieder	Weißbirke	Purpurfink
Massachusetts	23.934	6.349.097	Maiglöckchen	Ulme	Chickadee-Meise
Connecticut	14.359	3.405.565	Lorbeerrose	Weißeiche	Rotkehlchen
Rhode Island	3.188	1.048.319	Veilchen	Rotahorn	Dompfaff

Um die Schiffe durch die gefährlichen Gewässer vor Kap Cod (Massachusetts) zu leiten, wurden viele Leuchttürme erbaut.

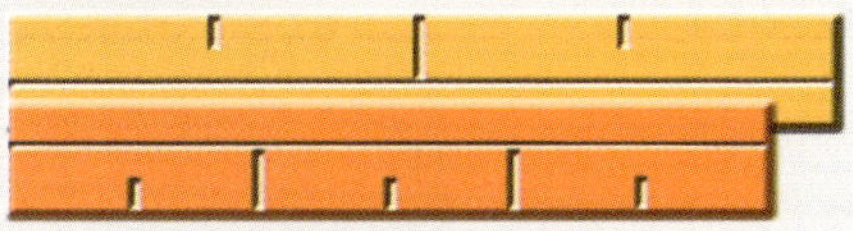

Wo auf der Welt?

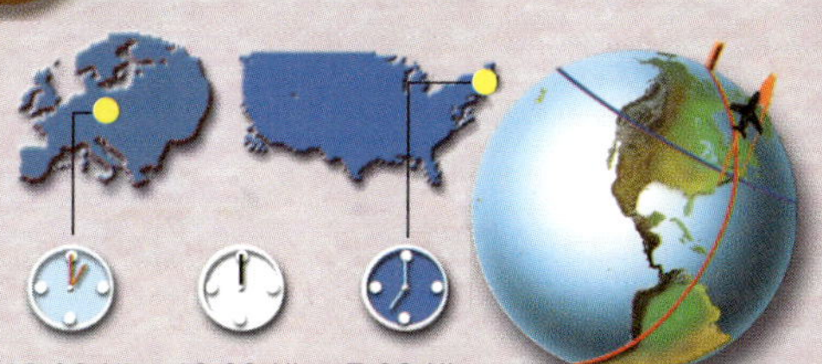

13.00 Uhr Berlin | 12.00 Uhr GMT | 7.00 Uhr Augusta

Von Berlin nach Augusta
5.862 km
7 Std. 1 Min.

Augusta liegt auf
44° 20′ nördlicher Breite
69° 44′ westlicher Länge

Die fruchtbare Landschaft von Vermont in Neuengland ist bestens zur Viehzucht geeignet. Die Rinder liefern Milch und Fleisch.

Leben in Zahlen

Anteil der Bevölkerungsgruppen	Weiße	Schwarze	Hispano-Amerikaner	Asiaten	Andere/Indianer	Bevölkerungsdichte (pro km²)
USA	71.4	12.8	11.8	4.1	0.9	29
New York	64.1	18.2	15.4	5.7	0.4	148
Maine	97.6	0.4	0.6	0.7	0.5	16
Vermont	97.2	0.3	1.0	1.0	0.3	26
New Hampshire	96.7	0.7	0.5	1.1	0.2	53
Massachusetts	83.6	6.7	7.0	4.0	0.2	305
Connecticut	79.8	9.8	8.7	2.4	0.2	262
Rhode Island	85.3	5.4	7.6	2.8	0.4	369

Suche und finde

Der Acadia-Nationalpark liegt an der Atlantikküste von Maine. Er schützt natürliche Wälder, Seen und die Gezeitenküste.

A B C D E F G

USA: Die atlantischen Staaten

PENNSYLVANIA, MARYLAND, NEW JERSEY, DELAWARE, WASHINGTON D.C.

SÜDLICH des Staates New York schließen sich die Sanddünen und Strände von New Jersey an. Der östliche Teil mit Städten wie Trenton oder Newark ist dicht besiedelt. Die Küstenebene steigt langsam an und geht jenseits des Delaware nach Pennsylvania über. Dieses bewaldete Land mit vielen Flüssen wurde zum ersten Industriegebiet der USA, ein bedeutendes Zentrum des Kohlebergbaus und der Stahlindustrie. Pittsburgh und das historische Philadelphia sind die wichtigsten Städte. In Philadelphia erklärten die 13 ursprünglichen Kolonien 1776 ihre Unabhängigkeit von England.

Maryland ist nur ein kleiner Küstenstaat beiderseits der Chesapeake-Bai, die sich tief ins Landesinnere erstreckt. Dabei schneidet sie die lange Delmarva-Halbinsel ab, die zu den Staaten Delaware, Maryland und Virginia gehört. Die Küste mit dem Hauptort Baltimore ist berühmt für ihre Krebse und Muscheln.

Die Landeshauptstadt Washington liegt auf einem eigenen Territorium am Potomac (District of Columbia; D.C.). Sie wird von der Kuppel des Kapitols beherrscht, in dem der Kongress tagt. Hier steht auch das Weiße Haus, der Wohnsitz des Präsidenten.

In einem Stahlwerk von Pittsburgh sprühen die Funken. Im 19. Jh. wurde in der Stadt weltweit der meiste Stahl produziert. Obwohl die Industrie noch immer eine wichtige Rolle spielt, mussten viele der alten Hochöfen und Schornsteine inzwischen modernen Wolkenkratzern weichen.

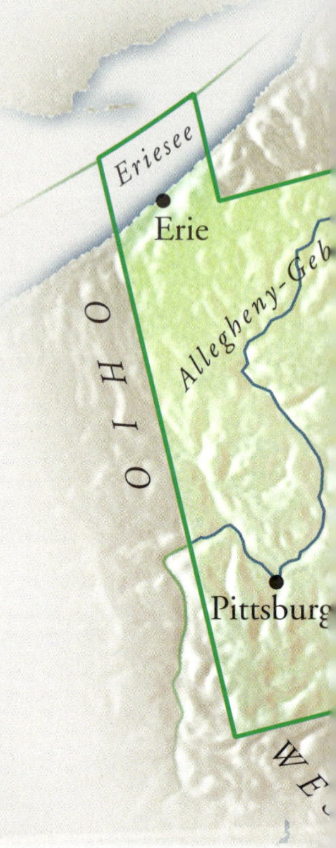

Die Amish leben in Pennsylvania und im Mittleren Westen noch immer auf traditionelle Weise. Sie bearbeiten ihr Land ohne moderne Maschinen.

Pennsylvania | Maryland | New Jersey | Delaware | Washington D.C.

WISSENSWERTES

- *Die Grenze von Maryland ist besonders vielgestaltig: Sie verläuft entlang einer Halbinsel um Vorberge und Buchten und folgt dem Verlauf gewundener Flüsse.*
- *In Washington D.C. steht die größte Bibliothek der Welt. In der berühmten Library of Congress werden mehr als 95 Millionen Bücher aufbewahrt.*

Bundesstaaten in Zahlen

	Fläche (km²)	Einwohner	Wappenblume	Wappenbaum	Wappenvogel
Pennsylvania	119.290	12.281.054	Kalmie	Hemlocktanne	Waldhuhn
Maryland	31.849	5.296.486	Schwarzäugige Susanne	Weißeiche	Pirol
New Jersey	21.277	8.414.350	Flieder	Roteiche	Goldfink
Delaware	6.206	783.600	Pfirsichblüte	Ilex	Hühnerküken
Washington, DC	181	572.059	Rose	Scharlacheiche	Walddrossel

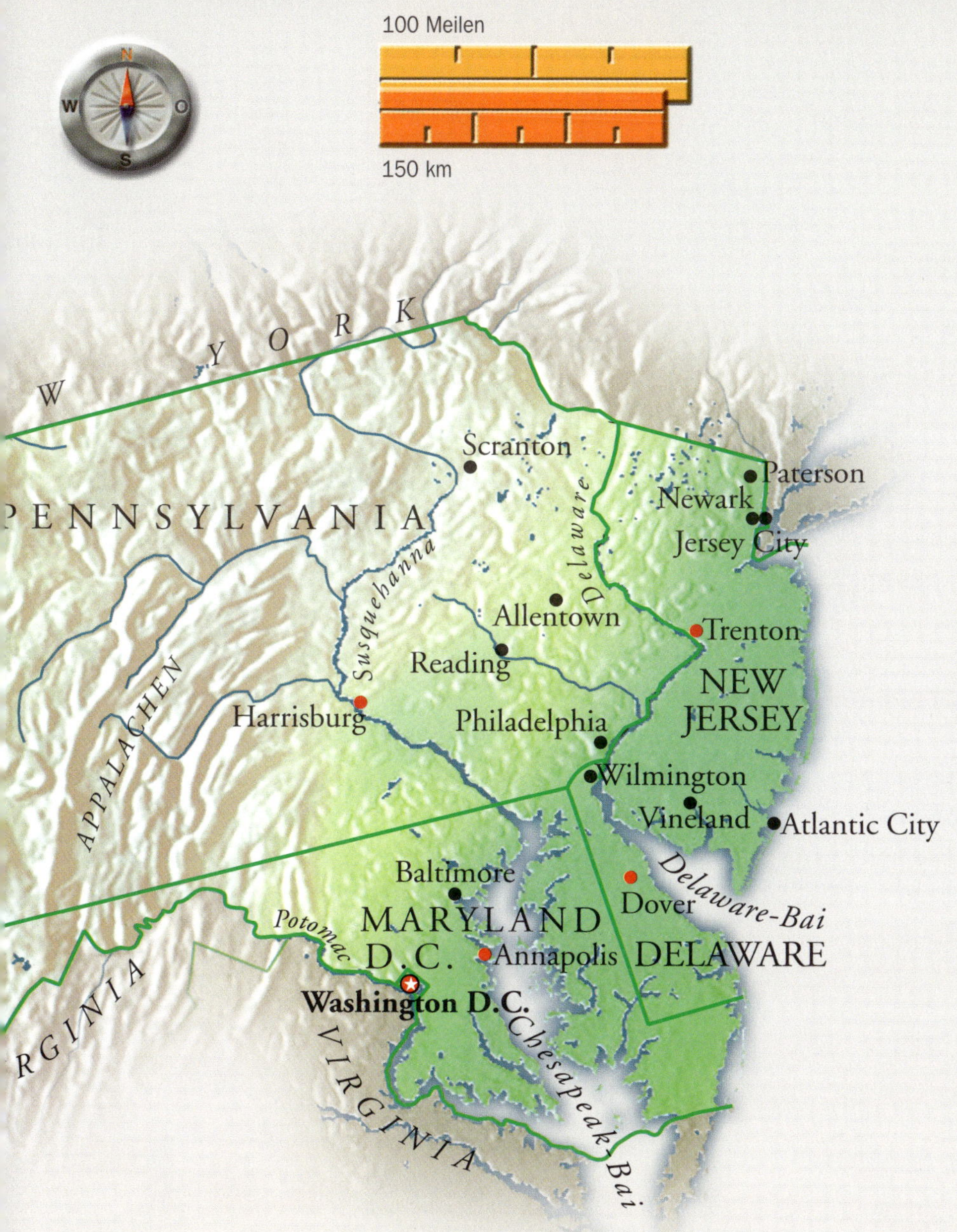

Wo auf der Welt?

Von Berlin nach Philadelphia
6.529 km
7 Uhr 48 Min.

Philadelphia liegt auf
40° 00' nördl. Breite
75° 08' westl. Länge

Leben in Zahlen

Anteil der Bevölkerungsgruppen	Weiße	Schwarze	Hispano-Amerikaner	Asiaten	Andere/Indianer	Bevölkerungsdichte (pro km²)
USA	71.4	12.8	11.8	4.1	0.9	29
Pennsylvania	85.7	10.0	2.7	1.8	0.1	105
Maryland	63.9	28.2	4.1	4.2	0.2	208
New Jersey	68.0	15.2	12.8	5.8	0.2	426
Delaware	75.8	19.1	3.3	2.0	0.3	150
Washington D.C.	29.1	61.4	7.6	2.9	0	3.289

Dämmerung liegt über den Lichtern von Baltimores Skyline und dem Hafenbecken. Die Stadt besitzt einen der geschäftigsten Häfen des Landes.

Durch ein bewaldetes Tal in Pennsylvania und die Berge von New Jersey windet sich der Delaware. Die Wasserscheide des Delaware ist ein beliebtes Ausflugsgebiet.

Suche und finde

USA: Der Süden

FLORIDA, GEORGIA, ARKANSAS, NORD-CAROLINA, ALABAMA, LOUISIANA, MISSISSIPPI, VIRGINIA, TENNESSEE, KENTUCKY, SÜD-CAROLINA, WEST VIRGINIA

SÜDLICH der Chesapeake-Bai haben die Brecher des Atlantiks eine Küste geschaffen, deren Sandstrände, Lagunen und vorgelagerte Inseln sich von Virginia bis Florida erstrecken. Von der Küstenebene steigt das Land bis zu den Appalachen an.

In Virginia schneiden sich vier breite Flussmündungen ins Land. Der Staat besitzt mit Richmond und Norfolk bedeutende Industriestädte. Jenseits der Berge liegt West Virginia, ein Land der klaren Flüsse und Wälder.

Weiter im Süden zieht sich die Atlantikküste durch die feucht-warmen Staaten von Nord- und Süd-Carolina und Georgia. Hügel, Wasserstraßen und Wälder dehnen sich westwärts aus durch Tennessee und Kentucky. Das fruchtbare Bauernland des Südens produziert Erdnüsse, Tabak und Baumwolle. Atlanta in Georgia ist ein bedeutendes Wirtschaftszentrum.

Der von Palmen gesäumte Sonnenstaat Florida erstreckt sich weiter nach Süden bis nach Key West. Er zieht Touristen aus aller Welt an. In den Sümpfen der Everglades leben Alligatoren und Schlangen.

Die südlichsten Staaten liegen am ölreichen Golf von Mexiko. Die häufig von Unwettern heimgesuchte Küste wird durch kleine Flüsse, sumpfige Nebenflüsse und das Labyrinth des Mississippi-Deltas gegliedert. Am Ostufer des Mississippi liegt New Orleans (Louisiana). Die Stadt wird durch Schutzmauern vor Überschwemmungen geschützt. Etwa die Hälfte von Louisiana ist von Wald bedeckt.

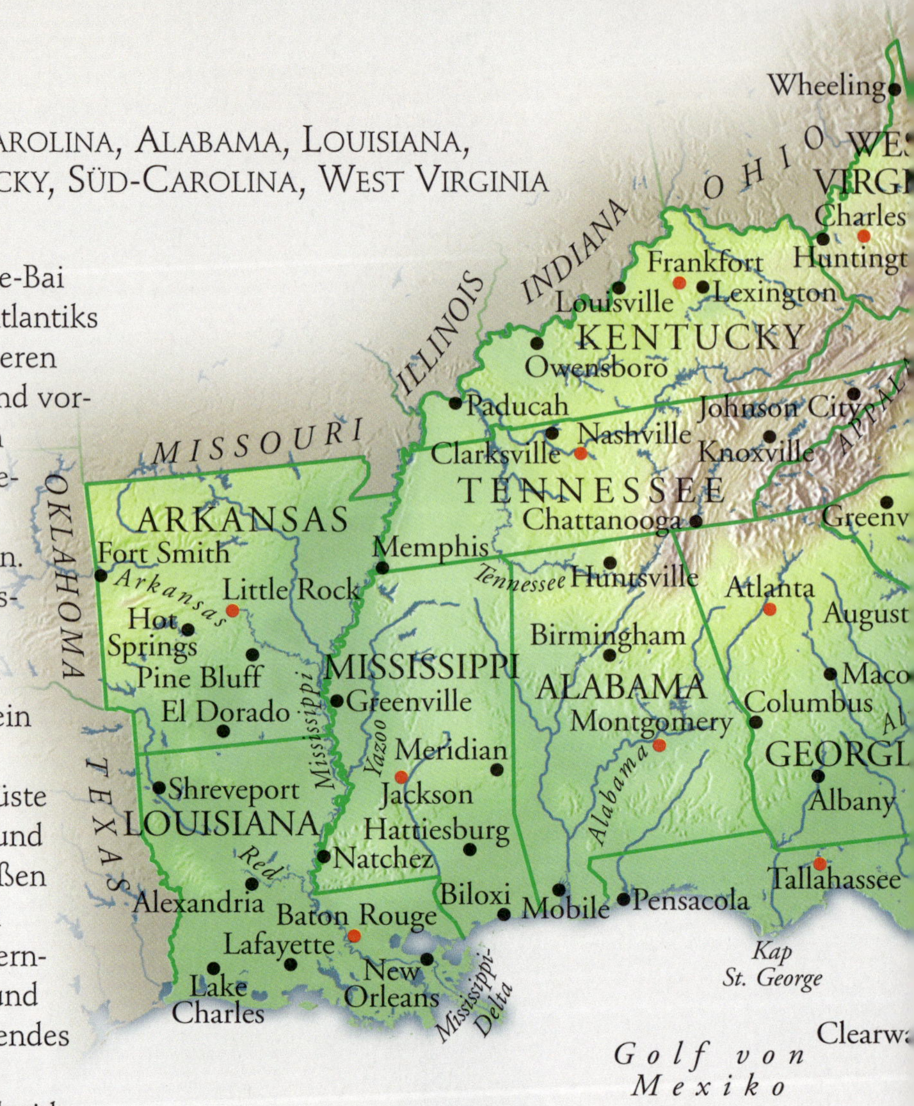

Florida

Georgia

Arkansas

Nord-Carolina

Alabama

Louisiana

Mississippi

Virginia

Tennessee

Kentucky

Süd-Carolina

West Virginia

WISSENSWERTES

- *Riesige Dünen und gewaltige Wellen kennzeichnen die Outer Banks, eine lange Sandlandschaft an der Küste von Nord-Carolina. Hier sind so viele Schiffe gestrandet, dass man die Gegend „Schiffsfriedhof des Atlantiks" nennt.*

Bundesstaaten in Zahlen

	Fläche (km²)	Einwohner	Wappenblume	Wappenbaum	Wappenvogel
Florida	155.214	15.982.378	Orangenblüte	Sabalpalme	Spottdrossel
Georgia	152.750	8.186.453	Weiße Rose	Eiche	Brauner Waldspötter
Arkansas	137.741	2.673.400	Apfelblüte	Kiefer	Spottdrossel
Nord-Carolina	136.420	8.049.313	Blumen-Hartriegel	Kiefer	Kardinal
Alabama	135.294	4.447.100	Kamelie	Sumpfkiefer	Goldammer
Louisiana	128.596	4.468.976	Magnolie	Sumpfzypresse	Pelikan
Mississippi	125.061	2.844.658	Magnolie	Magnolie	Spottdrossel
Virginia	109.624	7.078.515	Blumen-Hartriegel	Blumen-Hartriegel	Kardinal
Tennessee	109.158	5.689.283	Schwertlilie	Tulpenbaum	Spottdrossel
Kentucky	104.664	4.041.769	Goldrute	Tulpenbaum	Kardinal
Süd-Carolina	80.780	4.012.012	Gelber Jasmin	Palmettopalme	Zaunkönig
West Virginia	62.758	1.808.344	Rhododendron	Zuckerahorn	Kardinal

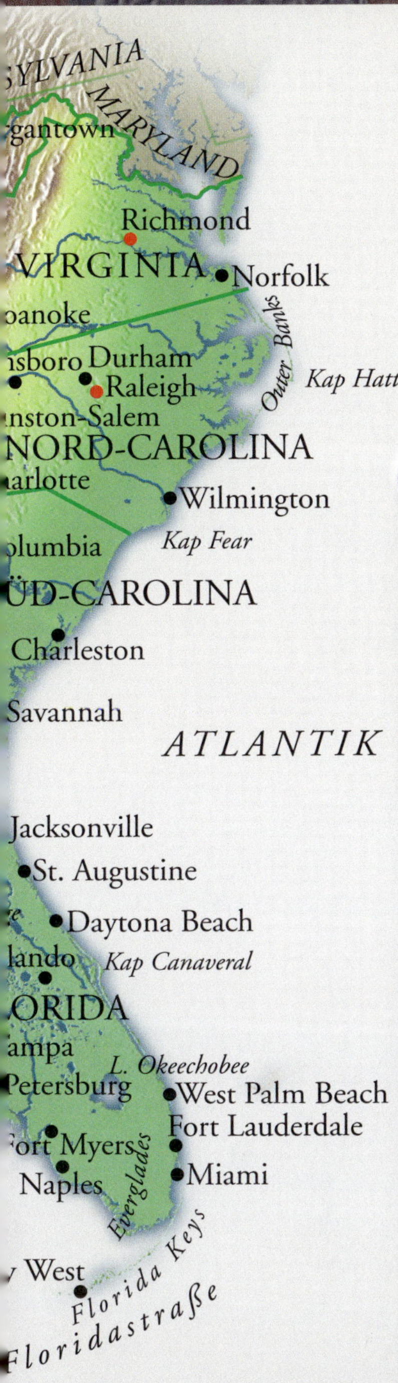

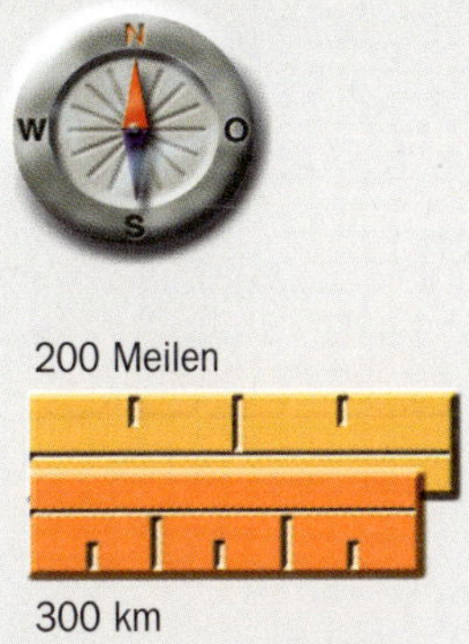

Eine Raumfähre ist an eine Rakete gekoppelt. Sie startet vom Raumfahrtzentrum John F. Kennedy am Kap Canaveral in Florida.

Suche und finde

Florida
Hauptstadt:
Tallahassee . . C6
Clearwater D6
Daytona Beach . D6
Fort Lauderdale . D7
Fort Myers D6
Jacksonville C6
Key West E7
Miami D7
Naples D6
Orlando D6
Pensacola D5
St. Augustine . . . C6
St. Petersburg . . D6
Tampa D6
West Palm Beach D7

Georgia
Hauptstadt:
Atlanta C5
Albany C5
Augusta C6
Columbus C5
Macon C6
Savannah C6

Arkansas
Hauptstadt:
Little Rock . . . C4
El Dorado C4
Fort Smith B3
Hot Springs C3
Pine Bluff C4

Nord-Carolina
Hauptstadt:
Raleigh B7
Charlotte B6
Durham B7
Greensboro B6
Wilmington B7
Winston-Salem . B6

Alabama
Hauptstadt:
Montgomery . . C5
Birmingham C5
Huntsville B5
Mobile D5

Louisiana
Hauptstadt:
Baton Rouge . D4
Alexandria C4
Lafayette D4
Lake Charles . . . D3
New Orleans . . . D4
Shreveport C3

Mississippi
Hauptstadt:
Jackson C4
Biloxi D4
Greenville C4
Hattiesburg C4
Meridian C4
Natchez C4

Virginia
Hauptstadt:
Richmond . . . A7
Norfolk A7
Roanoke A6

Tennessee
Hauptstadt:
Nashville B5
Chattanooga . . . B5
Clarksville B5
Johnson City . . . B6
Knoxville B5
Memphis B4

Kentucky
Hauptstadt:
Frankfort A5
Lexington B5
Louisville B5
Owensboro B5
Paducah B4

Süd-Carolina
Hauptstadt:
Columbia B6
Charleston C6
Greenville B6

West Virginia
Hauptstadt:
Charleston . . . C6
Huntington A6
Morgantown . . . A6
Wheeling A6

Wo auf der Welt?

13.00 Uhr Berlin | 12.00 Uhr GMT | 7.00 Uhr Jacksonville

Von Berlin nach Jacksonville
7.705 km
9 Std. 12 Min.

Jacksonville liegt auf
30° 20' nördlicher Breite
81° 39' westlicher Länge

Leben in Zahlen

Anteil der Bevölkerungsgruppen	Weiße	Schwarze	Hispano-Amerikaner	Asiaten	Andere/Indianer	Bevölkerungsdichte (pro km²)
USA	71.4	12.8	11.8	4.1	0.9	29
Florida	68.3	15.3	15.7	1.8	0.3	109
Georgia	66.9	28.9	2.4	1.8	0.2	52
Arkansas	81.9	15.5	1.3	0.7	0.6	19
Nord-Carolina	73.9	22.3	1.6	1.2	1.2	62
Alabama	72.5	25.5	0.8	0.8	0.4	34
Louisiana	63.1	32.7	2.7	1.4	0.5	39
Mississippi	62.3	35.9	0.7	0.7	0.3	23
Virginia	72.3	20.2	3.8	3.8	0.3	68
Tennessee	81.4	16.4	1.0	1.0	0.2	53
Kentucky	93.6	7.2	0.8	0.7	0.2	26
Süd-Carolina	68.0	30.0	1.1	0.9	0.2	50
West Virginia	95.4	3.2	0.6	0.6	0.1	29

USA: Der Südwesten

TEXAS, NEU-MEXIKO, ARIZONA, OKLAHOMA

NACH Alaska ist Texas der größte amerikanische Bundesstaat. Er grenzt an den Golf von Mexiko, den Rio Grande und die heißen, staubigen Kurzgrasprärien, die sich weiter nach Neu-Mexiko fortsetzen. Manche Texaner sind durch das Öl oder die Rinderzucht sehr reich geworden. Viele Texaner tragen noch immer die traditionellen Cowboystiefel, Gürtel und einen breitrandigen Stetson-Hut, selbst wenn sie in großen, modernen Städten wie San Antonio, Houston oder Dallas leben.

Nördlich des Red River liegt Oklahoma, ein weiterer Staat, dessen Wirtschaft durch Öl und Rinderzucht bestimmt wird. Die meisten heutigen Einwohner arbeiten auf dem Land. Das wichtigste Produkt ist Weizen.

Das benachbarte Neu-Mexiko ist ein Sonnenstaat mit glitzernd weißem Sand im Süden und Bergen im Norden. Viele Menschen arbeiten im Bergbau.

Noch ein Stück weiter nach Westen wird das Klima heißer und trockener. Dank verschiedener Staudämme kann das Land jedoch bewässert werden und so wachsen hier Baumwolle, Getreide, in manchen Gegenden auch Obst. Das südliche Arizona ist von Dornbuschsavannen mit Saguaros bedeckt, den größten Kakteen der Erde. Hier findet man auch alte Siedlungsplätze. Die Anasazi (amerikanische Ureinwohner) lebten in Felsenstädten. Südlich von Phoenix in Arizona reicht die Wüste bis zur mexikanischen Grenze.

In den Staaten des Südwestens leben viele Amerikaner mexikanischer Herkunft und amerikanische Indianer, wie die Apachen und Navajos.

Weite Teile von Arizona haben wüstenhaftes Klima. In Yuma fallen jährlich nur 7,5 cm Niederschlag (zum Vergleich: Auf Hawaii sind es 508 cm im Gebirge und 64 cm an der Küste).

Texas | Neu-Mexiko | Arizona | Oklahoma

WISSENSWERTES

- *In den Carlsbad-Höhlen in Neu-Mexiko leben Millionen von Fledermäusen. Wenn sie bei Sonnenuntergang ihre Höhle verlassen, verdüstern sie den Himmel.*
- *Der Grand Canyon ist die größte Schlucht der Erde. Er wurde vom Colorado in ein Plateau im Norden Arizonas eingeschnitten. Der Canyon ist 349 km lang, zwischen 8 und 25 km breit und an manchen Stellen 1.900 m tief.*

Bundesstaaten in Zahlen

	Fläche km²	Einwohner	Wappenblume	Wappenbaum	Wappenvogel
Texas	692.247	20.851.820	Kornblume	Pecanobaum	Spottdrossel
Neu-Mexiko	314.939	1.819.046	Yucca	Pinyonnuss	Rennkuckuck
Arizona	295.276	5.130.632	Blüte des Saguarokaktus	Grünholzbaum	Zaunkönig
Oklahoma	181.049	3.450.654	Mistel	Judasbaum	Fliegenschnäpper

A B C D E F G

Wo auf der Welt?

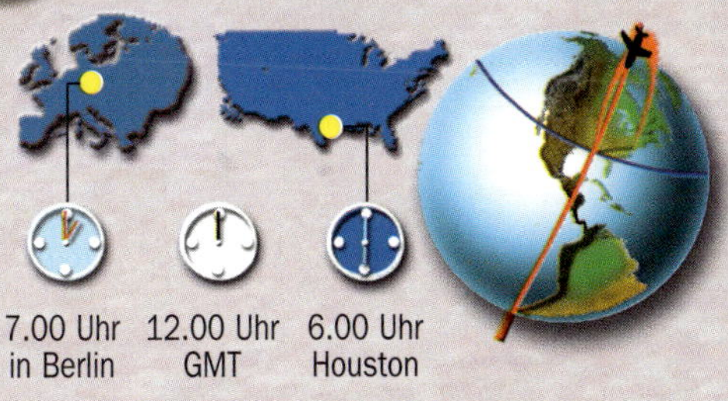

7.00 Uhr in Berlin | 12.00 Uhr GMT | 6.00 Uhr Houston

Von Berlin nach Houston
8.564 km
10 Std. 18 Min.

Houston liegt auf
29° 46′ nördlicher Breite
95° 23′ westlicher Länge

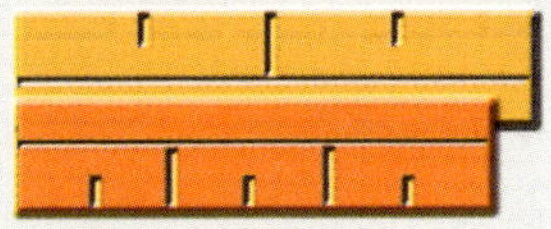

Suche und finde

In Texas wird mehr Öl gefördert als in jedem anderen Staat der gesamten USA.

Leben in Zahlen

Anteil der Bevölkerungsgruppen	Weiße	Schwarze	Hispano-Amerikaner	Asiaten	Andere/Indianer	Bevölkerungsdichte (pro km²)
USA	71.4	12.8	11.8	4.1	0.9	29
Texas	56.0	12.6	29.2	2.8	0.5	30
Neu-Mexiko	49.0	3.7	39.6	1.6	9.1	6
Arizona	67.8	3.7	22.3	2.2	5.4	16
Oklahoma	78.7	8.4	3.7	1.5	8.3	19

USA: Der mittlere Westen

MINNESOTA, KANSAS, NEBRASKA, SÜD-DAKOTA, NORD-DAKOTA, MISSOURI, IOWA

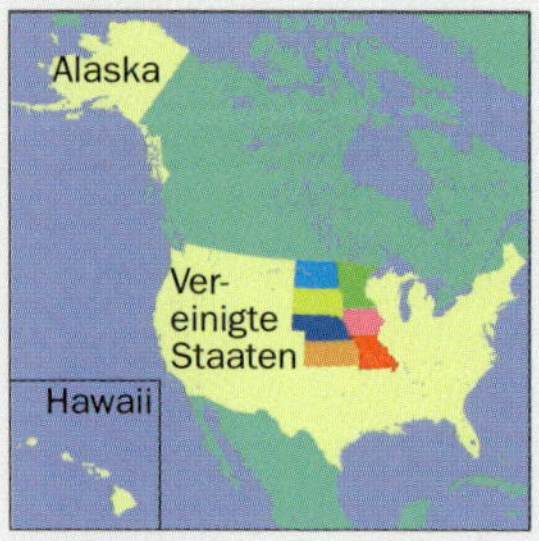

EIN Pickup-Wagen rumpelt über einen Feldweg, der zwischen weiten Feldern mit Sojabohnen und Mais entlangführt. Der Farmer blickt besorgt zum Himmel, denn es ist Frühsommer und der Wetterbericht hat Wirbelstürme angekündigt. Solche Tornados bestehen aus einer dunklen, wirbelnden Luftmasse, die ganze Scheunen abdecken kann. Die Sommer sind hier heiß und stürmisch, die Winter sehr kalt und mit starken Schneefällen.

Westlich des Mississippi bis Wyoming und Montana dehnt sich eine weite, leicht geneigte Ebene – die Great Plains. Im Osten, wo mehr Niederschläge fallen, gedeiht eine Langgrasprärie, während im trockeneren Westen nur kurze Gräser überleben. Hier liegt eines der Zentren des Getreideanbaus. In der Prärie wimmelte es einst von Wildtieren, große Bisonherden streiften umher und die Präriehunde gruben ihre weit verzweigten Gänge.

In St. Louis (Missouri) erhebt sich eines der berühmtesten Bauwerke des mittleren Westens, der 192 m hohe *Gateway Arch*. Weiter westlich liegen die landwirtschaftlich wichtigen Staaten Iowa, Kansas und Nebraska.

Minnesota, südlich des Oberen Sees, ist bekannt für seine Milchkühe. Es gehört zu den wichtigsten Milchproduzenten des Landes. Auf den dünn besiedelten Prärien von Nord- und Süd-Dakota werden vor allem Rinder gehalten.

WISSENSWERTES

- *In normalen Jahren treten in den USA mehr als 900 Wirbelstürme auf. Sie entstehen, wenn warme Luftmassen aus dem Golf von Mexiko auf die kalte Luft der Rocky Mountains oder der Prärien treffen. Besonders gefährdet sind die Staaten der „Tornado-Allee" Kansas, Nebraska, Iowa, Missouri und viele andere Staaten des Südens und Südwestens.*

Der Gateway Arch in St. Louis erhebt sich über die Lichter der Stadt und ihre Reflexionen im Wasser.

In den Mount Rushmore in Süd-Dakota wurden die riesigen Köpfe von vier amerikanischen Präsidenten eingemeißelt: George Washington, Thomas Jefferson, Theodore Roosevelt und Abraham Lincoln.

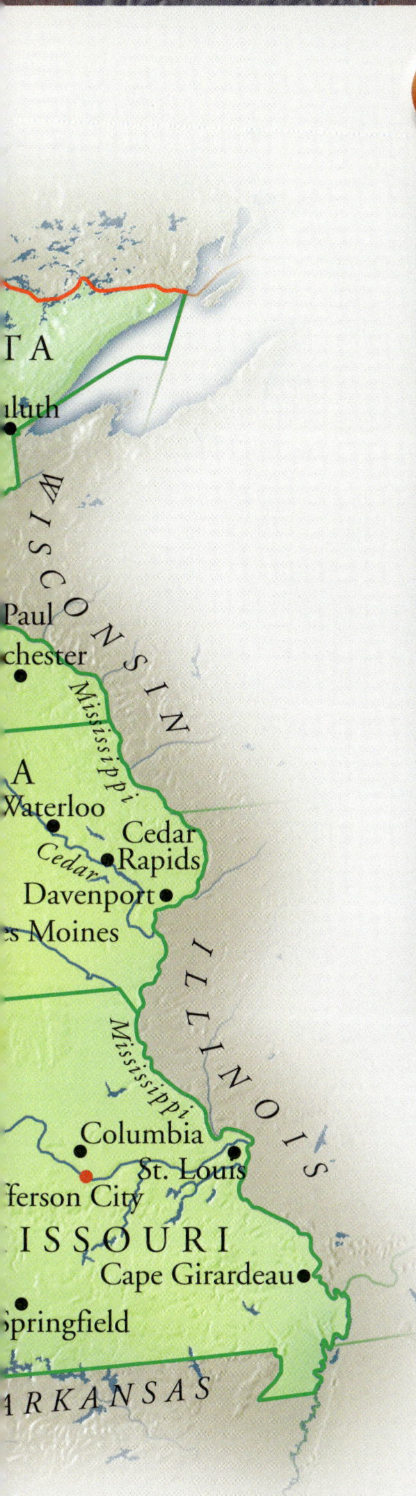

Leben in Zahlen

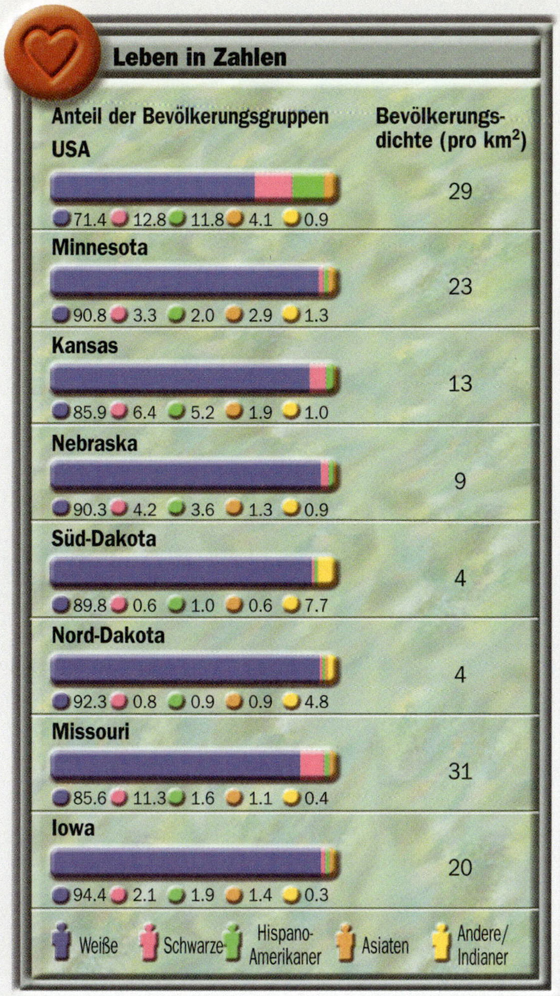

Wo auf der Welt?

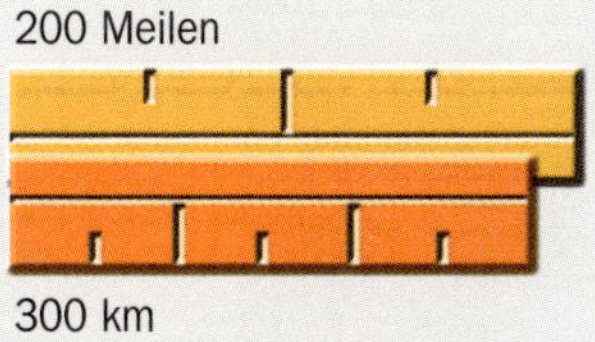

Suche und finde

Minnesota Kansas Nebraska Süd-Dakota Nord-Dakota Missouri Iowa

Bundesstaaten in Zahlen

	Fläche (km²)	Einwohner	Wappenblume	Wappenbaum	Wappenvogel
Minnesota	225.182	4.919.479	Frauenschuh	Rotkiefer	Eistaucher
Kansas	213.110	2.688.418	Sonnenblume	Pappel	Wiesenstärling
Nebraska	200.357	1.711.263	Goldrute	Pappel	Wiesenstärling
Süd-Dakota	199.743	754.844	Küchenschelle	Rottanne	Jagdfasan
Nord-Dakota	183.123	642.200	Prärierose	Amerikanische Ulme	Wiesenstärling
Missouri	180.546	5.959.211	Weißdorn	Hartriegel	Hüttensänger
Iowa	145.755	2.926.324	Wilde Rose	Eiche	Stieglitz

USA: Die Großen Seen

MICHIGAN, WISCONSIN, ILLINOIS, OHIO, INDIANA

CHICAGO gilt als „stürmische Stadt“, weil dort die Winde vom Michigansee durch die Schluchten der Wolkenkratzer wie in Trichtern gebündelt werden. Die Großen Seen bilden eine zusammenhängende Wasserfläche von 245.700 km^2. Sie wurden in der Vorgeschichte von gewaltigen Gletschern in den Kontinent gehobelt. Nur der Michigansee liegt ganz in den USA, während durch den Oberen-, Huron-, Erie- und Ontariosee die Grenze zu Kanada verläuft.

Die Ufer der Großen Seen werden von flachen, mit Sanddünen bedeckten Ebenen, verwitterten Felsen, Wäldern oder Ackerland gebildet. Hier liegen auch große Industriestädte, wie etwa die „Motorstadt“ Detroit – das Zentrum der amerikanischen Autoindustrie – und der Hafen von Cleveland.

Obwohl Ohio eine lange industrielle Tradition hat, besteht der Westen des Staates hauptsächlich aus Wäldern und Ackerland. In Indiana gibt es sowohl Stahlwerke am Ufer des Michigansees, wie auch große Maisfelder oder weite Hügellandschaften an der Grenze zu Kentucky. Wisconsin ist berühmt wegen seiner Flüsse und tausenden von Seen. Hier liegt ein Zentrum der Milchviehhaltung; es werden Milch, Butter und Käse produziert.

Die Region um die Großen Seen war von Anfang an das Zentrum der amerikanischen Autoindustrie. In den Fabriken von Detroit wurde die Fließbandfertigung entwickelt.

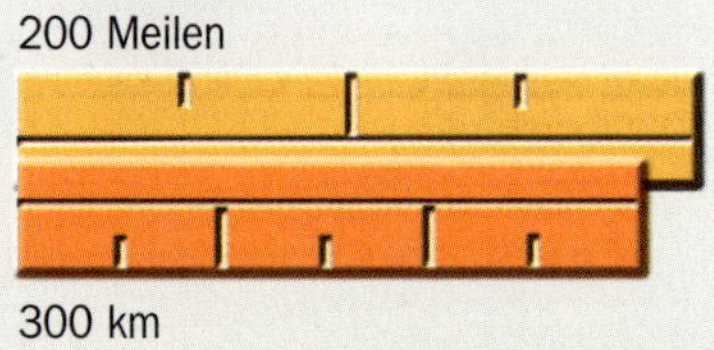

WISSENSWERTES

- *Die Winde in Illinois können ihre Temperatur innerhalb einer Stunde um 11 °C ändern.*
- *Isle Royale, die größte Insel im Oberen See, ist der wildeste Naturraum der Region. Hier leben Wölfe, Elche und Biber.*

Bundesstaaten in Zahlen

	Fläche (km^2)	Einwohner	Wappenblume	Wappenbaum	Wappen
Michigan	250.465	9.938.444	Apfelblüte	Weymouthskiefer	Rotkehlchen
Wisconsin	169.642	5.363.675	Veilchen	Zuckerahorn	Rotkehlchen
Illinois	150.007	12.419.293	Veilchen	Weißeiche	Kardinal
Ohio	116.104	11.353.140	Rote Gartennelke	Rosskastanie	Kardinal
Indiana	94.327	6.080.485	Päonie	Tulpenbaum	Kardinal

Der Chicago River fließt vor seiner Einmündung in den Michigansee mitten durch Chicago. Er wird von zahlreichen Tunnels und Brücken gequert, teilt aber dennoch Chicago in nördliche, westliche und südliche Stadtviertel.

Wo auf der Welt?

13.00 Uhr Berlin	12.00 Uhr GMT	7.00 Uhr Detroit

Von Berlin nach Detroit
6.783 km
8 Std. 6 Min.

Detroit liegt auf
42° 23' nördlicher Breite
83° 06' westlicher Länge

A B C D

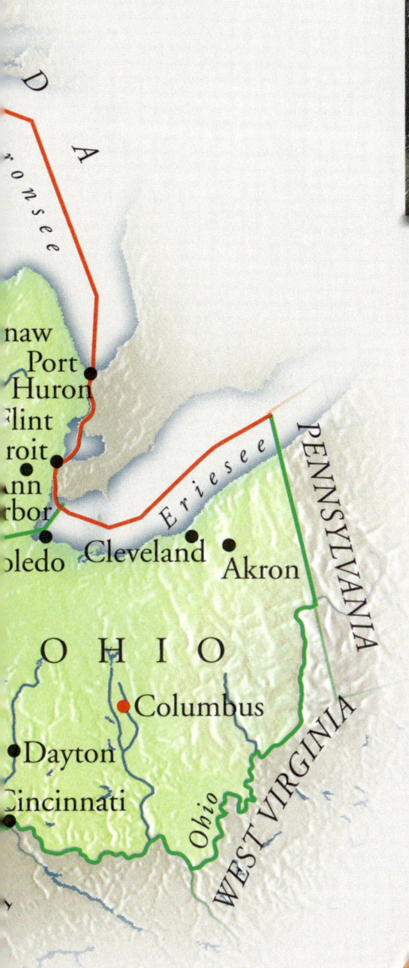

Der Ohio River bildet von Ohio, Indiana und Illinois die Südgrenze und die Nordgrenze von West Virginia und Kentucky.

Leben in Zahlen

Anteil der Bevölkerungsgruppen	Weiße	Schwarze	Hispano-Amerikaner	Asiaten	Andere/ Indianer	Bevölkerungsdichte (pro km²)
USA	71.4	12.8	11.8	4.1	0.9	29
Michigan	80.4	14.8	2.7	1.7	0.6	64
Wisconsin	88.8	6.1	2.6	1.8	0.9	37
Illinois	71.0	15.4	10.5	3.5	0.2	84
Ohio	85.4	11.7	1.6	1.2	0.2	107
Indiana	88.3	8.3	2.3	1.0	0.3	65

Suche und finde

Michigan
Hauptstadt:
Lansing C6
Ann Arbor C6
Detroit C6
Flint C6
Grand Rapids . . C6
Marquette B5
Port Huron C7
Saginaw C6

Wisconsin
Hauptstadt:
Madison C5
Appleton C5
Eau Claire B4
Green Bay B5
Milwaukee C5
Oshkosh C5

Illinois
Hauptstadt:
Springfield . . . D5
Chicago C5
Decatur D5
East St. Louis . . E5
Peoria D5
Rockford C5

Ohio
Hauptstadt:
Columbus . . . D7
Akron C7
Cincinnati D6
Cleveland C7
Dayton D6
Toledo C6

Indiana
Hauptstadt:
Indianapolis . . D6
Evansville E5
Fort Wayne . . . D6
Gary D5
South Bend . . . C5

E F G

Michigan

Wisconsin

Illinois

Ohio

Indiana

USA: Die Gebirgsstaaten

MONTANA, NEVADA, COLORADO, WYOMING, UTAH, IDAHO

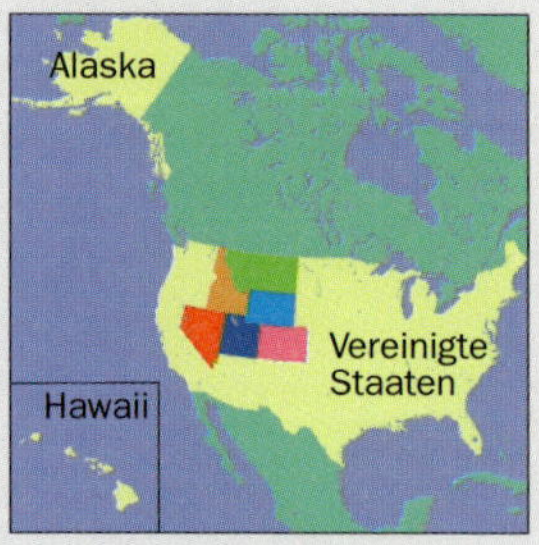

UNTER einem blauen Himmel mit weißen Wolken erheben sich schroffe Berge mit schneebedeckten Gipfeln über dunkle Kiefern und Espen, deren Blätter im Wind zittern. Die gewaltigen Rocky Mountains im Westen der USA dehnen sich von der kanadischen Grenze in Richtung Süden bis nach Neu-Mexiko aus. Hier leben Dickhornschafe, Bergziegen, Hirsche und Grizzlybären. Das Gebirge besteht aus mehreren Bergketten.

Die dramatische Naturlandschaft lockt viele Wanderer und andere Touristen in die Nationalparks wie Yellowstone. Colorado ist Zentrum des Wintersports. Die Berge, die reich an Bodenschätzen sind, grenzen im Osten an die Kurzgrasprärie der Great Plains, das Zentrum der Rinderhaltung.

Westlich der Rocky Mountains liegt das Große Becken, eine ausgedehnte Inlandsebene, die von westwärts fließenden Flüssen entwässert wird. Hier findet man weite Salzseen, Wüsten, Hochplateaus, Hügel und Canyons, sowie Felsen, die Wind und Wasser zu Bögen und Säulen geformt haben. Dennoch gibt es auch in dieser Landschaft große Städte, wie Salt Lake City, das Herz des Mormonengebietes, oder Las Vegas, eine neonbeleuchtete Stadt der Spielcasinos, Theater und Hotels mitten in der Wüste von Nevada.

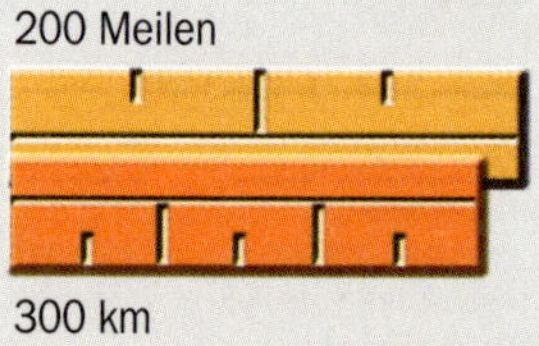

WISSENSWERTES

- *Der Steamboat Geysir im Yellowstone Nationalpark (Wyoming) ist der höchste Geysir der Erde. Das Wasser, das durch unterirdische Vulkane erhitzt wurde, wird bis in eine Höhe von 115 m geschleudert.*
- *Die flachen, unbewohnten Salzebenen der Bonneville Flats sind ideal dazu geeignet, Geschwindigkeitsrekorde aufzustellen.*

Bundesstaaten in Zahlen

	Fläche (km^2)	Einwohner	Wappenblume	Wappenbaum	Wappenvogel
Montana	380.849	902.195	Goldenzian	Drehkiefer	Wiesenstärling
Nevada	286.369	1.711.263	Beifuß	Kiefern	Berghüttensänger
Colorado	269.619	4.301.261	Akelei	Coloradofichte	Lerchenammer
Wyoming	253.349	493.782	Kastilea	Pappel	Wiesenstärling
Utah	219.901	2.233.169	Mormonentulpe	Stechfichte	Kalifornische Seemöwe
Idaho	216.457	1.293.953	Flieder	Weymouthskiefer	Berghüttensänger

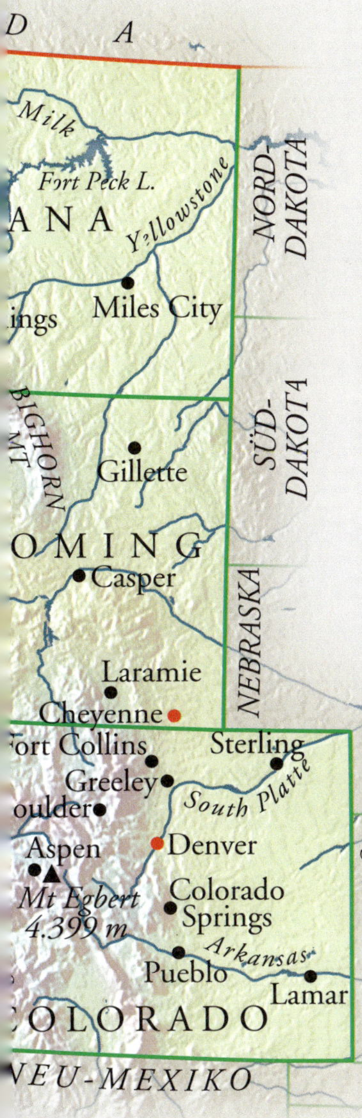

Dickhornschafe leben in den Gebirgen und trockenen Hügelländern der westlichen Staaten. Sowohl die Böcke wie die Ziegen benutzen ihre Hörner zum Kampf gegen Rivalen.

Wo auf der Welt?

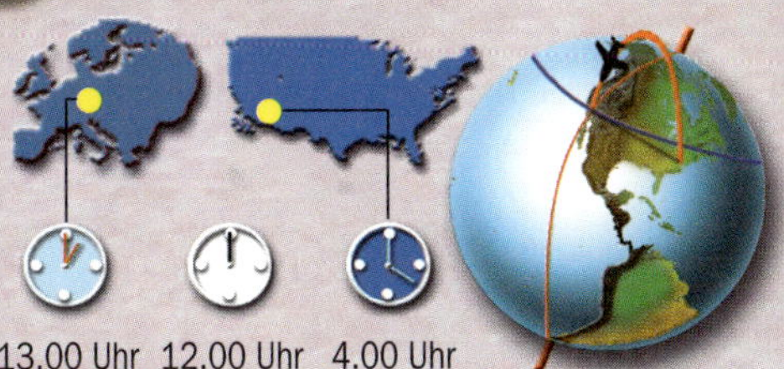

13.00 Uhr Berlin | 12.00 Uhr GMT | 4.00 Uhr Las Vegas

Von Berlin nach Las Vegas
8.984 km
10 Std. 42 Min.

Las Vegas liegt auf
36° 12' nördlicher Breite
115° 13' westlicher Länge

Viele Menschen reisen in die Skigebiete der herrlichen Berge von Colorado.

Leben in Zahlen

Anteil der Bevölkerungsgruppen	Weiße	Schwarze	Hispano-Amerikaner	Asiaten	Andere/Indianer	Bevölkerungsdichte (pro km²)
USA	71.4	12.8	11.8	4.1	0.9	29
Montana	90.6	0.3	2.1	0.7	6.4	3
Nevada	73.0	7.4	14.8	4.5	1.7	7
Colorado	78.4	4.7	14.3	2.6	1.0	16
Wyoming	89.3	1.1	6.7	1.3	2.4	2
Utah	88.9	1.0	6.3	2.8	1.6	10
Idaho	89.9	0.6	7.1	1.3	1.6	6

Suche und finde

Montana
Hauptstadt:
Helena B5
Billings B6
Bozeman B5
Butte B5
Great Falls B5
Miles City B7
Missoula B5

Nevada
Hauptstadt:
Carson City . . .D3
Elko D4
Las Vegas E4
Reno D3
Tonopah D4
Winnemucca . . .C4

Colorado
Hauptstadt:
Denver D7
Aspen D6
Boulder D7
Colorado Springs D7
Durango E6
Fort Collins D7
Grand Junction . .D6

Greeley D7
Lamar E7
Pueblo E7

Wyoming
Hauptstadt:
Cheyenne D7
Casper C6
Cody C6
Gillette C7
Jackson C5
Laramie D7
Rock Springs . . .D6

Utah
Hauptstadt:
Salt Lake City .D5
Brigham City . . .D5
Cedar City E5
Ogden D5
Provo D5

Idaho
Hauptstadt:
Boise C4
Idaho Falls C5
Lewiston B4
Pocatello C5
Twin Falls C5

Montana

Nevada

Colorado

Wyoming

Utah

Idaho

USA: Die Westküste

Kalifornien, Oregon, Washington

San Francisco in Kalifornien gehört zu den schönsten Städten Nordamerikas. Von den steilen, von Fachwerkhäusern gesäumten Straßen blickt man über eine weite Bucht. An klaren Frühlingstagen erscheint sie glitzernd blau, manchmal ist sie von Nebelschwaden verhüllt. In der Innenstadt findet man neben hohen Geschäftsgebäuden auch alte Hafenanlagen oder die geschäftigen Straßen von Chinatown.

Südlich von San Francisco herrscht trockenes, warmes Klima. Seelöwen robben aus den schäumenden Wellen ans Ufer heißer Felseninselchen. Noch weiter südlich führen die Straßen nach Los Angeles, die flächenmäßig größte Stadt der USA. Die Straßen führen durch weitläufige Vorstädte, oft voller Smog, aber auch durch palmengesäumte Alleen, zu Freizeitparks und die Film- und Fernsehstudios von Hollywood.

Ostkalifornien wird vom Gebirge der Sierra Nevada beherrscht. Dort sieht man die glatten Felswände des Yosemite-Nationalparks und riesige Mammutbäume. Im Südosten liegen das trocken-heiße Death Valley und die Mojave-Wüste.

Nördlich von Kalifornien schließen sich die Staaten Oregon und Washington mit den wichtigsten Häfen Portland und Seattle an. Die Wirtschaft ist von der Technologie, dem Obst- und Gemüseanbau sowie der Holzfällerei und dem Fischfang abhängig. Die Winde vom Pazifik bringen starke Regen- und Schneefälle, die sich auf den steilen Hängen der Kaskadenkette abregnen. Die pazifische Landschaft ist stets durch Erdbeben und Vulkanausbrüche gefährdet.

Im Frühling nach der Schneeschmelze stürzen gewaltige Wassermengen die 739 m tiefen Yosemite-Fälle hinab. Der Wasserfall im Yosemite-Nationalpark ist der zweithöchste der Erde.

Der Mount Rainier (Washington) ragt 4.392 m über den Meeresspiegel. Der Vulkan ist häufig von Schnee bedeckt.

WISSENSWERTES

- *Im Death Valley von Kalifornien wurde am 10. Juli 1913 mit 57 °C die heißeste Temperatur der USA gemessen.*
- *Washington trägt den Spitznamen „immergrüner Staat", weil es von weiten Wäldern mit immergrünen Bäumen bedeckt ist.*

Kalifornien

Oregon

Washington

Bundesstaaten in Zahlen

	Fläche (km²)	Einwohner	Wappenblume	Wappenbaum	Wappenvogel
Kalifornien	411.471	33.871.648	Kalifornischer Mohn	Mammutbaum	Schopfwachtel
Oregon	251.572	3.421.399	Mahonie	Douglasie	Lerchenstärling
Washington	182.949	5.894.121	Rhododendron	Hemlocktanne	Stieglitz

Wo auf der Welt?

Von Berlin nach Los Angeles
9.317 km
11 Std. 12 Min.

Los Angeles liegt auf
34° 07′ nördlicher Breite
118° 25′ westlicher Länge

Der blaue Himmel über Oregon spiegelt sich im Crater Lake, dem tiefsten See der USA. Der See in der Kaskadenkette entstand vor etwa 7.000 Jahren, als ein Vulkan ausbrach und anschließend zu einem Krater einstürzte.

Suche und finde

Kalifornien
Hauptstadt:
Sacramento . . E7
Anaheim G8
Bakersfield . . . F8
Eureka D7
Fresno E8
Long Beach . . . G8
Los Angeles . . . F8
Monterey E7
Oakland E7
Oxnard F8
Palo Alto E7
Pomona F8
Redding D7
Riverside G8
Salinas E7
San Bernardino . G8
San Diego G8
San Francisco . . E7
San Jose E7
Santa Barbara . . F7
Santa Rosa E7
Stockton E7

Oregon
Hauptstadt:
Salem B7
Corvallis C7
Eugene C7
Klamath Falls . . C7
La Grande C9
Medford C7
Pendleton B8
Portland B7

Washington
Hauptstadt:
Olympia B8
Bellingham . . . A8
Seattle B8
Spokane B9
Tacoma B8
Vancouver B8
Yakima B8

USA: Die pazifischen Staaten

ALASKA, HAWAII

AN der Beringstrasse zwischen Sibirien und Alaska sind Asien und Amerika nur 90 km voneinander entfernt. Im Süden erhebt sich die Inselkette der Aleuten aus dem Pazifik. Die Küste von Alaska grenzt sowohl an den Pazifik wie ans Polarmeer und wird von zahllosen Inseln, Sunden und Wasserstraßen, Deltas und Buchten gesäumt. Gletscher reichen bis ins Wasser, wo große Wale nach Nahrung suchen. Die meisten Einwohner Alaskas leben im milderen Süden in Städten wie Anchorage. Das Landesinnere ist noch weitgehend Wildnis mit verschneiten Wäldern, eisbedeckten Bergen und nackter, arktischer Tundra. Hier ziehen Karibus, Wölfe und Bären umher. Im hohen Norden leben nur Inuit in verstreuten Siedlungen und die Ölarbeiter von Point Barrow; das Öl wird durch Pipelines nach Süden transportiert.

Die Hawaii-Inseln liegen mitten im Pazifik – kein Wunder, dass hier das Surfen erfunden wurde. Hawaii hat acht Hauptinseln, die ursprünglich von den polynesischen Hawaiianern bewohnt wurden. Heute ist Hawaii ein geschäftiger Bundesstaat, in dessen Hauptstadt Honolulu auf Oahu viele Einwanderer aus Asien und den USA leben. Honolulu ist ein beliebtes Touristenziel. Die üppig grünen Inseln werden von tief blauem Meer umspült. Es gibt herrliche Blumen, spektakuläre Wasserfälle und Palmen. Das wichtigste Exportgut ist Zuckerrohr.

Alaska verdankt 80% seines Wohlstandes dem Öl und natürlichen Gasvorkommen. Eine Pipeline transportiert das Öl bis zur Prudhoe Bucht im Norden und zu den Tankstationen bei Valdez im Prinz-William-Sund.

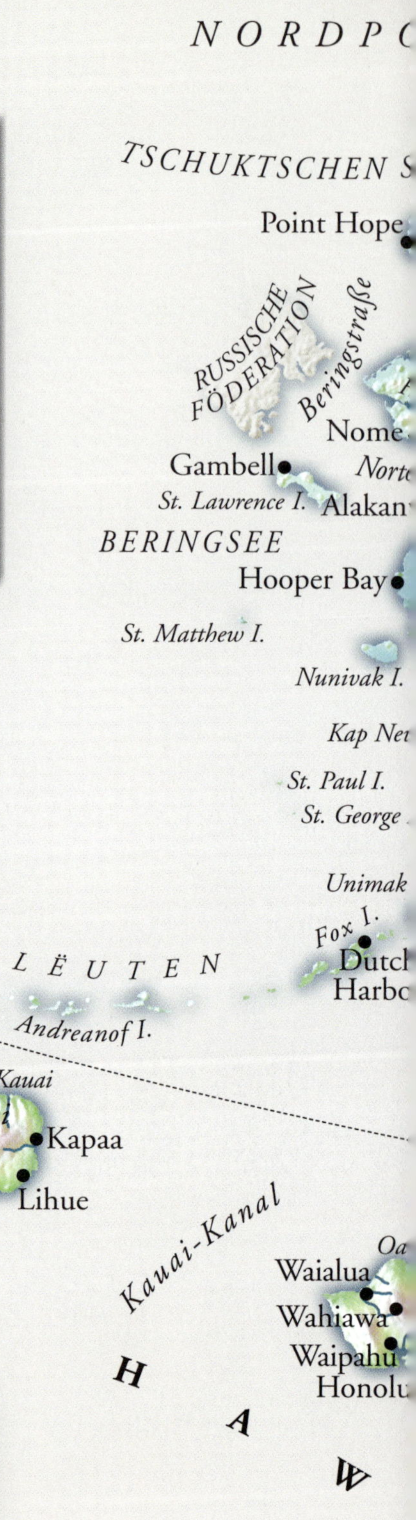

WISSENSWERTES

- *Der Mount McKinley im Denali Nationalpark von Alaska ist mit 6.194 m der höchste Berg der USA.*
- *Auf dem Mount Waialeale auf der Insel Kauai regnet es an 350 Tagen im Jahr. Damit gehört er zu den feuchtesten Plätzen der Erde.*

Alaska

Hawaii

Der Kilauea auf den Hawaii-Inseln spuckt glühend heiße Lava und Rauch aus. Hawaii verdankt seine Entstehung der Tätigkeit von Vulkanen und wird noch immer von ihnen geformt.

Bundesstaaten in Zahlen

	Fläche (km²)	Einwohner	Wappenblume	Wappenbaum	Wappenvogel
Alaska	1.593.446	626.932	Vergissmeinnicht	Sitkafichte	Schneehuhn
Hawaii-Inseln	16.729	1.211.537	gelber Hibiskus	Kukui (Kerzennussbaum)	Hawaiigans

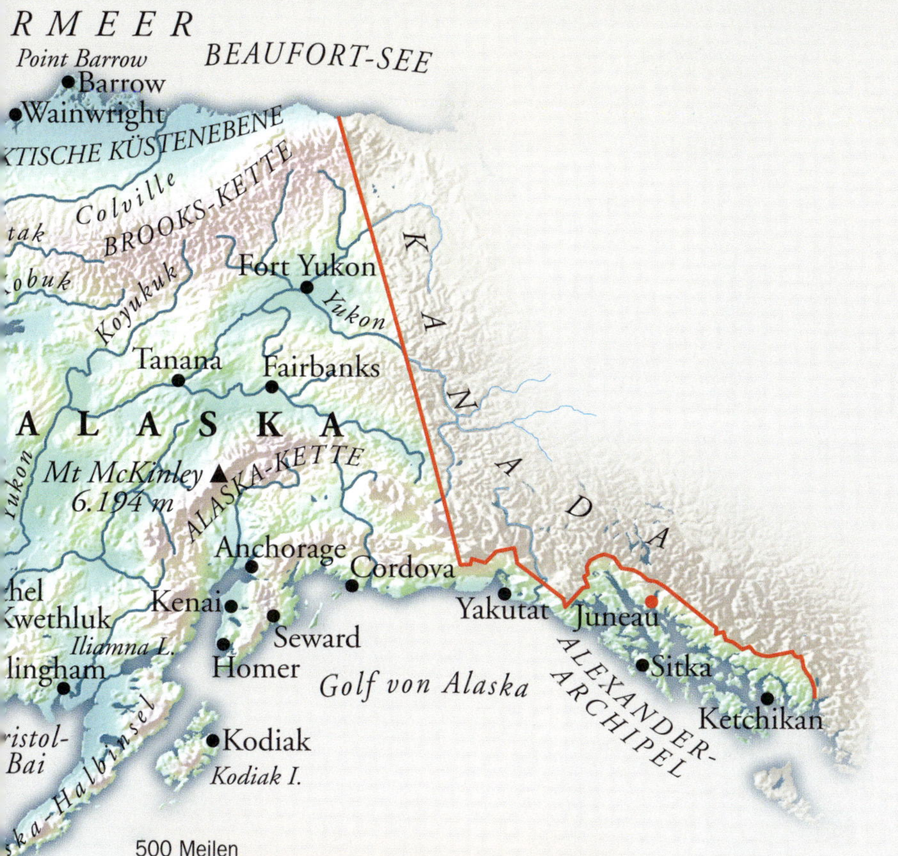

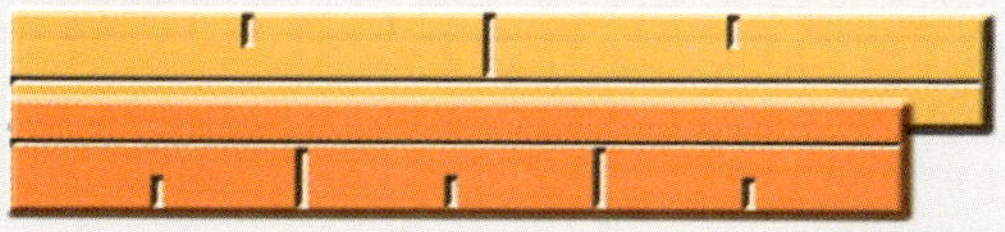

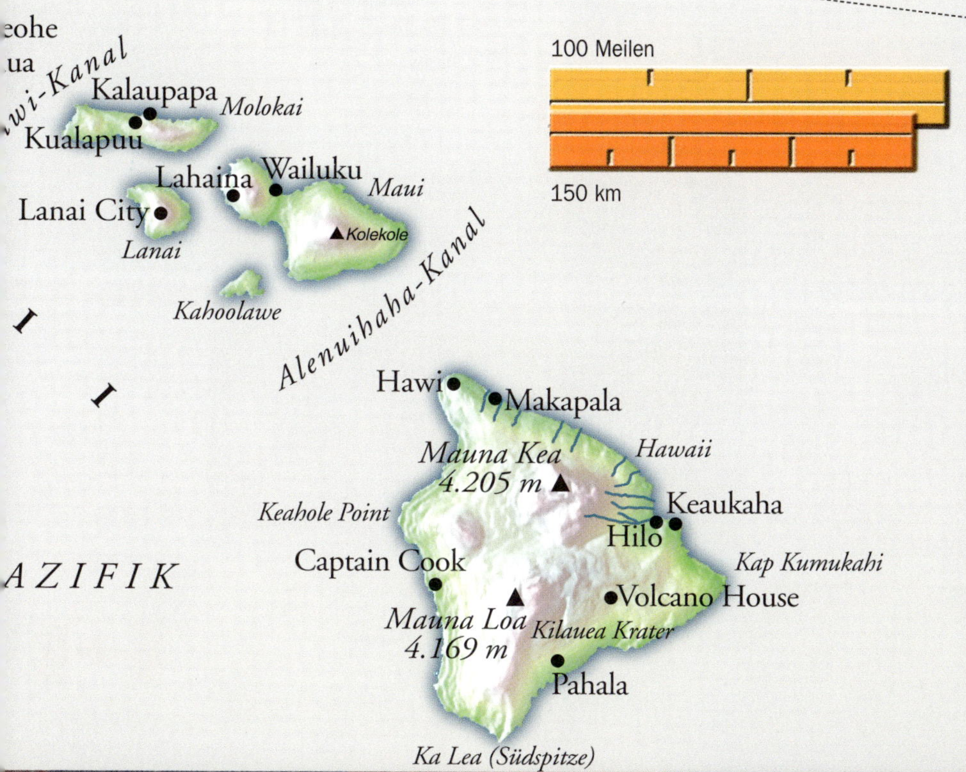

Wo auf der Welt?

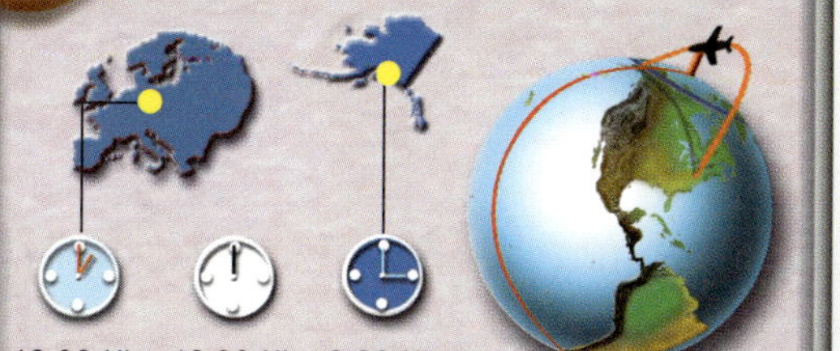

Von Berlin nach Anchorage
7.281 km
8 Std. 42 Min.

Anchorage liegt auf
61° 11' nördlicher Breite
149° 11' westlicher Länge

Leben in Zahlen

Anteil der Bevölkerungsgruppen

	Weiße	Schwarze	Hispano-Amerikaner	Asiaten	Andere/Indianer	Bevölkerungsdichte (pro km²)
USA	71.4	12.8	11.8	4.1	0.9	29
Alaska	70.6	4.4	4.7	7.0	14.2	0,4
Hawaii	28.9	2.4	8.5	63.3	0.5	76

Suche und finde

Alaska
Hauptstadt:
Juneau C9
Alakanuk B6
Anchorage B7
Barrow A7
Bethel C7
Cordova C7
Dillingham C7
Dutch Harbor . . .D6
Fairbanks B7
Fort Yukon A7
Gambell B6
Homer C7
Hooper Bay B6
Kenai C7
Ketchikan C9
Kodiak C7
Kwethluk C6
Nome B6
Point Hope A6
Seward C7
Sitka C8
Tanana B7
Wainwright A6
Yakutat C8

Hawaii
Hauptstadt:
Honolulu E6
Captain Cook . .G8
Hawi F8
Hilo G8
Kailua E6
Kalaupapa E7
Kaneohe E6
Kapaa D5
Keaukaha G8
Kualapuu E7
Lahaina F7
Lanai City F7
Lihue E5
Makapala F8
Pahala G8
Puuwai E4
Volcano House .G8
Wahiawa E6
Waialua E6
Wailuku F7
Waipahu E6

Kanada

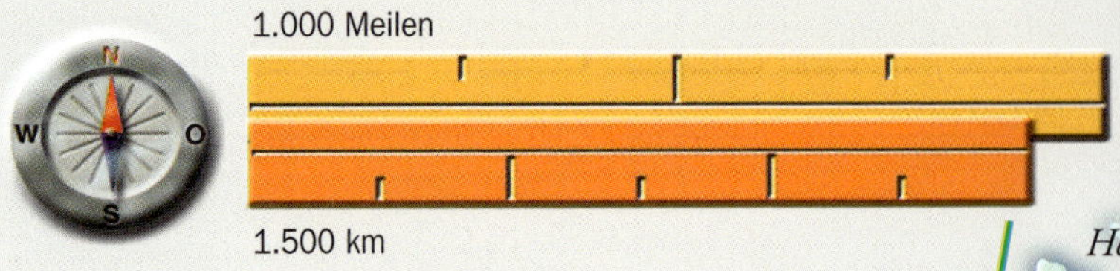

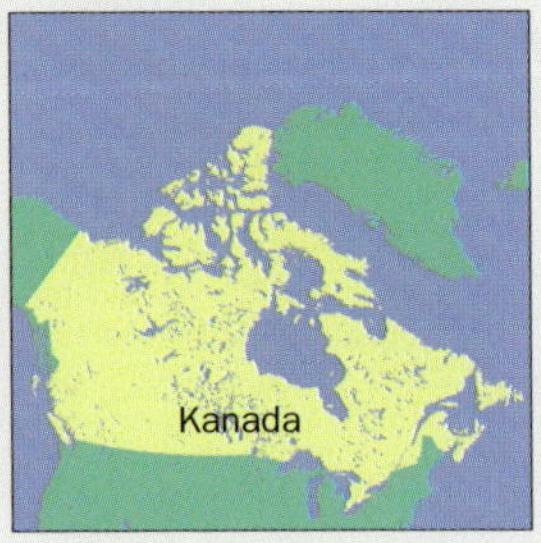

Kanada reicht von den Großen Seen nach Norden bis zum Polarmeer. Breite Vegetationszonen aus baumloser Tundra, Wäldern mit Fichten und Birken und weiter im milderen Süden mit Zuckerahorn erstrecken sich quer über das Land. Kanada ist ein Land der Seen und Flüsse, des weiten Himmels und der unbesiedelten Landschaften. Im Westen erheben sich mehrere hohe Bergketten, darunter die Ausläufer der Rocky Mountains. Im Nordosten zeugt die Hudson-Bai von den Gletschern der Eiszeit.

Obwohl Kanada das zweitgrößte Land der Erde ist, beträgt seine Einwohnerzahl nur 11% der Bevölkerung der USA, dem Nachbarn im Süden und Westen. Wegen des polaren Klimas im Norden leben drei Viertel aller Kanadier in den Städten nahe der südlichen Grenze. Die engen Verbindungen zwischen den USA und Kanada beruhen auf der gemeinsamen Geschichte.

Die Kanadier sind dennoch ein unabhängiges Volk mit einem starken Sinn für die eigene Identität. Daher unterscheiden sie sich auch untereinander recht stark – die Englisch sprechenden Kanadier in Toronto von den Französisch sprechenden in Montreal, die Fischer von Neufundland von den Bewohnern der Prärien und die Stadtbewohner von Vancouver im Westen von den Inuit im arktischen Norden.

WISSENSWERTES

- *Mit 555 m Höhe ist der CN Tower in Toronto am Ufer des Ontariosees der höchste Fernsehturm der Welt.*
- *Eine Kompassnadel zeigt nicht genau nach Norden, sondern weicht einige Grade zum Magnetischen Nordpol ab. Dieser Punkt liegt in der kanadischen Arktis und schwankt jedes Jahr leicht hin und her, da sich das Magnetfeld der Erde ständig verändert.*

Die Royal Canadian Mounted Police wurde im Jahre 1873 gegründet. Die so genannten Mounties tragen noch heute zu besonderen Feierlichkeiten ihre traditionellen Uniformen.

Länder in Zahlen

	Fläche (km^2)	Einwohner	Sprache	Religion	Währung
Kanada	9.976.162	31.006.162	Englisch/Franz.	Kathol./Protestanten	Kanadischer Dollar

Kanada

Das kanadische Parlament tagt in Ottawa, einer Stadt in der Provinz Ontario mit 314.000 Einwohnern. Das Parlamentsgebäude ragt über den Ottawa River.

Wo auf der Welt?

Von Berlin nach Ottawa
6.127 km
7 Std. 20 Min.

Ottawa liegt auf
45° 25' nördlicher Breite
75° 40' westlicher Länge

Leben in Zahlen

	Wie hoch ist die Lebenserwartung?	Anzahl der Autos je 100 Menschen
Deutschland	77 Jahre	50
Kanada	79 Jahre	43

Ein dichtes Unterfell und lange Deckhaare halten diesen Moschusochsen warm. Er ist verwandt mit Schaf und Ziege und lebt in der kanadischen Arktis. Die Tiere werden bis 500 kg schwer.

Suche und finde

In den kanadischen Rocky Mountains gibt es einige besonders spektakuläre Regionen. Die zerklüfteten Felsen und schneebedeckten Gipfel ziehen viele Bergsteiger an.

Kanada: Der Osten

QUEBEC, ONTARIO, NEUFUNDLAND UND LABRADOR, NEUBRAUNSCHWEIG, NEUSCHOTTLAND, PRINZ-EDWARD-INSEL

Es ist Winter in Ottawa. Es schneit und die Schlittschuhläufer auf dem Rideau-Kanal haken sich unter. Ihr Atem verwandelt sich in Nebel, als einige anhalten, um eine Tasse heiße Schokolade zu trinken. Das Parlamentsgebäude der kanadischen Hauptstadt zeichnet sich gegen den Himmel ab.

Die größte Stadt des Landes ist allerdings das Wirtschaftszentrum Toronto in Ontario, dessen Wolkenkratzer am Ontariosee aufragen. Montreal ist eine historische Stadt am St.-Lorenz-Strom. Sie liegt in der Provinz Quebec, die sich nach Norden um die Hudson-Bai legt. Die meisten Kanadier leben im Südosten des Landes.

Teile des St.-Lorenz-Stroms wurden kanalisiert, um den Schiffen die Zufahrt vom Meer bis zu den Großen Seen zu ermöglichen. Der Kanal führt durch Ackerland und Wälder mit Ahorn und Birken, bis er gegenüber der nebligen Insel Neufundland in den Atlantik mündet. Labrador auf dem Festland ist gekennzeichnet durch Moore, Seen und Wälder. Südlich davon liegen die drei kleineren „maritimen" Provinzen Neuschottland, Neubraunschweig und die Prinz-Edward-Insel. Alle drei werden von Farmland und Wäldern geprägt.

In den östlichen Provinzen leben kanadische Ureinwohner, wie die Innu und Mohawk, dazu Einwanderer aus Asien, Afrika und Europa. Die europäischen Einwanderer sprachen entweder Englisch (z. B. Schotten oder Iren) oder Französisch. Die meisten Frankokanadier leben in Quebec und in Teilen von Neubraunschweig.

WISSENSWERTES

- *Quebec ist die größte Provinz Kanadas, sie ist noch etwas größer als Alaska. Die kleinste Provinz ist die Prinz-Edward-Insel (immer noch mehr als doppelt so groß wie das Saarland).*
- *In der Fundy-Bai herrscht der höchste Tidenhub der Welt. Der Rekord steht bei 16,60 m Unterschied zwischen Ebbe und Flut.*

Quebec

Ontario

Neufundland und Labrador

Neubraunschweig

Neuschottland

Prinz-Edward-Insel

Provinzen in Zahlen

	Fläche (km²)	Einwohner	Wappenblume
Quebec	1.540.687	7.138.795	Schwertlilie
Ontario	1.068.585	10.753.573	Dreiblatt
Neufundland und Labrador	405.721	551.792	Kannenpflanze
Neubraunschweig	73.439	738.133	Veilchen
Neuschottland	55.490	909.282	Erdbeerbaum
Prinz-Edward-Insel	5.659	134.557	Frauenschuh

Wo auf der Welt?

13.00 Uhr Berlin | 12.00 Uhr GMT | 7.00 Uhr Ottawa

Von Berlin nach Ottawa
6.127 km
7 Std. 20 Min.

Ottawa liegt auf
45° 25' nördlicher Breite
75° 40' westlicher Länge

Leben in Zahlen

Anteil der Bevölkerungsgruppen / Bevölkerungsdichte (pro km²)

	Weiße	Schwarze	Hispano-Amerikaner	Asiaten	Andere/Indianer	Bevölkerungsdichte (pro km²)
USA	71	13	12	4	weniger als 1	29
Kanada	84,6	1,6	0,4	6,9	6,5	3
Quebec	91,5	1,5	0,6	2,4	4	5
Ontario	81,9	2,7	0,5	9,3	5,6	10
Neufundland und Labrador	97,8	0	0	0,4	1,7	1
Neubraunschweig	98	0,1	0	0,4	1,5	10
Neuschottland	95,9	0,5	0	0,8	2,8	16
Prinz-Edward-Insel	98,5	0	0	0,4	1.1	25

Suche und finde

Quebec
Provinzhauptstadt:
Quebec D8
Chicoutimi D8
Montreal D7
Sherbrooke D8
Trois-Rivières . . .D8

Ontario
Provinzhauptstadt:
Toronto E7
Fort Albany C6
Hamilton E7
Kitchener E6
London E6
Oshawa E7
Ottawa E7
Sudbury E6
Thunder Bay . . .D5
Windsor F6

Neufundland und Labrador
Provinzhauptstadt:
St. John's . . .C10
Gander C10
Goose Bay B8
Nain B8

Neubraunschweig
Provinzhauptstadt:
Fredericton . . .D8
St. John D8

Neuschottland
Provinzhauptstadt:
Halifax D9

Prinz-Edward-Insel
Provinzhauptstadt:
Charlottetown .D9

Der Name Toronto geht auf das indianische Wort für Versammlungsplatz zurück.

Kanada: Der Norden und Westen

NUNAVUT, NORDWESTTERRITORIEN, BRITISH COLUMBIA, ALBERTA, SASKATCHEWAN, MANITOBA, YUKON

EIN Meer aus wogenden Weizenfeldern wartet auf die Mähdrescher. Neben der Eisenbahn erheben sich große Getreidespeicher. Wir sind in den kanadischen Provinzen Manitoba, Saskatchewan und Alberta – sie produzieren Getreide für die ganze Welt. Rinder grasen auf den Weiden und Städte wurden groß durch den Handel mit Vieh und landwirtschaftlichen Produkten sowie durch den Ölreichtum von Alberta. Die Landschaft Albertas wird von den Rocky Mountains überragt, ein atemberaubendes Panaroma aus hohen Gipfeln und Bergkämmen.

British Columbia am Pazifik ist ein Land der Nebelwälder und Berge. Vancouver, ein großer Hafen und Industriezentrum, ist die größte Stadt der Provinz.

Die schneebedeckten Berge und dunklen Nadelwälder Nordkanadas sind nur dünn besiedelt. Hier bauen Biber ihre Dämme und die Eistaucher singen ihr Lied über einsamen Seen. Noch weiter im Norden, jenseits der gefrorenen Tundra, bleiben tausende von Inseln im ewigen Eis eingeschlossen. Hier liegen das Yukon-Territorium in den westlichen Gebirgen, das Nordwestterritorium um den Großen Sklavensee und das Inuitgebiet Nunavut, das von Coppermine bis zu den Inseln Ellesmere und Baffin reicht.

Zu den Ureinwohnern der Region zählen die Inuit von Nunavut, die Déné der nördlichen Wälder, die Kwakiutl von British Columbia und die Cree- und Chippewa-Indianer der Prärien. In Vancouver leben viele Nachkommen englischer Einwanderer und zahlreiche Asiaten. Auf den Farmen gibt es Ukrainer, Deutsche oder Skandinavier.

WISSENSWERTES

- *Das Nunavut-Territorium nimmt ein Fünftel der kanadischen Fläche ein, dennoch leben hier nur 26.000 Menschen – und ein paar Eisbären.*
- *Der Saskatchewan River trägt seinen Namen nach dem Cree-Wort „Kis-is-ska-tche-wan". Es bedeutet „schnell fließend".*

Provinzen in Zahlen

	Fläche (km²)	Einwohner	Wappenblume
Nunavut	2.212.104	26.000	Purpursteinbrech
Nordwestterritorien	1.305.233	39.672	Silberwurz
British Columbia	947.805	3.724.500	Pazifischer Hartriegel
Alberta	661.193	2.696.826	Wildrose
Saskatchewan	652.333	990.237	Küchenschelle
Manitoba	649.953	1.113.898	Präriekrokus
Yukon	483.452	30.766	Weidenröschen

Nunavut

Nordwestterritorien

British Columbia

Wo auf der Welt?

Von Berlin nach Vancouver
7.983 km
9 Std. 36 Min.

Vancouver liegt auf
49° 15' nördlicher Breite
123° 05' westlicher Länge

Die Wolkenkratzer von Vancouver drängen sich auf einer schmalen Landzunge.

Leben in Zahlen

Anteil der Bevölkerungsgruppen	Weiße	Schwarze	Hispano-Amerikaner	Asiaten	Andere/Indianer	Bevölkerungsdichte (pro km²)
USA	71	13	12	4	weniger als 1	29
Kanada	84,6	1,6	0,4	6,9	6,5	3
British Columbia	76,9	0,3	0,3	14,7	7,8	4
Alberta	82,1	0,6	0,4	6,8	10,1	4
Saskatchewan	81,7	0,2	0,1	1,7	16,3	2
Manitoba	78,8	0,7	0,3	4,6	15,6	2
Yukon	80,4	0,1	0,1	1,8	17,6	0,06

Für Nunavut und die Nordwestterritorien liegen keine Zahlen vor.

Suche und finde

Mexiko

Ein Überlandbus quält sich die schlechten Gebirgsstraßen hoch. Blitze zucken aus dem dunklen Himmel, ein strömender Regen trommelt auf das Dach. Der Bus hält auf dem Marktplatz eines Städtchens an, direkt vor einer reich verzierten Kirche mit zwei Türmen und vor Regen triefenden Palmen. Am nächsten Morgen scheint wieder die Sonne von einem strahlenden Himmel und die intensive Hitze kehrt zurück. Es ist Markttag. Angeboten werden zu Pyramiden aufgeschichtete Apfelsinen und Zwiebeln, höllisch scharfe Chilischoten, bunt gefärbte Getränke und in *Tortillas* (flache Pfannkuchen) eingewickelte Köstlichkeiten.

Die Nationalflagge von Mexiko zeigt einen Adler, der auf einem Kaktus sitzt und eine Schlange packt. Die Flagge nimmt einen alten Mythos der Azteken wieder auf: Sie glaubten, dass ihnen die Götter mit dem Adler ein Zeichen sandten, die Stadt Tenochtitlán zu erbauen. Die Spanier drangen 1521 ins Land ein und zerstörten die Zivilisation der Azteken. Aus Tenochtitlán wurde das weit ausgedehnte Mexiko-Stadt, eine der größten Städte der Welt. Sie dürfte auch zu den Städten mit der höchsten Umweltverschmutzung gehören, denn hier stehen mehr als 130.000 Fabriken. Die mexikanische Industrie gründet auf Öl, Bergbau, Maschinenbau, Textil- und Nahrungsmittelherstellung.

WISSENSWERTES

- *Im Jahre 1943 tauchte plötzlich ein neuer Vulkan in Mexiko auf. Er bekam den Namen Paricutín. Große Mengen glühend heißer Lava strömten aus. Innerhalb eines Jahres war der Vulkan auf eine Höhe von 300 m gewachsen.*

Viele Blumen verleihen diesem Markt in Südmexiko Farbe. Sie werden von Zapoteken-Frauen verkauft. Ihre Familien betreiben Ackerbau an den Hängen und in den Tälern der Südlichen Sierra Madre.

Viele Touristen besuchen die antiken Stätten Mexikos. Diese Pyramide gehört zur Tempelanlage in Chichén Itzá. Hier lag ein Zentrum der Maya, die vor rund 1.000 Jahren ausgedehnte Städte bauten.

Wo auf der Welt?

Von Berlin nach Mexiko-Stadt
9.733 km
11 Std. 40 Min.

Mexiko-Stadt liegt auf
19° 28′ nördl. Breite
99° 09′ westl. Länge

Leben in Zahlen

	Wie hoch ist die Lebenserwartung?	Anzahl der Autos je 100 Menschen
Deutschland	77 Jahre	50
Mexiko	72 Jahre	8

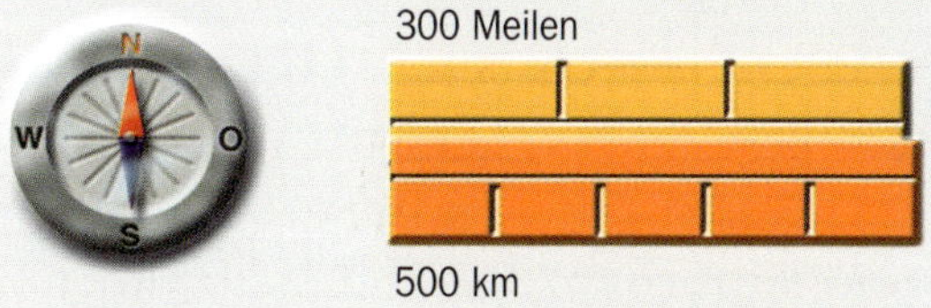

Suche und finde

Mexiko

Länder in Zahlen

	Fläche (km²)	Einwohner	Sprache	Religion	Währung
Mexiko	1.958.211	100.294.036	Spanisch	Katholiken	Mexikanischer Peso

Mittelamerika

Nicaragua, Honduras, Guatemala, Panama, Costa Rica, Belize, El Salvador

Eine Mayafrau kniet vor einem Baum. Ein Band um ihre Hüften ist mit einem Webstuhl – einem einfachen Querstab mit Fäden – verbunden, der an einem Ast hängt. Sie schiebt ein hölzernes Schiffchen durch die Fäden und webt ein Muster aus leuchtendem Rot mit blauen Streifen. Wenn sie fertig ist, näht sie einen *Huipil,* ein lockeres Hemd, das man in der Osterwoche trägt. Jedes Dorf in Guatemala hat eigene, traditionelle Stoffmuster.

Die sieben kleinen Länder Mittelamerikas sind durch zerklüftete Gebirge, Seen, tropische Wälder und nebelfeuchte Küstenebenen gekennzeichnet. Kaffee, Bananen und Zuckerrohr sind die wichtigsten Anbauprodukte. Mittelamerika liegt in einer Erdbebenzone und die östliche Küste wird regelmäßig von Wirbelstürmen, den Hurricanes, heimgesucht. Die meisten Bewohner stammen von den eingeborenen Indianern oder den Spaniern ab, die diese Region im 16. Jh. eroberten. Außerdem leben hier Menschen afrikanischer Herkunft.

Wissenswertes

- *Der Panamakanal gehört zu den Meisterwerken der Ingenieurskunst. Mit 81 km Länge schneidet er sich durch die schmalste Landenge der Kontinente und verbindet den Atlantik mit dem Pazifik. Nach seiner Eröffnung 1914 wurde der Kanal schon bald zu einer der wichtigsten Schifffahrtsrouten der Welt.*
- *Von wo aus kann man gleichzeitig den Atlantik und den Pazifik sehen? Wenn es das Wetter zulässt, ist dies vom Vulkankrater des Irazú in Costa Rica möglich, der 3.432 m hoch ist.*

Der mächtige Vulkankegel des Santa Ana überragt die Landschaft des westlichen El Salvador.

In der Marktstadt Chichicastenango, nördlich von Guatemala, schiebt eine Mayafrau das Schiffchen durch ihren Webstuhl. Er besteht aus einfachen Fäden, die an einem Querholz befestigt sind.

Wo auf der Welt?

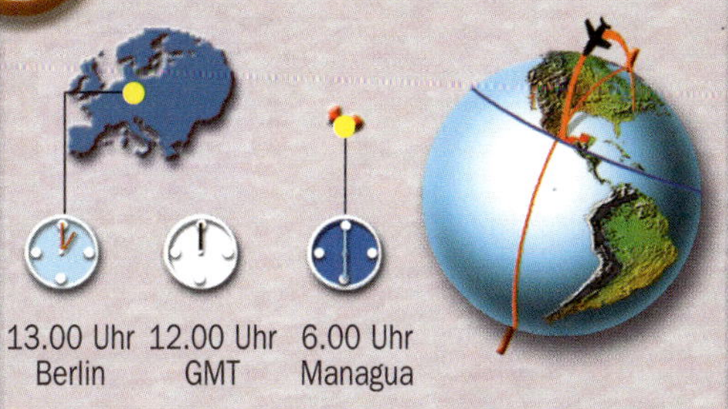

13.00 Uhr Berlin | 12.00 Uhr GMT | 6.00 Uhr Managua

Von Berlin nach Managua
9.594 km
11 Std. 30 Min.

Managua liegt auf
12° 10′ nördlicher Breite
86° 16′ westlicher Länge

Leben in Zahlen

	Wie hoch ist die Lebenserwartung?	Anzahl der Autos je 100 Menschen
Deutschland	77 Jahre	50
Nicaragua	67 Jahre	2
Honduras	65 Jahre	1
Guatemala	66 Jahre	1
Panama	75 Jahre	5
Costa Rica	76 Jahre	1
Belize	69 Jahre	1
El Salvador	70 Jahre	1

Suche und finde

Nicaragua
Hauptstadt:
Managua D5
León D5

Honduras
Hauptstadt:
Tegucigalpa . .C5
La Ceiba B5
San Pedro Sula .B5

Guatemala
Hauptstadt:
Guatemala . . .C4
Chichicastenango C3
Quetzaltenango .C3

Panama
Hauptstadt:
Panama E8
Colón D8
David E7

Costa Rica
Hauptstadt:
San José D6
Alajuela D6
Limón D7

Belize
Hauptstadt:
Belmopan . . .B4
Belize A4

El Salvador
Hauptstadt:
San Salvador .C4
San Miguel C5
Santa Ana C4

Länder in Zahlen

	Fläche (km²)	Einwohner	Sprache	Religion	Währung
Nicaragua	131.813	4.717.132	Spanisch	Katholiken	Córdoba
Honduras	112.090	5.997.327	Spanisch	Katholiken	Lempira
Guatemala	108.889	11.800.000	Spanisch	Katholiken	Quetzal
Panama	78.200	2.778.526	Spanisch	Katholiken	Balboa/US-Dollar
Costa Rica	51.101	3.674.490	Spanisch	Katholiken	Colón
Belize	22.960	235.789	Englisch/Kreolisch	Katholiken	Dollar
El Salvador	21.041	5.839.079	Spanisch	Katholiken	Colón

Karibische Inseln

Kuba, Dominikanische Republik, Haiti, Bahamas, Jamaika, Trinidad und Tobago, Dominica, St. Lucia, Antigua und Barbuda, Barbados, St. Vincent und die Grenadinen, Grenada, St. Kitts und Nevis

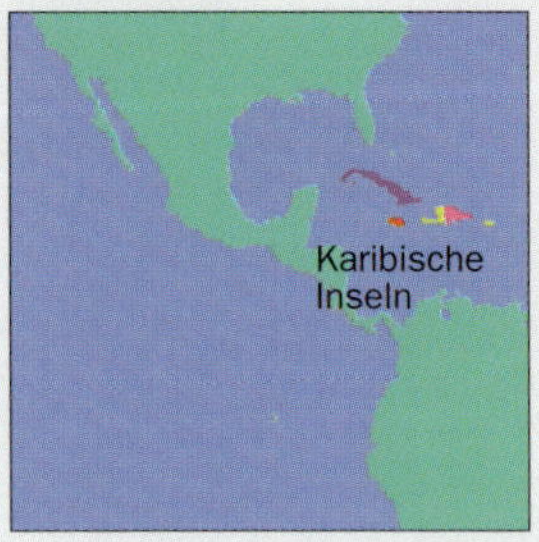

Das Karibische Meer ist ein westlicher Arm des Atlantiks mit einer Kette von Korallenriffen und palmengesäumten Inseln; einige sind auch Vulkane mit steilen Hängen und üppig grüner Vegetation. Diese Region ist ein Schmelztiegel von Menschen und Kulturen. Auf manchen Inseln leben vorwiegend Menschen spanischer, auf anderen solche afrikanischer Abstammung. Es gibt asiatische und europäische Minderheiten. Neben Spanisch und Englisch werden auch Dialekte des Französischen und Holländischen gesprochen.

Kuba ist die größte der Inseln. Die Kubaner lieben lateinamerikanische Tanzmusik, wie den Salsa. Die Musik Jamaikas ist der Reggae. Auf Trinidad ist der Karneval das wichtigste Fest des Jahres – Menschen in farbenprächtigen Kostümen tanzen zu der beschwingten Musik der Steeldrums.

Viele der karibischen Inseln, wie etwa Haiti, sind erschreckend arm, woran auch die Wirbelstürme nicht unschuldig sind, die jeden Spätsommer und Herbst über die Inseln rasen.

WISSENSWERTES

- *Zu den merkwürdigsten Sehenswürdigkeiten der Karibik gehört der Pitch Lake (Pechsee) in Trinidad. Dieser See enthält kein Wasser, manchmal kann man sogar über ihn laufen. Er enthält heißen, klebrigen, schwarzen Teer, ist 41 m tief und nimmt eine Fläche von 57 Hektar ein.*
- *Die Karibik ist für ihre weißen Strände berühmt, nur der Strand auf Montserrat ist grau, braun oder schwarz. Die Sandkörnchen dort bestehen aus feinster Lava aus dem Inselvulkan.*

Länder in Zahlen

	Fläche (km^2)	Einwohner	Sprache	Religion	Währung
Kuba	110.860	11.096.395	Spanisch	*	Kubanischer Peso
Dominik. Republik	48.731	8.129.734	Spanisch	Katholiken	Peso
Haiti	27.749	6.884.264	Haitian. Kreol.	Katholiken/Voodoo	Gourde
Bahamas	13.939	283.705	Englisch	Baptisten/**	Dollar
Jamaika	10.989	2.652.443	Englisch	Pfingstbewegung/**	Dollar
Trinidad u. Tobago	5.131	1.102.096	Englisch	Katholiken/Hindus	Dollar
Dominica	751	64.881	***/Englisch	Katholiken	Ostkaribischer Dollar
St. Lucia	619	154.020	Englisch/***	Katholiken	Ostkaribischer Dollar
Antigua u. Barbuda	440	64.246	Englisch	Anglikaner	Ostkaribischer Dollar
Barbados	430	259.191	Englisch	Anglikaner/Pfingstbew.	Dollar
St. Vincent u. die Gren.	389	120.519	Englisch	**/Anglikaner	Ostkaribischer Dollar
Grenada	339	97.008	Englisch	Katholiken	Ostkaribischer Dollar
St. Kitts und Nevis	269	42.838	Englisch	Anglikaner/Methodisten	Ostkaribischer Dollar

* Atheisten ** Atheisten/Katholiken *** Französisches Kreolisch

Die Wasserfälle des Dunn auf Jamaika sind eine Touristenattraktion. Sie stürzen über mehrere Felsstufen 181 m in die Tiefe.

Suche und finde

Wo auf der Welt?

Von Berlin nach Santo Domingo
7.952 km
9 Std. 30 Min.

Santo Domingo liegt auf
18° 26′ nördl. Breite
69° 40′ westl. Länge

Leben in Zahlen

	Wie hoch ist die Lebenserwartung?	Anzahl der Autos je 100 Menschen
Deutschland	77 Jahre	50
Kuba	76 Jahre	0.2
Dominik. Republik	70 Jahre	1
Haiti	51 Jahre	0.5
Bahamas	74 Jahre	25
Jamaika	75 Jahre	2
Trinidad und Tobago	71 Jahre	11
Dominica	70 Jahre	1
St. Lucia	72 Jahre	7
Antigua und Barbuda	71 Jahre	21
Barbados	75 Jahre	17
St. Vin. und die Gren.	74 Jahre	4
Grenada	71 Jahre	n.a.
St. Kitts und Nevis	68 Jahre	n.a.

Weiße Strände, blaues Meer und Palmen locken viele Touristen auf die Insel Barbados.

Südamerika

SÜDAMERIKA, das sich vom warmen Karibischen Meer bis zu den kalten antarktischen Gewässern erstreckt, ist der viertgrößte Kontinent der Erde. Er ist über die schmale Landenge von Panama mit Nordamerika verbunden. Im Westen grenzt der Pazifik, im Osten der Atlantik an Südamerika.

Die lang gestreckten Berge und Hochplateaus der Anden im Westen des Kontinents wurden durch die Bewegung der Kontinentalplatten aufgetürmt. Westlich der Anden grenzt nur ein schmaler Küstenstreifen ans Meer, teilweise fruchtbares Land, teilweise aber auch nackte Wüste. Im Osten der Anden liegt das riesige Amazonasbecken, der größte tropische Regenwald der Erde. Alles Wasser fließt in den trägen, schlammigen Amazonas, der in den Atlantik mündet.

Südlich des Regenwaldes folgen Sümpfe und von Büschen bedeckte Savanne, die Pampas, noch weiter südlich liegen die nackten Täler Patagoniens. Die Insel Feuerland südlich der Magellanstraße wurde vom Eis, Wind und Regen geformt.

Die indianischen Ureinwohner Südamerikas brachten Hochkulturen in den Anden und den pazifischen Regionen hervor. Die heutigen Südamerikaner stammen von Europäern, Afrikanern und Asiaten, aber auch von den Ureinwohnern ab.

Die wichtigsten europäischen Sprachen des Kontinents sind Spanisch und Portugiesisch (in Brasilien), obwohl in vielen Gegenden noch Eingeborenensprachen gesprochen werden. Die meisten Südamerikaner sind römisch-katholisch, es gibt aber auch zunehmend Protestanten.

WISSENSWERTES

- *Auf der Höhe der Punta Pariñas in Peru ist Südamerika am breitesten. Von der Pazifik- zur Atlantikküste sind es dort 5.120 km.*
- *Marajó in Brasilien im Mündungsgebiet des Amazonas ist die größte Süßwasserinsel der Erde. Sie hat eine Fläche von 40.150 km².*

Diese Papageien sind Aras, die in den Baumwipfeln des Amazonas-Regenwaldes leben. Mit ihren kräftigen Schnäbeln brechen sie Früchte und Beeren auf. Manche Eingeborene stellen aus ihren bunten Federn Kopfschmuck her.

Wo auf der Welt?

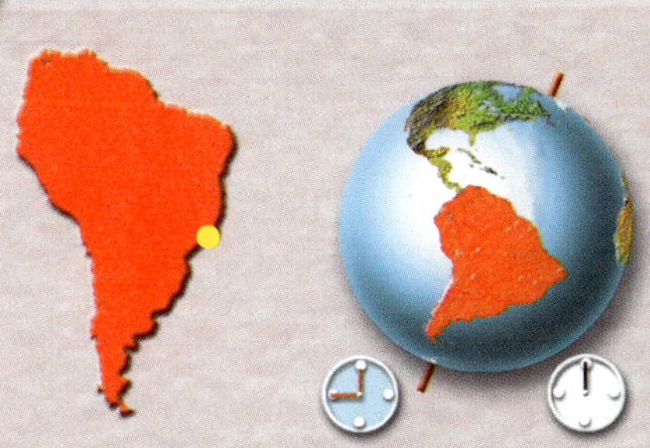

Rio de Janeiro liegt auf 22° 53' südlicher Breite 43° 10' westlicher Länge

9.00 Uhr Rio de Janeiro

12.00 Uhr GMT

Suche und finde

Argentinien	E6	Kolumbien	B5
Bolivien	D6	Paraguay	D6
Brasilien	C7	Peru	C4
Chile	E5	Rio de Janeiro	D8
Ecuador	B4	Suriname	B6
Franz.-Guyana	B7	Uruguay	E6
Guyana	B6	Venezuela	A5

In den dichten Wäldern im Südosten von Venezuela stürzt der Carrao, ein Zufluss des Caroní, über eine Felsenklippe. Der höchste Wasserfall der Erde heißt Cherun-Meru, ist aber besser unter dem Namen Angel-Fall bekannt. Er wurde 1933 von dem amerikanischen Piloten Jimmy Angel entdeckt.

Kontinent in Zahlen

	Fläche (km^2)	% der Erdoberfläche	Einwohner	Größtes Land (Fläche, km^2)	Größtes Land (Einwohner)
Südamerika	17.871.000	11,9	343.294.000	Brasilien 8,511,957	Brasilien 171.853.126

Kolumbien und Venezuela

Die Anden ziehen sich wie ein langes Rückgrat am Westrand des Kontinents entlang. Im Norden gabeln sie sich in drei Ketten auf, die östliche Kette reicht bis in den Nordwesten von Venezuela hinein. Das Gebirge fällt in fruchtbare Täler und heiße, feuchte Küstenebenen ab. Im Osten liegen die Llanos von Venezuela, wo Rinder gezüchtet werden. Der Orinoco windet sich durch einen riesigen Regenwald und mündet mit einem Delta in den Atlantik.

In Kolumbien wachsen einige der besten Kaffeesorten der Welt, außerdem ist das Land reich an Smaragden und Gold. In Venezuela ragen die Bohrtürme der Ölgesellschaften aus dem Maracaibosee. Venezolaner und Kolumbier stammen von Eingeborenen, spanischen Kolonisten und afrikanischen Sklaven ab.

Die Hochhäuser von Bogotá, der Hauptstadt Kolumbiens, erheben sich aus einer Hochebene vor dem Hintergrund von Hügeln und Bergen. Außerhalb der modernen Geschäftsstadt und den reichen Vororten erstrecken sich Slums mit primitiven Hütten. Ganz anders als in der Hektik der Großstadt geht es in den südlichen Gebirgen Kolumbiens zu. Auf den Weiden der kühlen Berge grasen Schafherden. Einige Guambianos, gekleidet in Ponchos und mit runden Filzhüten, die Frauen mit langen, blauen Kleidern, sind unterwegs zum Markt.

In Venezuela leben die meisten Menschen in Städten. In die geschäftige Hauptstadt Caracas ziehen ständig Menschen aus anderen Teilen Lateinamerikas, um in den Fabriken nach Arbeit zu suchen. Auf dem Land leben die Llaneros (Viehhirten) und Ureinwohner, wie die Yanomami, deren Dörfer versteckt im Regenwald liegen.

WISSENSWERTES

- *Angeblich gibt es einen See in den kolumbianischen Anden, der Schätze von Gold und Edelsteinen enthält. Sie sollen von den Chibcha als Opfer ins Wasser geworfen worden sein. Legenden über ihren Herrscher, den „Goldenen Mann" oder El Dorado, lockten im 16. Jh. die spanischen Eroberer ins Land.*

Caracas, die Hauptstadt von Venezuela, erstreckt sich über mehr als 15 km in einem Tal.

Wo auf der Welt?

Von Berlin nach Bogotá
9.441 km
11 Std. 18 Min.

Bogotá liegt auf
04° 38' nördlicher Breite
74° 06' westlicher Länge

Leben in Zahlen

	Wie hoch ist die Lebenserwartung?	Anzahl der Autos je 100 Menschen
Deutschland	77 Jahre	50
Kolumbien	70 Jahre	3
Venezuela	73 Jahre	7

Männer und Frauen halten sich an Schals fest, während sie durch die Straßen von Medellín in Kolumbien tanzen. Sie feiern das Blumenfest, das jeden August in der Stadt stattfindet. Die Stadt exportiert Blumen und ist berühmt für ihre Orchideen.

Suche und finde

Kolumbien
Hauptstadt:
Bogotá C5
Armenia C4
Barranquilla B5
Cali D4
Cartagena B4
Ibagué C4
Manizales C4
Medellín C4
Pereira C4

Venezuela
Hauptstadt:
Caracas B7
Barcelona B8
Barquisimeto . . .B6
Ciudad Bolivar . .B8
Ciudad Guayana B8
Maracaibo B5
Valencia B7

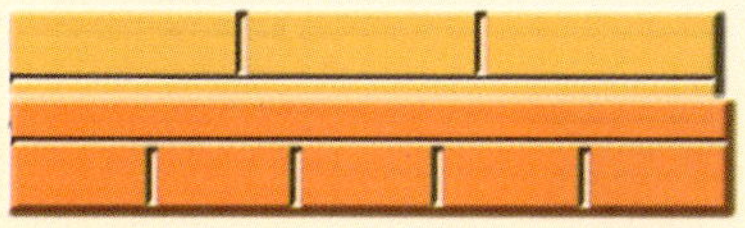

Länder in Zahlen

	Fläche (km^2)	Einwohner	Sprache	Religion	Währung
Kolumbien	1.141.574	39.309.422	Spanisch	Katholiken	Peso
Venezuela	912.054	23.203.466	Spanisch	Katholiken	Bolivar

Die Guyanas

GUYANA, SURINAME, FRANZÖSISCH-GUYANA

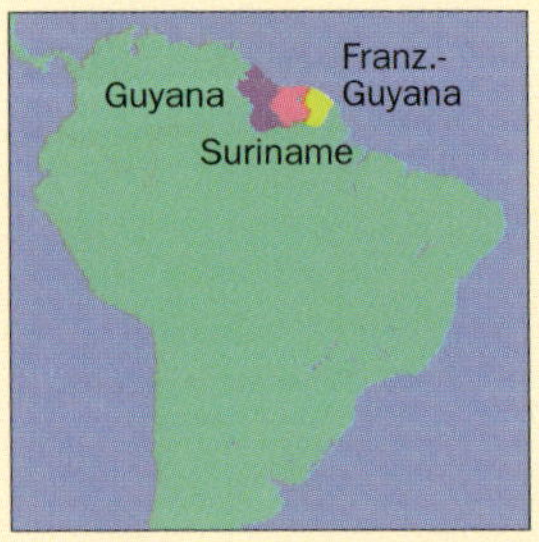

DAS Hochland von Guyana zieht sich quer über den Nordosten des südamerikanischen Kontinents. Seine Bergrücken sind mit dichtem, tropischem Regenwald bewachsen. Die Nordhänge werden von Flüssen entwässert. Sie stürzen zunächst als spektakuläre Wasserfälle über die Hänge, fließen dann durch die feuchtheiße Küstenebene und münden schließlich in den Atlantik.

Die meisten Einwohner leben auf den Küstenebenen. Die Straßen von Paramaribo, der Hauptstadt von Suriname, werden von weißen Holzhäusern mit Balkonen und Veranden gesäumt. Man findet Häuser im holländischen Stil, Moscheen, Kirchen und Hindutempel. Solche Kontraste sind die Regel in diesen Ländern, in denen Eingeborene, Afrikaner, Engländer, Holländer, Franzosen, Portugiesen, Chinesen, Inder und Südostasiaten zusammen leben.

Die Ebenen des Tieflandes sind fruchtbar. Viele Menschen arbeiten in den Zuckerrohr-Plantagen, bauen Reis oder andere tropische Früchte an. Andere arbeiten in den Bergwerken, denn die drei Länder haben reiche Vorkommen an Bauxit, aus dem Aluminium hergestellt wird.

In den abgelegenen Wäldern des Binnenlandes haben noch immer Gemeinschaften überlebt, die von der Jagd und dem Fischfang in den Flüssen leben. Manche bauen auch Cassavas an. Aus dem Mehl in deren Wurzeln backt man stärkereiche Fladen.

WISSENSWERTES

- *Der rote, höllisch scharfe Cayenne-Pfeffer trägt seinen Namen nach der Hauptstadt von Französisch-Guyana.*
- *Der Name Guyana bedeutet „Land der vielen Flüsse". In den drei Ländern fließen sehr viele Flüsse.*

Eine Statue der Königin Victoria (1819–1901) wacht über Georgetown, der Hauptstadt von Guyana. Die Briten herrschten von 1831 bis 1966 über das Land. Heute ist es eine unabhängige Republik.

Ein Fischer zieht einen mächtigen Fisch aus einem schlammigen Fluss in den Wäldern von Französisch-Guyana.

Wo auf der Welt?

Von Berlin nach Georgetown
8.176 km
9 Std. 48 Min.

Georgetown liegt auf
06° 29' nördlicher Breite
58° 16' westlicher Länge

Leben in Zahlen

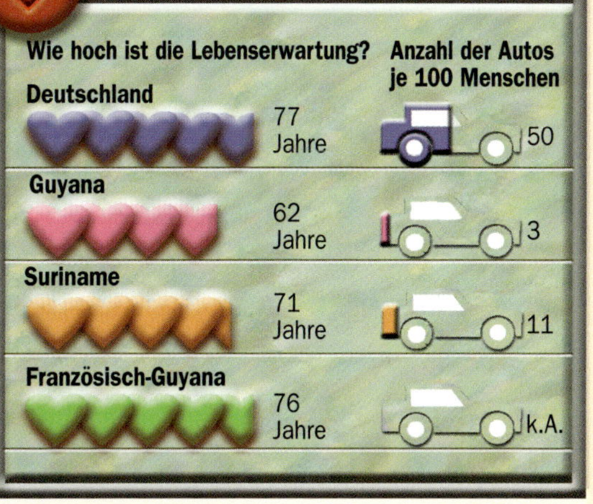

Suche und finde

Guyana Suriname Französisch-Guyana

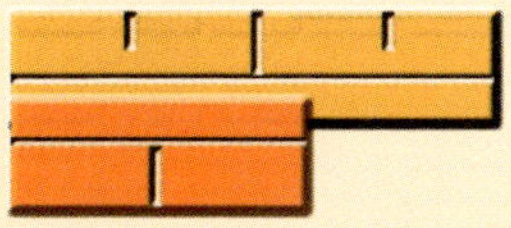

Länder in Zahlen

	Fläche (km^2)	Einwohner	Sprache	Religion	Währung
Guyana	214.970	705.156	Englisch/Kreolisch	Hindus/Protestanten	Dollar
Suriname	163.271	431.156	Holländisch/Sranang/Hindu	Hindus/Katholiken/Sunniten (Moslems)	Suriname Gulden
Franz.-Guyana	86.503	167.982	Französisch	Katholiken	Euro

Brasilien

EIN kleines Flugzeug rumpelt über die Landepiste, die in einem abgelegenen Wald an der Grenze zwischen Brasilien und Venezuela liegt. Hier ist die Heimat der Yanomami. Die Kinder spielen in großen, runden, mit Palmwedeln gedeckten Häusern mit Fußböden aus gestampftem Lehm. In einem Haus leben mehrere Familien, aber jede hat ihren eigenen Herd, auf dem sie Fisch oder die stärkereiche Cassava-Wurzel zubereitet. Die Jäger ruhen sich in Hängematten aus, die zwischen den Stützen des Daches aufgespannt sind.

Der Amazonas wird von tausenden von Nebenflüssen gespeist. Er fließt träge Richtung Osten zum Atlantik. An den Küsten liegen große, moderne Städte mit langen Sandstränden, wie Rio de Janeiro und São Paulo. Außerhalb der Zentren mit Wolkenkratzern und der reichen Vorstädte befinden sich die *Favelas* genannten Armenviertel. Die meisten Brasilianer lieben Sport (insbesondere Fußball), Musik und Tanz, vor allem die Samba.

Ein Drittel des Landes ist von Regenwäldern bedeckt. Der Nordosten ist jedoch trocken. Hier wachsen lockere Wälder und Dornbuschsavannen.

WISSENSWERTES

- *Magst du gerne gesüßten Kaffee? Brasilien produziert mehr Zucker und Kaffee als jedes andere Land auf der Erde.*
- *Brasilien hat fünfmal die Fußballweltmeisterschaft gewonnen, häufiger als jedes andere Land.*
- *Der Amazonas ist der zweitgrößte Fluss der Erde; er entwässert eine Fläche von mehr als 7 Mio. km².*

Das sehr langsame Faultier hängt mit dem Kopf nach unten an einem Ast im Regenwald des Amazonasgebietes.

São Paulo ist mit mehr als 17 Mio. Einwohnern die größte Stadt Südamerikas. Sie liegt am Rand einer fruchtbaren Ebene mit Landwirtschaft und Industrie.

Wo auf der Welt?

13.00 Uhr Berlin | 12.00 Uhr GMT | 9.00 Uhr Brasília

Von Berlin nach Brasília
9.601 km
11 Std. 30 Min.

Brasília liegt auf
15° 52' nördlicher Breite
47° 55' westlicher Länge

Leben in Zahlen

	Wie hoch ist die Lebenserwartung?	Anzahl der Autos je 100 Menschen
Deutschland	77 Jahre	50
Brasilien	65 Jahre	8

Ein Kanu verlässt ein Dorf am Ufer des Amazonas. Dieser breite, schlammige Fluss fließt durch den größten Regenwald der Erde. Im Wasser leben die gefürchteten, Fleisch fressenden Piranhas.

Die längsten Flüsse

Nil	6.670 km
Amazonas	6.437 km
Rhein	1.320 km

Brasilien

Suche und finde

Länder in Zahlen

	Fläche (km²)	Einwohner	Sprache	Religion	Währung
Brasilien	8.511.957	171.853.126	Portugiesisch	Katholiken	Real

Mittlere Anden

Peru, Ecuador

Ein Junge hütet die Lamaherde und spielt dabei auf einer einfachen Flöte. Die Tiere ziehen zwischen den Ruinen alter Steinmauern und terrassierten Feldern entlang, die von den Inkas erbaut wurden. Dieses Volk herrschte über weite Teile der Anden, bevor die Spanier 1532 Peru eroberten.

In Ecuador und Peru steigen die schneebedeckten Gipfel der Anden bis auf 6.000 m Höhe an. Das Gebirge besteht aus einer langen Kette von Gipfeln, Vulkanen und Gletschern. Es erhebt sich über weite Plateaus und kühle Seen. Noch in großen Höhen werden Kartoffeln angebaut und in der Sonne und dem nächtlichen Frost gefriergetrocknet. Später kocht man daraus einen Gemüseeintopf.

Die Gebirgsflüsse des Ostens fließen in Richtung des heißen, feuchten Regenwaldes am Amazonasgebiet. Im Westen fallen die Anden steil zum Pazifik hin ab. Der schmale, heiße Küstenstreifen wird nur von fruchtbaren Flusstälern unterbrochen. Hier findet man Farmen, Fischerdörfer und große, moderne Städte wie Lima und seinen Hafen Callao. Zu Ecuador gehören auch die Galapagos-Inseln, wo die einzigartigen Riesenschildkröten leben.

In der gesamten Region wird Spanisch gesprochen, auch lokale Dialekte, wie Ketschua und Aimará, sind weit verbreitet. Etwa 90 % der Bevölkerung ist römisch-katholisch; die religiösen Feste zeichnen sich durch farbenfrohe Prozessionen und Pilgerfahrten aus.

WISSENSWERTES

- *Der Name Ecuador spielt auf den Äquator an, der durch das Land verläuft. Allerdings liegt die Hauptstadt Quito so hoch, dass hier das ganze Jahr über ein mildes Klima herrscht.*
- *Die Eisenbahn von Peru führt in den Anden bis auf 4.830 m hinauf. Dies ist die höchste Schienenstrecke der Welt.*

In der Region um Nazca im südlichen Peru findet man merkwürdige Scharrbilder, die vor über 2.000 Jahren in den Wüstenboden geritzt wurden. Sie zeigen Tiere, Vögel, Spiralen und andere Motive. Die meisten kann man ihrer Größe wegen nur aus der Luft vollständig sehen. Ihre Bedeutung ist nicht bekannt.

Ein junger Ecuadorianer trägt Früchte des Kakaobaumes. Darin sind die Samen (Kakaobohnen) enthalten, aus denen Schokolade hergestellt wird. Kakao kommt wild in den südamerikanischen Tropen vor.

Die höchsten Berge

Wo auf der Welt?

Von Berlin nach Lima
11.112 km
13 Std. 18 Min.

Lima liegt auf
12° 06' südlicher Breite
76° 55' westlicher Länge

Leben in Zahlen

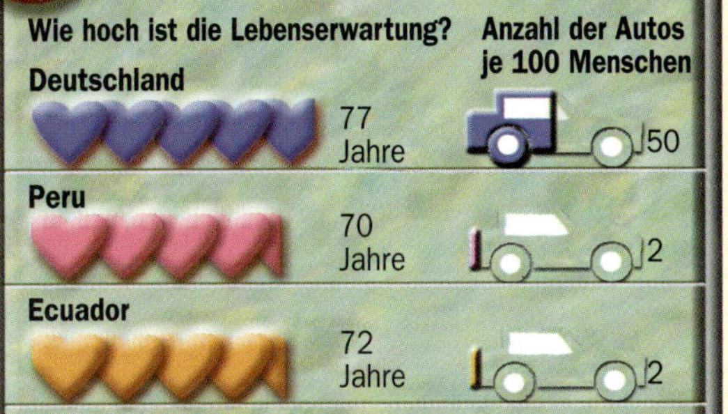

Suche und finde

Peru
Hauptstadt:
Lima E5
Arequipa F7
Callao E5
Chiclayo D4
Chimbote D4
Cuzco F6
Huancayo E5
Iquitos C6
Machu Picchu . F6
Nazca F6
Piura C4
Trujillo D4

Ecuador
Hauptstadt:
Quito B4
Cuenca B4
Guayaquil B4

Die Stadt Machu Picchu in Peru wurde vor rund 500 Jahren auf einem steilen Felshang 610 m über dem Urubamba Fluss erbaut. Sie gehörte zum mächtigen Inkareich mit der Hauptstadt Cuzco.

Peru

Ecuador

Länder in Zahlen

	Fläche (km²)	Einwohner	Sprache	Religion	Währung
Peru	1.285.218	26.624.582	Spanisch	Katholiken	Neuer Sol
Ecuador	272.046	12.562.496	Spanisch	Katholiken	US Dollar

Mittleres Südamerika

Bolivien, Paraguay

Bolivien und Paraguay liegen im Herzen des südamerikanischen Kontinents. Bolivien hat zwei Hauptstädte, La Paz und Sucre; beide befinden sich hoch oben in den Anden, wo Schneefelder die Hochplateaus und Seen überragen. Kontraste bieten auch die beiden Städte, in denen alte spanische Kirchen und moderne Hochhäuser zu finden sind. Frauen vom Land tragen lange, schwere Kleider, Schals und Ponchos, die sie aus der Wolle von Lamas weben, dazu runde Hüte. Ein Bus, der in den Osten des Landes fährt, muss mit holprigen Straßen fertig werden, die hinab in das Amazonasbecken führen. Sie passieren tropische Wälder, Sümpfe und Farmen, auf denen Bananen, Kaffee und Zuckerrohr angebaut werden.

Der Gran Chaco, eine von Büschen bewachsene Savanne, die in der Regenzeit überschwemmt wird, reicht bis nach Paraguay hinein. Hier gibt es kaum Straßen, daher durchquert man sie am besten mit dem Pferd. Die meisten Einwohner Paraguays leben östlich des gleichnamigen Flusses. Hier liegen die Hauptstadt Asunción und im Osten und Süden auch das fruchtbarste Ackerland. Fast 90 % der Exporte Paraguays sind landwirtschaftliche Erzeugnisse, vor allem Weizen, Baumwolle und Sojabohnen. Aus einem Strauch, der mit unserer Stechpalme verwandt ist, bereitet man *Yerba maté,* einen Tee, der in weiten Teilen Südamerikas getrunken wird.

WISSENSWERTES

- *Die Spitzenstickereien, die in Paraguay hergestellt werden, sind so fein, dass man sie „Spinnenweben", in der Sprache der Guarani Ñanduti, nennt.*
- *Der Itaipú-Staudamm, der den Paraná aufstaut, ist der größte der Erde. Die Wasserkraft treibt Turbinen an und erzeugt elektrischen Strom. Der Damm gehört Paraguay und Brasilien.*

Zebus sind Rinder mit einem Buckel, Schlappohren und aufrechten Hörnern. Sie stammen aus Südostasien, wurden aber in alle warmen, subtropischen Länder der Erde importiert. Zebus sind bestens an das warme Klima von Bolivien und Paraguay angepasst.

Länder in Zahlen

	Fläche (km^2)	Einwohner	Sprache	Religion	Währung
Bolivien	1.098.580	7.982.850	Spanisch/Ketschua/Aimará	Katholiken	Boliviano
Paraguay	406.749	5.434.095	Spanisch/Guarani	Katholiken	Guarani

Bolivien

Paraguay

In Bolivien teilen sich die Anden in einen östlichen und einen westlichen Arm auf. Dazwischen liegt das Altiplano, ein Hochplateau. In diesem baumlosen Land findet man Seen und weite Salzebenen.

Wo auf der Welt?

Von Berlin nach La Paz
10.900 km
13 Std. 6 Min.

La Paz liegt auf
16° 31′ südlicher Breite
68° 10′ westlicher Länge

Leben in Zahlen

	Wie hoch ist die Lebenserwartung?	Anzahl der Autos je 100 Menschen
Deutschland	77 Jahre	50
Bolivien	61 Jahre	3
Paraguay	72 Jahre	1

Nach einem Tag in La Paz ruhen sich diese Frauen aus. Zwei Drittel der bolivianischen Bevölkerung besteht aus den Ureinwohnern Ketschua und Aimará.

Suche und finde

Südliche Anden

ARGENTINIEN, CHILE, URUGUAY

DIE zerklüfteten Bergketten und Vulkane der Anden reichen von den Tropen weit nach Süden bis zu den öden, gefrorenen Küsten. Schließlich endet der Kontinent mit den Inseln und Inselchen um Feuerland. Am Kap Hoorn an der Südspitze türmen starke Winde das Meer zu hohen, graugrünen Wellen auf.

Im Westen der Anden liegt Chile, ein langgestrecktes, schmales Land. Touristen besuchen meist die sonnigen Weinberge und die geschäftige Hauptstadt Santiago. Nur wenige wagen sich in die Wüsten des Nordens oder die Wildnis des Südens.

Östlich der Anden, beiderseits der breiten Mündung des Rio de La Plata, liegen Argentinien und Uruguay. In beiden Ländern wird Ackerbau betrieben und Vieh gezüchtet. Die Spanier, die das Land eroberten, und andere europäische Siedler, die nach ihnen kamen, vertrieben die eingeborene Bevölkerung und gründeten die Städte Montevideo in Uruguay und Buenos Aires in Argentinien.

Typisch für Argentinien sind die berittenen *Gauchos,* die einsam über die weite Pampa galoppieren. Obwohl sich die Zeiten geändert haben, blieben die Gaucho-Tradition und ihre Folklore lebendig. Auf den fruchtbaren Böden um Mendoza wird Wein angebaut, während man auf den stürmischen Grasflächen von Patagonien nur Schafe züchten kann.

WISSENSWERTES

- *Die Atacama-Wüste in Chile ist der trockenste Ort der Erde – hier regnet es nie.*
- *Die Araukarie, ein chilenischer Baum, bildet Zapfen von der Größe von Kokosnüssen. Sie wächst in den südlichen Anden auf vulkanischer Asche und Felsen.*

Der Fischerort Ushuaia liegt fast am südlichen Ende des Kontinents. Hierher kommen Touristen, die Pinguine und andere Wildtiere beobachten möchten.

A B C D E F G

1 2 3 4 5

Die höchsten Berge

Wo auf der Welt?

Von Berlin nach Buenos Aires
11.921 km
14 Std. 18 Min.

Buenos Aires liegt auf
34° 20' südl. Breite
58° 30' westl. Länge

Die Atacama-Wüste ist staubtrocken und öde, besitzt aber viele Bodenschätze, wie Nitrate, Jod, Eisenerz und Kupfer.

Leben in Zahlen

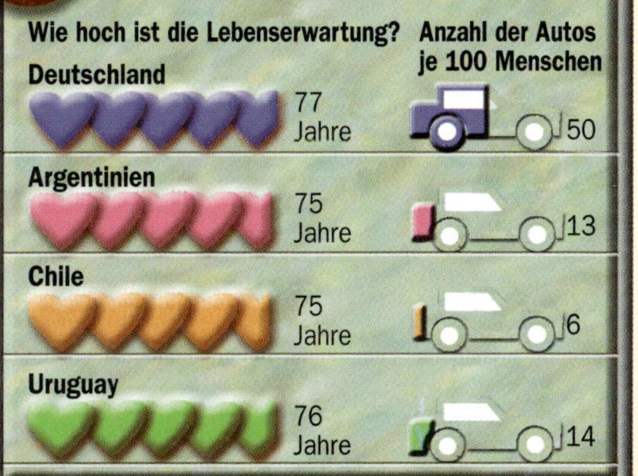

Bei diesem Viehtrieb wird die Tradition der argentinischen Gauchos des 19. Jh. wieder lebendig. Rindfleisch ist ein wichtiges Exportgut des Landes.

Argentinien

Chile

Uruguay

Länder in Zahlen

	Fläche (km²)	Einwohner	Sprache	Religion	Währung
Argentinien	2.738.972	36.737.664	Spanisch	Katholiken	Argentinischer Peso
Chile	756.948	14.973.843	Spanisch	Katholiken	Chilenischer Peso
Uruguay	176.221	3.308.523	Spanisch	Katholiken	Uruguayanischer Peso

Suche und finde

Der Atlantik
und seine Inseln

Der Atlantik trennt Europa und Afrika von Nord- und Südamerika. Er beginnt in den heißen und feuchten Lagunen der afrikanischen Guineaküste und endet in den glitzernden Wellen vor den Florida Keys.

Der Atlantik ist der zweitgrößte Ozean der Welt. Er bedeckt eine Fläche von 82.217.000 km². Der Nordatlantik geht in das eisige Nordpolarmeer über, im Osten hat er Anschluss an Nord- und Ostsee und das Mittelmeer, im Westen schließt sich das Karibische Meer an. Seine durchschnittliche Tiefe von 3.575 m fällt im Graben von Puerto Rico bis auf 9.212 m ab. Der Südatlantik geht in den Pazifik und den Indischen Ozean über.

Mitten im Atlantik zieht sich ein Riss durch die Erdkruste. Der Mittelatlantische Rücken besteht aus unterirdischen Vulkanen, aus denen heiße Lava fließt. Einige der atlantischen Inseln sind daher vulkanischen Ursprungs – Island, die Azoren und Madeira, die Kanarischen Inseln, St. Helena, Tristan da Cunha und Ascension.

Im extremen Norden und Süden tauschen sich die warmen tropischen Wassermassen und kaltes Polarwasser in einem System von Meeresströmungen aus. Der kalte Benguelastrom fließt vor Afrikas Küsten, während der Brasilstrom Südamerika und der Golfstrom Nordamerika erwärmt. Letzterer setzt sich bis vor die Küsten des nordwestlichen Europa fort.

Die Passatwinde, in denen früher die Handelsschiffe segelten, wehen vom Nordosten und Südosten in Richtung Äquator. Dort herrscht in der Kalmenzone fast Windstille. Weiter im Norden und Süden kreisen beständige Westwinde um die Erde. Im Südatlantik sind diese Winde besonders stark; hier, wo keine Kontinente Widerstand bieten, wehen sie über Südpazifik, Südatlantik und den Indischen Ozean nördlich der Antarktis hinweg.

WISSENSWERTES

- *Die Bewohner von Tristan da Cunha leben auf einer der abgelegensten Inseln. Bis nach St. Helena sind es 2.435 km und nach Afrika 2.740 km.*

Funchal ist die Hauptstadt der Insel Madeira. Sie gehört zum afrikanischen Kontinent, wird aber von Portugal regiert. Funchal wurde um einen schönen, natürlichen Hafen erbaut.

Wo auf der Welt?

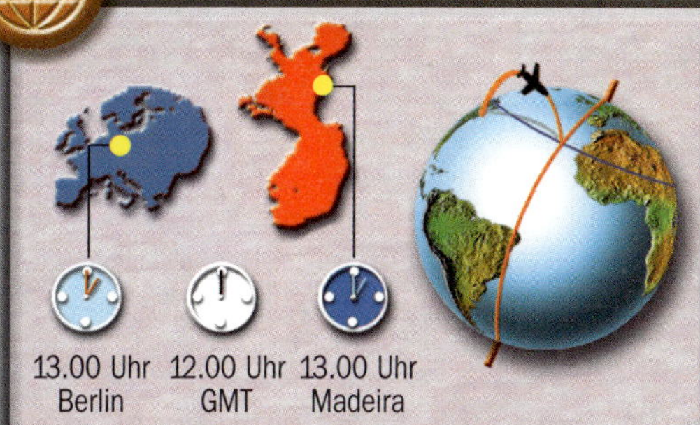

Von Berlin nach Madeira
3.283 km
3 Std. 54 Min.

Madeira liegt auf
32° 42' nördlicher Breite
16° 46' westlicher Länge

Die Bermuda-Inseln sind eine Gruppe von rund 300 flachen, felsigen Inseln im Atlantik. Etwa 20 der Inseln sind bewohnt und ihr warmes Klima zieht viele Touristen an.

Der Hafen von Reykjavik, der Hauptstadt von Island, ist ein Zentrum der Fischerei, des Geschäftslebens und Handwerks. Im Januar herrscht eine Durchschnittstemperatur von 1 °C, im Juli von 11 °C.

Suche und finde

Ascension	E7	Madeira	C7
Azoren	C7	Neufundland	C5
Bermuda-Inseln	C5	Rockall	B7
Bioko	D8	Sable	C5
Bouvet-Insel	G8	São Tomé und Principe	E8
Britische Inseln	B7	Shetland-Inseln	B7
Falkland-Inseln	G5	St. Helena	E7
Färöer Inseln	B7	St. Paul Rocks	D6
Gough	F7	Südgeorgien	G6
Grönland	A6	Südliche Sandwich-Inseln	G7
Island	A7	Trinidade	E6
Kanarische Inseln	A7	Tristan da Cunha	F7
Kap Verde	D7		

Europa

Europa ist ein kleiner, aber sehr vielgestaltiger Kontinent. Im winterlichen Finnland sind die Fichtenwälder dick mit Schnee bedeckt, während es in Teilen Spaniens im Sommer so heiß ist, dass dort Wüstenklima herrscht. Auf den Britischen Inseln herrscht mildes Klima vor. In Deutschland gibt es ausgedehnte Mittelgebirge mit Wald und grüne Felder.

Die Niederlande sind eben wie ein Tisch, während Südeuropa von mächtigen Gebirgen durchzogen wird. Dazu gehören die Pyrenäen, die Alpen, die Karpaten und der Kaukasus, wo der Elbrus eine Höhe von 5.642 m erreicht.

Der europäische Kontinent gehört zur selben Landmasse wie Asien, daher nennt man beide zusammen auch Eurasien. Dennoch unterscheiden sich die beiden Kontinente durch ihre Geschichte und die Lebensweise ihrer Bewohner. Die Trennlinie verläuft etwa durch den russischen Ural und dann weiter nach Süden entlang von Kaukasus, Schwarzem Meer und Kaspischem Meer. Die Straße von Gibraltar zwischen Marokko und Spanien am westlichen Ausgang des Mittelmeeres trennt Europa von Afrika.

Die Größe der europäischen Länder schwankt zwischen der Russischen Föderation, dem bei weitem größten Land, und der winzigen Vatikanstadt. Eine zunehmende Zahl von Ländern hat sich zur Europäischen Union zusammengeschlossen, die für ihre Mitglieder gemeinsame wirtschaftliche und politische Rahmenbedingungen schafft.

WISSENSWERTES

- *Im Verhältnis zu seiner Größe hat Europa die längste Küstenlinie aller Kontinente. Das liegt an der riesigen Zahl von Buchten, Halbinseln und Flussmündungen.*
- *Die Alpen sind das höchste Gebirge Westeuropas.*

Die Gondeln sind das traditionelle Verkehrsmittel in Venedig. Sie gleiten über die Kanäle der Stadt. Heute werden die Gondeln vor allem von den Touristen benutzt, denen aber auch Motorboote und Fähren zur Verfügung stehen.

Island liegt direkt südlich des Polarkreises. Auf der Insel gibt es zahlreiche Moore und reichlich Schnee im Winter.

A

Wo auf der Welt?

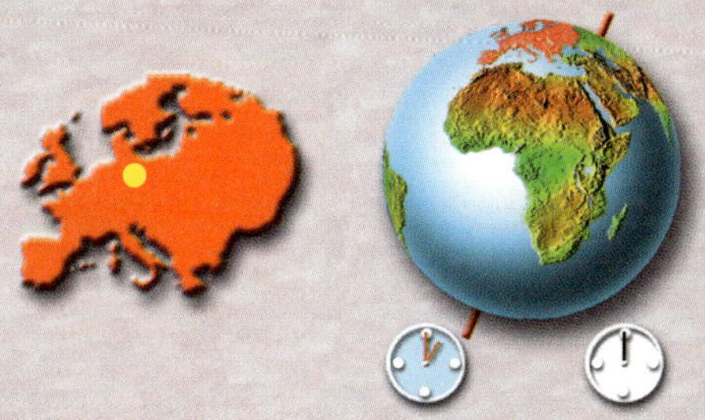

Berlin liegt auf
52° 31′ nördl. Breite
13° 25′ westl. Länge

13.00 Uhr Berlin | 12.00 Uhr GMT

B

Suche und finde

- Andorra E4
- Balearen E4
- Belgien D4
- Bosnien-Herzegowina . .E6
- Bulgarien E7
- Dänemark C5
- Deutschland . . .D5
- Estland C6
- Färöer Inseln . . .B4
- Finnland B6
- Frankreich D4
- Gibraltar F3
- Griechenland . . .F6
- Großbritannien . .C4
- Hebriden C4
- Irland C4
- Island B4
- Italien E5
- Kolgujew A7
- Korsika E4
- Kreta F6
- Kroatien E5
- Lettland C6
- Liechtenstein . . .D5
- Litauen C6
- Luxemburg D5
- Mazedonien E6
- Moldau D7
- Monaco E4
- Moskau C7
- Niederlande D5
- Norwegen B5
- Orkney-Inseln . . .C4
- Österreich D5
- Polen D6
- Portugal E3
- Rumänien E6
- Russische Föderation . . .C8
- San Marino E5
- Sardinien E5
- Schweden B5
- Schweiz D5
- Serbien und Montenegro . .E6
- Shetland-Inseln .B4
- Sizilien F5
- Slowakei D6
- Slowenien E5
- Spanien E3
- Tschechische Republik D5
- Ukraine D7
- Ungarn E6
- Vatikanstadt E5
- Weißrussland . . .D7

C

D

E

Der Parthenon-Tempel in Athen in Griechenland wurde zwischen 447 und 432 v. Chr. erbaut. Er war Athene, der Schutzgöttin der Stadt, geweiht.

F

Kontinent in Zahlen

	Fläche (km^2)	% der Erdoberfläche	Einwohner	Größtes Land (Fläche, km^2)	Größtes Land (Einwohner)
Europa	10.400.000	6,6	508.285.000	Ukraine* 603.700	Deutschland* 82.087.361

* Die Russische Föderation ist wegen ihres asiatischen Anteils nicht berücksichtigt.

G

Skandinavien

Schweden, Finnland, Norwegen, Island, Dänemark

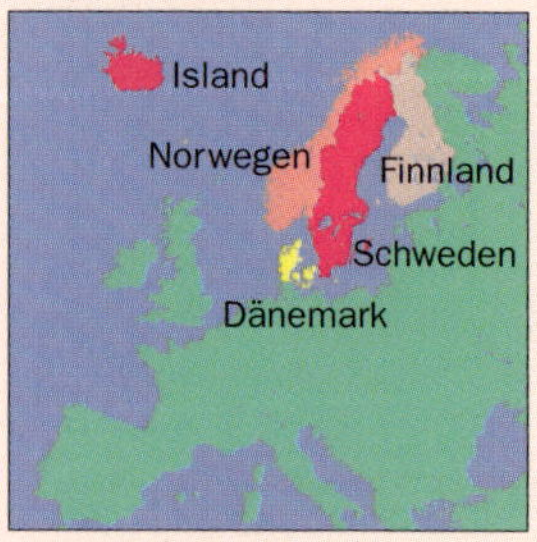

An Sommertagen liegt die Ostsee oft ruhig und glitzernd blau da, doch im Winter gibt es häufig graue, stürmische Tage. Südlich der Meerenge des Skagerrak liegt Dänemark, das aus der Halbinsel Jütland und mehreren Inseln besteht. Das landwirtschaftlich genutzte Land ist flach und von Windrädern übersät. Die meisten Dänen leben in den Städten. Der Name der dänischen Hauptstadt Kopenhagen bedeutet „Kaufmanns-Hafen".

Nördlich der Meerenge erstreckt sich die gebirgige skandinavische Halbinsel bis weit jenseits des Polarkreises. Hier lebt die Volksgruppe der Samen, die Rentiere züchtet. Am westlichen Rand Skandinaviens liegt das zerklüftete Norwegen, dessen tiefe Fjorde durch die Eiszeiten geformt wurden. Östlich davon liegt Schweden, ein Land mit vielen Seen und grünen Wäldern. Die Winter sind kalt und schneereich, die Sommer mild. Die meisten Norweger und Schweden leben an den Küsten, oft in Großstädten wie Oslo oder Stockholm, wo das Klima milder ist. Finnland stellt die Verbindung zur Russischen Föderation dar. Das Land liefert große Mengen Holz.

Auch die Isländer, sie bewohnen die Insel hoch oben im Norden, stammen von den Skandinaviern ab. Auf ihrer faszinierenden Insel gibt es Moore, feurige Vulkane und heiße Quellen.

Ein Fischer flickt seine Netze. Sein Boot liegt an einer kleinen isländischen Insel vor Anker. Die Fischerei ist ein wichtiger Industriezweig, doch die Fänge nehmen immer mehr ab, da die Fischbestände zu stark ausgebeutet und durch die Umweltverschmutzung gefährdet wurden.

WISSENSWERTES

- *Das nördliche Skandinavien wird häufig „Land der Mitternachtssonne" genannt, weil die Sonne hier im Sommer nicht untergeht. Dafür ist es während der kalten Winter ständig dunkel.*
- *In Schweden gibt es mindestens 90.000 Seen. Sie entstanden in der Eiszeit vor mehr als 10.000 Jahren, als sich die gewaltigen Gletscher in den Boden hobelten.*

Die Kleine Meerjungfrau überblickt den Hafen von Kopenhagen. Die viel besuchte Skulptur geht auf ein Märchen von Hans Christian Andersen (1805–75) zurück, der auch die Märchen „Das hässliche Entlein" oder „Die Schneekönigin" schrieb.

Leben in Zahlen

Land	Wie hoch ist die Lebenserwartung?	Anzahl der Autos je 100 Menschen
Deutschland	77 Jahre	50
Schweden	79 Jahre	41
Finnland	77 Jahre	37
Norwegen	78 Jahre	37
Island	79 Jahre	46
Dänemark	76 Jahre	32

Wo auf der Welt?

Von Berlin nach Stockholm
817 km
55 Min

Stockholm liegt auf
59° 23' nördl. Breite
18° 00' westl. Länge

Kettensägen und starke Maschinen haben die Arbeit der Holzfäller erleichtert, die hier in Finnland Holz flößen. Das Holz dient als Baumaterial für die Möbelindustrie und als Rohstoff für Papier.

200 Meilen

200 km

Länder in Zahlen

	Fläche (km²)	Einwohner	Sprache	Religion	Währung
Schweden	449.963	8.911.296	Schwedisch	Lutheraner	Schwedische Krone
Finnland	337.029	5.158.372	Finnisch	Lutheraner	Euro
Norwegen	324.219	4.438.547	Norwegisch	Lutheraner	Norwegische Krone
Island	102.819	272.512	Isländisch	Lutheraner	Isländische Krone
Dänemark	43.095	5.356.845	Dänisch	Lutheraner	Dänische Krone

Suche und finde

Britische Inseln

GROSSBRITANNIEN, IRLAND

DIE Wellen des Nordatlantiks haben die Küste des nordwestlichen Europas in zahlreiche Buchten, Kanäle und Inseln zerlegt. Als Folge der Nähe zum Ozean und seinen Winden herrscht im Westen ein mildes, regenreiches Klima. Diese Inselwelt wird von Engländern, Schotten, Walisern und Iren bewohnt, hinzu kommen zahlreiche Einwanderer asiatischer und afro-karibischer Herkunft.

London, die Großstadt an der Themse, ist die Hauptstadt von Großbritannien. Rote Busse und schwarze Taxis fahren durch die Straßen, über Märkte, an Brunnen, Theatern, alten Kirchen, königlichen Palästen und grünen Parks vorbei. Jenseits der Stadtgrenzen erstrecken sich Weizenfelder und Felsenküsten, die Moore und Seen Nordenglands und die Gebirge von Schottland und Wales, die mit England zu Großbritannien vereinigt sind. In ländlichen Regionen finden sich viele historische Dörfer und Burgen, aber auch großflächige Städte wie Birmingham, Liverpool, Manchester und Glasgow.

Am anderen Ufer der Irischen See liegt Nordirland, das von London aus regiert wird. Irland ist eine unabhängige Republik. Durch die Hauptstadt Dublin fließt der Liffey. Auf der landschaftlich reizvollen Insel findet man fruchtbares Ackerland, Moore und felsige Klippen, die hoch über den donnernden Wellen des Atlantiks aufragen.

WISSENSWERTES

- *Vor etwa 10.000 Jahren waren die Britischen Inseln noch mit Frankreich verbunden, doch durch den Anstieg des Meeresspiegels wurde eine Senke überflutet. Erst seit 1994 stellt ein Tunnel unter dem Ärmelkanal wieder eine Landverbindung her.*

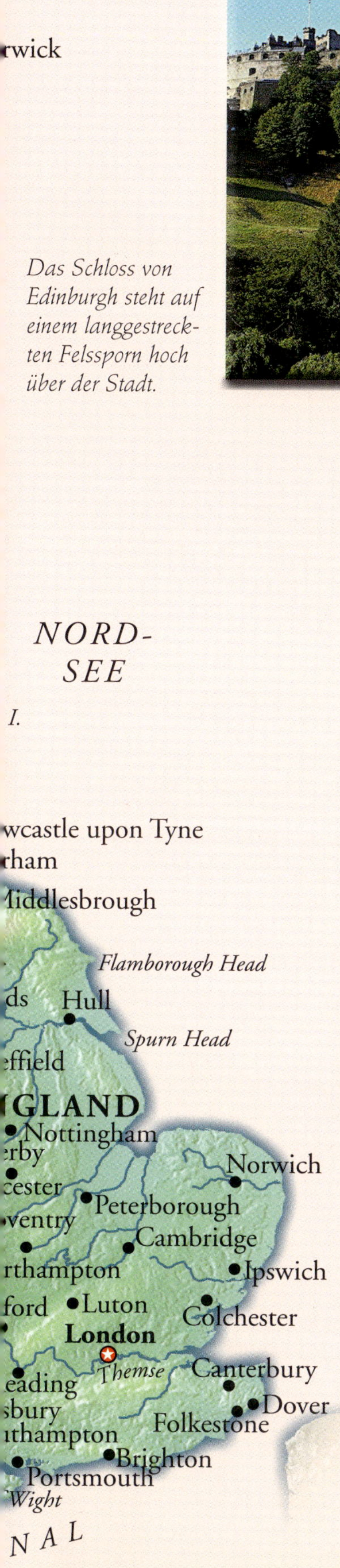

Das Schloss von Edinburgh steht auf einem langgestreckten Felssporn hoch über der Stadt.

Wo auf der Welt?

13.00 Uhr	12.00 Uhr	12.00 Uhr
Berlin	GMT	London

Von Berlin nach London
931 km
1 Std. 6 Min.

London liegt auf
51° 30' nördlicher Breite
00° 07' westlicher Länge

Leben in Zahlen

Wie hoch ist die Lebenserwartung?		Anzahl der Autos je 100 Menschen
Deutschland	77 Jahre	50
Großbritannien	77 Jahre	42
Irland	76 Jahre	29

Der prähistorische Steinkreis von Stonehenge wurde von 3.100 bis 1.100 v.Chr. genutzt und steht im sanften Hügelland der Salisbury Plains in Südengland.

Großbritannien   Irland

Suche und finde

Länder in Zahlen

	Fläche (km²)	Einwohner	Sprache	Religion	Währung
Großbritannien	244.820	59.113.439	Englisch	Anglikaner	Pfund
Republik Irland	70.280	3.632.944	Englisch	Katholiken	Euro

Die Benelux-Länder

NIEDERLANDE, BELGIEN, LUXEMBURG

GÄBE es nicht die zahlreichen Deiche, würde die Nordsee große Teile der Niederlande überfluten, denn das Land liegt tiefer als der Meeresspiegel. Kanäle und Flüsse durchschneiden das Ackerland. Auf den Wiesen grasen schwarzweiße Holsteiner-Kühe, aus deren Milch der holländische Käse hergestellt wird. Im Frühling erblühen weite Tulpenfelder. In vielen Städten haben sich die Häuser wohlhabender Kaufleute aus dem 17. Jh. erhalten. Die Niederlande sind noch immer eine wichtige Handelsmacht, und Rotterdam ist der verkehrsreichste Hafen der Welt. Die Hauptstadt der Niederlande ist Amsterdam, obwohl das Parlament in Den Haag tagt.

Auch Belgien ist ein Land mit einer reichen Geschichte. Es ist berühmt für seine Industrie- und Handelsmacht, aber auch wegen der handgemachten Pralinen und der Belgischen Spitze. In Südbelgien erheben sich die Ardennen, die sich in die Wälder und Felder des kleinen Luxemburg fortsetzen.

Die Stadt Luxemburg ist ein internationales Finanzzentrum. Hier wie auch in der belgischen Hauptstadt Brüssel haben viele Institutionen der Europäischen Union (EU) ihren Sitz. Obwohl Luxemburg ein kleines Land ist, haben die Bewohner eine eigene Sprache, das Lëtzebuergesch. Daneben sprechen die Menschen Französisch oder Deutsch.

Noch immer finden sich in den Niederlanden zahlreiche Exemplare der wunderschönen alten Windmühlen. Sie trieben einst die Pumpen an, die die Felder entwässerten. Einige von ihnen sind noch funktionstüchtig.

Diese belgische Frau in traditioneller Tracht arbeitet an einer Klöppelspitze, die über ein Kissen gespannt ist. In Brügge wird solche feine Spitze schon seit dem Mittelalter hergestellt.

WISSENSWERTES

- *Mehr als 40% der niederländischen Landesfläche wurden von Menschenhand erschaffen. Fast immer handelt es sich um Polder, vom Meer abgetrenntes und entwässertes Land.*
- *Die belgische Stadt Spa ist wegen ihrer heilenden Mineralquellen bekannt, die vor mehr als 600 Jahren entdeckt wurden. Auf Englisch heißen alle Badeorte nach diesem Vorbild „Spa".*

Amsterdam wurde auf Marschland erbaut, das unter dem Meeresspiegel liegt. Die mehr als 100 Kanäle, die die Stadt durchziehen, helfen dabei, das Land zu entwässern. Der Name der Stadt bedeutet „Deich an der Amstel" und erinnert an einen Deich, der hier im 13. Jh. errichtet wurde.

Länder in Zahlen

	Fläche (km^2)	Einwohner	Sprache	Religion	Währung
Niederlande	41.525	15.807.641	Holländisch	Katholiken/Protestanten	Euro
Belgien	30.510	10.182.034	Flämisch/Franz.	Katholiken	Euro
Luxemburg	2.587	429.080	Franz./Deutsch	Katholiken	Euro

Niederlande

Belgien

Luxemburg

Wo auf der Welt?

Von Berlin nach Amsterdam
584 km
42 Min.

Amsterdam liegt auf
52° 21' nördlicher Breite
04° 52' östlicher Länge

Leben in Zahlen

	Wie hoch ist die Lebenserwartung?	Anzahl der Autos je 100 Menschen
Deutschland	77 Jahre	50
Niederlande	78 Jahre	36
Belgien	77 Jahre	42
Luxemburg	78 Jahre	54

Suche und finde

A

Frankreich mit Nachbarn

FRANKREICH, ANDORRA, MONACO

Die westlichen Ausläufer der Alpen, dem höchsten Gebirge Europas, reichen bis nach Südost-Frankreich hinein.

B

PARIS, die Hauptstadt Frankreichs, wurde am Ufer und auf den Inseln der Seine erbaut. Der Verkehr strömt über von Bäumen gesäumte Boulevards bis zum Triumphbogen, einem bedeutenden Wahrzeichen des Landes.

In Paris steht der Eiffelturm, eine frühe Stahlkonstruktion, das weltberühmte Kunstmuseum Louvre, die Kunstsammlungen des Centre Beaubourg und die mittelalterliche Kathedrale Notre Dame.

C

In Paris gibt es Stadtviertel wie den Montmartre mit Künstlern, modischen Spaziergängern und vielen kleinen Restaurants, in denen die berühmte französische Küche, die *Haute cuisine,* serviert wird.

Frankreich bildet das Herz Westeuropas. Seine kühle Nordküste grenzt an den Ärmelkanal. Im Westen donnern die Brecher des Atlantiks an die Strände, während die Südküste am ruhigeren Mittelmeer liegt.

D

Im Osten begrenzen Gebirge das Land, von den Vogesen und dem Jura bis zu den von Schnee bedeckten Gipfeln und den Gletschern der Alpen. Die Rhône fließt durch ein weites Tal von Norden nach Süden.

Französisch ist die Amtssprache des Landes, doch einzelne Volksgruppen pflegen auch ihre eigenen Sprachen: Bretonisch, Baskisch und Provenzalisch.

E

An den Grenzen Frankreichs liegen zwei winzige Staaten. Monaco an der Mittelmeerküste ist berühmt für seine Spielbank und das Formel-1-Rennen. Der Gebirgsstaat Andorra an der Grenze zu Spanien liegt hoch oben in den Pyrenäen und zieht tausende von Wanderern und Skiläufern an.

F

WISSENSWERTES

- *Die Mittelmeerinsel Korsika gehört zu Frankreich. Hier wurde der französische General und spätere Kaiser Napoleon Bonaparte geboren.*
- *Die Tour de France ist das härteste Radrennen der Welt. Die Fahrer quälen sich auf einer Gesamtstrecke von 5.700 km über die Berge und Ebenen des Landes.*

G

Länder in Zahlen

	Fläche (km^2)	Einwohner	Sprache	Religion	Währung
Frankreich	547.029	58.978.172	Französisch	Katholiken	Euro
Andorra	469	65.939	Katalanisch	Katholiken	Euro
Monaco	1,95	32.149	Französisch	Katholiken	Euro

1 2 3 4 5

100 Meilen

150 km

Leben in Zahlen

Wie hoch ist die Lebenserwartung?		Anzahl der Autos je 100 Menschen
Deutschland	77 Jahre	50
Frankreich	78 Jahre	43
Andorra	76 Jahre	56
Monaco	79 Jahre	53

Wo auf der Welt?

Von Berlin nach Paris
878 km
1 Std. 03 Min.

Paris liegt auf
48° 52′ nördlicher Breite
02° 20′ östlicher Länge

Die höchsten Berge

Das sonnenverwöhnte Monaco ist Residenz der einflussreichen Fürstenfamlie Grimaldi. Die Spielbank in Monte Carlo zieht viele Gäste an.

Suche und finde

A B C D E F G

Die Iberische Halbinsel

SPANIEN, PORTUGAL

DER Südwesten Europas wird von der großen Iberischen Halbinsel eingenommen, die im Norden und Westen an den Atlantik grenzt. Der Felsen von Gibraltar, wo sich Europa und Afrika bis auf 13 km nahe kommen, bewacht den westlichen Eingang ins Mittelmeer. Der Nordosten Spaniens ist grün und feucht, doch Andalusien im Süden ist im Sommer außergewöhnlich heiß. Kakteen, Olivenhaine und Orangenbäume sowie weiße Dörfer prägen das Landschaftsbild. Zentralspanien, die so genannte Meseta, ist trocken und staubig. Spanien wird vom Kantabrischen Gebirge, den Pyrenäen und der Sierra Nevada überragt.

Spanien ist ein Land mit kulturell unterschiedlichen Regionen. Basken, Katalanen und die Galizier halten an ihren eigenen Sprachen und Traditionen fest. Das Land ist berühmt für seinen feurigen Flamenco, für den Stierkampf und für farbenprächtige Prozessionen, bei denen Heiligenstatuen durch das Dorf getragen werden.

Viele portugiesische Dörfer mit ihren weißen Gebäuden und roten Ziegeldächern liegen direkt am Atlantik. Ein Drittel der Bevölkerung lebt in den Städten, wie Lissabon, Coimbra und Porto, die meisten Menschen leben jedoch auf dem Land. Portugal ist ein bergiges Land mit Korkeichenwäldern und Weinbergen, die zu den tief eingeschnittenen Buchten und Flussmündungen abfallen. Die Flüsse liefern Wasser für die Landwirtschaft und elektrischen Strom.

Die Torre de Belém bewacht den Eingang in den Hafen von Lissabon. Als sie 1520 erbaut wurde, eroberten die Portugiesen den südamerikanischen Kontinent. Noch heute sprechen mehr als 165 Millionen Brasilianer Portugiesisch.

WISSENSWERTES

- *Während des jährlichen Festivals von San Fermin in Pamplona werden jeden Morgen Stiere durch die Straßen der Stadt getrieben. Sie jagen hinter fliehenden Menschen her, die als Mutprobe versuchen, den scharfen Hörnern zu entkommen.*

Der Fels von Gibraltar überragt den schmalen Zugang zum Mittelmeer. Die Insel ist durch eine tief liegende Sandbank mit dem Festland verbunden.

Leben in Zahlen

Wie hoch ist die Lebenserwartung?		Anzahl der Autos je 100 Menschen
Deutschland	77 Jahre	50
Spanien	78 Jahre	37
Portugal	76 Jahre	27

Junge Frauen aus Andalusien in weit schwingenden Röcken lernen Flamenco tanzen. Anlass ist die Feria, ein prächtiges Fest, das jedes Jahr im April in Sevilla stattfindet.

Wo auf der Welt?

Von Berlin nach Madrid
1.871 km
2 Std. 12 Min.

Madrid liegt auf
40° 26' nördlicher Breite
03° 42' östlicher Länge

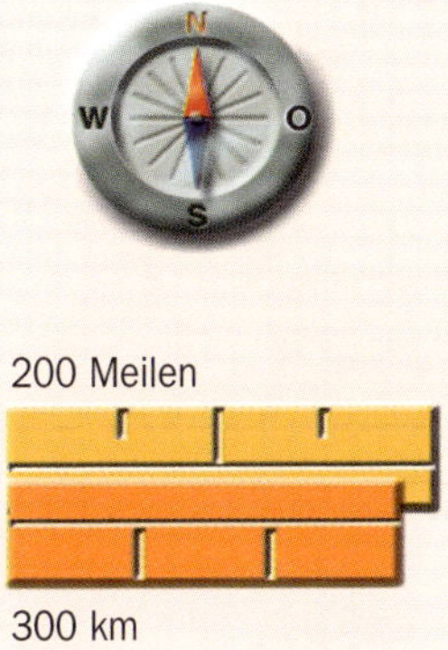

Auf der roten Erde bei Córdoba in Südspanien wachsen Olivenbäume. Die Region ist gekennzeichnet durch heiße, trockene Sommer und milde Winter.

Spanien Portugal

Länder in Zahlen

	Fläche (km²)	Einwohner	Sprache	Religion	Währung
Spanien	505.993	39.167.744	Spanisch	Katholiken	Euro
Portugal	92.390	9.918.040	Portugiesisch	Katholiken	Euro

Suche und finde

A B C D E F G

Deutschland

Die kleinen Orte in den Alpen, am Fuße der schneebedeckten Berge sind Ausgangspunkte für Wanderungen zu den Seen und Almen.

ÜBER der deutschen Hauptstadt Berlin ragen Kräne in den Himmel. Viele spektakuläre Hochhäuser aus Glas und Beton sind die sichtbaren Zeichen einer schnell fortschreitenden Stadtentwicklung. Sie verleiht der ehemals in Ost- und Westberlin geteilten Stadt ein neues Gesicht. Möglich wurde dies nach der Wiedervereinigung des Landes im Jahr 1990. Durch eine „friedliche Revolution" hatten damals die Bürger der Deutschen Demokratischen Republik das Ende der sozialistischen Herrschaft und den Beitritt ihres Landes zur Bundesrepublik Deutschland erreicht. Zu den elf „alten" Bundesländern kamen fünf „neue" hinzu. Ihre wirtschaftliche und soziale Eingliederung ist heute eine wichtige politische Aufgabe. In Deutschland leben Sinti, Roma und Einwanderer aus Italien, den Balkanstaaten, der Türkei sowie aus Osteuropa. Die Bundesrepublik Deutschland grenzt an die Nord- und Ostsee. Im Westen schneidet sich der Rhein tief in die Gebirge ein. An seinen Talhängen wächst Wein. Die Mitte Deutschlands ist relativ gebirgig, doch die höchsten Berge finden sich in den Bayerischen Alpen im Süden. Im Osten Deutschlands erstreckt sich eine weite Ebene bis nach Russland hinein. Die Region hat kalte, schneereiche Winter aber warme Sommer.
In Deutschland gibt es viele Großstädte. In den zahlreichen Fabriken werden vor allem chemische Produkte, Elektrogeräte und Autos produziert.

WISSENSWERTES

- *Deutschland ist ein Land, in dem Literatur groß geschrieben wird. Die Klassiker Johann Wolfgang von Goethe und Friedrich Schiller, aber auch Thomas Mann und Hermann Hesse werden in vielen Ländern geschätzt. Die Frankfurter Buchmesse ist das größte Forum für Literatur weltweit.*
- *Der Kirchturm des Ulmer Münsters ist mit 161 m Höhe der höchste der Welt.*

Schloss Neuschwanstein mit seinen hohen Türmen aus Granit wurde 1869 für den bayerischen König Ludwig II. erbaut.

A B C D E F G
1 2 3 4 5

Leben in Zahlen

Wie hoch ist die Lebenserwartung?		Anzahl der Autos je 100 Menschen
Deutschland	77 Jahre	50
USA	76 Jahre	48

Wo auf der Welt?

Von Berlin nach Washington
6.723 km
8 Std.

Berlin liegt auf
52° 31′ nördlicher Breite
13° 25′ östlicher Länge

Die romantische mittelalterliche Stadt Rothenburg ob der Tauber war früher für ihre Textilindustrie berühmt. Rothenburg liegt südlich von Würzburg und wird von Touristen aus aller Welt besucht.

Deutschland

Die Pfalz im Rhein bei Kaub wurde 1326 als Zollstelle mitten in den Fluss gebaut. Der Rhein ist noch immer eine wichtige Wasserstraße.

Suche und finde

Länder in Zahlen

	Fläche (km²)	Einwohner	Sprache	Religion	Währung
Deutschland	356.910	82.087.361	Deutsch	Protestanten/Katholiken	Euro

Die Alpenländer

Österreich, Schweiz, Liechtenstein

Ein Sommer in den Alpen bedeutet sonnige, üppig mit Wildblumen bewachsene Wiesen, dunkle Wälder und Seen. Der Klang von Kuhglocken und das Rauschen von Wasserfällen liegen in der Luft, schneebedeckte Berggipfel überragen die Täler. Im Winter sieht die Landschaft völlig anders aus: Alles ist tief verschneit und die Hänge ziehen Skifahrer und Snowboarder an.

In den europäischen Alpen liegen berühmte Städte. Genf in der Schweiz ist der Sitz des Internationalen Komitees vom Roten Kreuz (ICRC), der Weltgesundheitsbehörde (WHO), der Welthandelsorganisation (WTO); Zürich ist ein Zentrum des Bankenwesens. Im österreichischen Salzburg erinnern Festspiele an den Komponisten Wolfgang Amadeus Mozart. Wien, die prächtige Hauptstadt Österreichs, liegt an der Donau. Sie ist berühmt für ihre Cafés, Theater, Museen, Parks und Gärten.

Bei der Schweiz denkt man an Käse, die hier hergestellten Präzisionsinstrumente und Uhren. Österreich produziert Holz, Papier, Stahl und Glas. Der winzige Staat Liechtenstein wird von diesen beiden Ländern eingerahmt. Er lebt in erster Linie von den Touristen, während seine niedrigen Steuern viele Kapitalgesellschaften anlocken.

In den Alpen treffen Nord- und Südeuropa aufeinander, daher leben in dieser Region Menschen mit unterschiedlicher Geschichte und Sprache.

In Salzburg wurde der große Komponist Wolfgang Amadeus Mozart (1756–94) geboren. Die Altstadt liegt am Ufer der Salzach und wird von der Feste Hohensalzburg überragt.

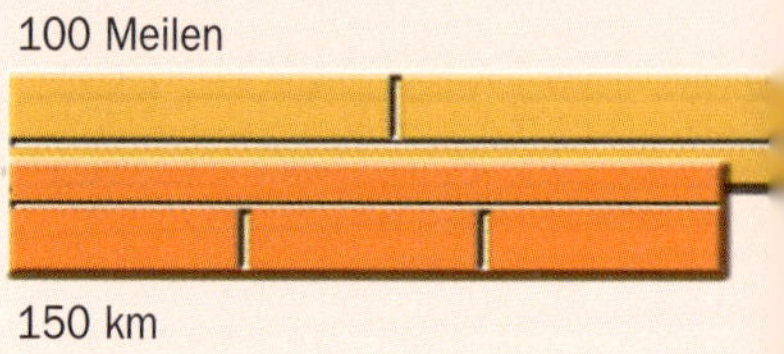

Wissenswertes

• Der österreichische Komponist Johann Strauß der Jüngere (1825–99) schrieb über 400 Walzer, die zu seiner Zeit wie Unterhaltungsmusik empfunden wurden. Besonders berühmt ist der Walzer „An der schönen blauen Donau“.

Das Matterhorn markiert die Schweizer Grenze zu Italien. Beim Versuch, den 4.478 m hohen Gipfel zu ersteigen, fanden viele Bergsteiger den Tod.

Die höchsten Berge

Ist der Schnee erst einmal geschmolzen, wachsen hohe Gräser und Wildblumen an den sonnigen Hängen der Schweizer Alpen.

Leben in Zahlen

Wie hoch ist die Lebenserwartung?		Anzahl der Autos je 100 Menschen
Deutschland	77 Jahre	50
Österreich	77 Jahre	45
Schweiz	80 Jahre	45
Liechtenstein	78 Jahre	k.A.

Wo auf der Welt?

13.00 Uhr Berlin — 12.00 Uhr GMT — 13.00 Uhr Bern

Von Berlin nach Bern
755 km
54 Min.

Bern liegt auf
46° 55' nördlicher Breite
07° 25' östlicher Länge

Osterreich

Schweiz

Liechtenstein

Länder in Zahlen

	Fläche (km²)	Einwohner	Sprache	Religion	Währung
Österreich	83.849	8.139.299	Deutsch	Katholiken	Euro
Schweiz	41.290	7.275.467	Deutsch/Franz./Ital.	Katholiken/Protest.	Schweizer Franken
Liechtenstein	161	32.057	Deutsch	Katholiken	Schweizer Franken

Suche und finde

Die Ziffern hinter den Kantonshauptstädten verweisen auf deren Position in der Karte.

A B C D E F G

Italien und seine Nachbarn

ITALIEN, MALTA, SAN MARINO, VATIKANSTADT

VON den Alpenpässen und Tunneln führen die Straßen hinab in die weite Poebene, wo sie durch ein Mosaik von Feldern führen. Zu den norditalienischen Städten gehören z.B. das reiche, industrielle Mailand und das wunderschöne Venedig, das auf Inseln und in die Lagunen der Adria gebaut wurde.

Der Appennin zieht sich von Norden nach Süden. Auf den Bergen liegen kleine Städte, die teilweise auf das Mittelalter zurückgehen, an den unteren Hängen wird Wein kultiviert. Rom, die Hauptstadt Italiens, erstreckt sich entlang des Tiber. Viele Monumente erinnern an das Römische Reich, das einst von Ägypten bis zu den Britischen Inseln reichte. Südlich von Rom liegt Neapel inmitten einer fruchtbaren Landschaft. Süditalien ist ärmer als der Norden, dort sind die Sommer trocken und heiß.

Innerhalb von Rom liegt die Vatikanstadt, die international als unabhängiger Staat anerkannt wird. Hier befindet sich der Wohnsitz des Papstes und das Zentrum der Katholischen Kirche. Auch die kleine Republik San Marino ist gänzlich von Italien umschlossen. Sie liegt in Nordostitalien an den Hängen des Apennin.

Südlich der Vulkaninsel Sizilien liegt Malta, ein unabhängiger Inselstaat, der vom Tourismus und der Textilindustrie lebt.

Valetta ist zugleich Hauptstadt und größter Hafen von Malta. Die steinernen Befestigungsanlagen stammen aus dem Krieg der Christen gegen die Türken im 16. Jh.

WISSENSWERTES

- *Italien produziert mehr Wein als jedes andere Land auf der Welt.*
- *San Marino gehört zu den kleinsten Staaten der Welt. Es rühmt sich, der älteste Staat in Europa zu sein.*

Länder in Zahlen

	Fläche (km^2)	Einwohner	Sprache	Religion	Währung
Italien	301.230	56.735.130	Italienisch	Katholiken	Euro
Malta	321	381.603	Maltesisch/Englisch	Katholiken	Lira
San Marino	60	25.061	Italienisch	Katholiken	Euro
Vatikanstadt	0,44	860	Italienisch/Latein	Katholiken	Euro

Das Kolosseum in Rom wurde im Jahre 80 n.Chr. erbaut. Es ist ein Amphitheater, in dem die Besucher den Gladiatoren zusahen. Sie mussten auf Leben und Tod gegeneinander oder gegen wilde Tiere kämpfen.

Wo auf der Welt?

Von Berlin nach Rom
1.181 km
1 Std. 24 Min.

Rom liegt auf
41° 52' nördlicher Breite
12° 37' östlicher Länge

Italien

Malta

San Marino

Vatikanstadt

Leben in Zahlen

	Wie hoch ist die Lebenserwartung?	Anzahl der Autos je 100 Menschen
Deutschland	77 Jahre	50
Italien	79 Jahre	54
Malta	78 Jahre	32
San Marino	81 Jahre	98
Vatikanstadt	keine Angaben	

Suche und finde

Nördliches Mitteleuropa

Polen, Tschechische Republik, Slowakei

In Prag, der Hauptstadt der Tschechischen Republik, reiht sich Brücke an Brücke über die Moldau.

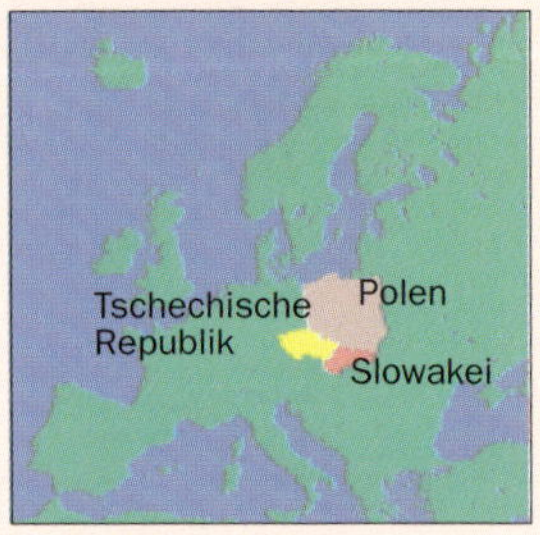

Südlich der Ostsee erstrecken sich Mittel- und Osteuropa zunächst als weite Ebene. Sie wird nur von mächtigen Flüssen wie Oder und Weichsel, von Seen und immergrünen Wäldern gegliedert, die sich im Winter unter der Last des Schnees beugen. Auf den Feldern ernten die Bauern Zuckerrüben oder Kartoffeln. Warschau, die Hauptstadt Polens, liegt im Landesinneren.

Krakau ist eine Stadt mit prachtvollen Gebäuden, die teilweise aus dem 14. Jh. stammen. Südlich davon beginnt die Landschaft anzusteigen. Hier leben Bauern mit ihren Familien in großen, schindelgedeckten Häusern, die von Wiesen umgeben sind. Im Sommer wird das Heu eingebracht. Noch weiter im Süden, an der polnischen Grenze zur Slowakei, erhebt sich das Mittelgebirge der Beskiden. In dieser Gegend kann man bei Hochzeiten noch die traditionellen Trachten sehen: Beim Tanz zur Geige tragen die Männer Westen und runde Pelzhüte, die Frauen bestickte Mieder und schwingende Röcke.

Die Tschechische Republik wird im Norden vom Erzgebirge und den Sudeten eingerahmt, im Westen vom Böhmerwald. Das Schwemmland um Elbe und Moldau ist sehr fruchtbar, und in den Industriegebieten wird Stahl und Glas produziert. Hauptstadt ist das geschichtsträchtige Prag. In der Slowakei zwischen Tatra und Donau werden Landwirtschaft und Bergbau betrieben.

Polen, Tschechen und Slowaken sind slawische Völker; in den drei Ländern gibt es außerdem viele Sinti und Roma.

> **WISSENSWERTES**
>
> - *Jeden Tag bläst ein Trompeter sein Klagelied vom Turm der Marienkirche in Krakau. Dieser alte Brauch reicht über 700 Jahre zurück. Damals wurde ein Turmwächter durch den Pfeil eines angreifenden Tartaren getötet.*

Hoch beladen mit Heu zieht dieses Pferdegespann vom Feld nach Hause. In Polen arbeiten noch 22% der Menschen in der Landwirtschaft.

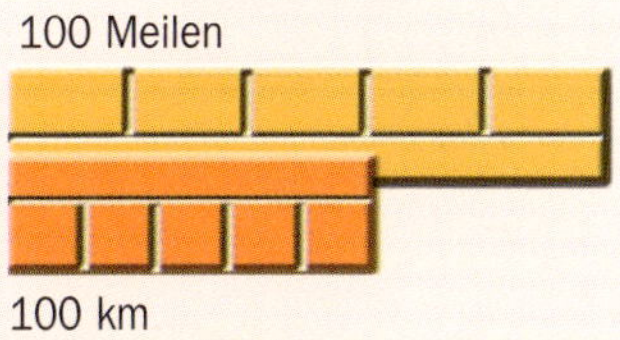

Die höchsten Berge

Wo auf der Welt?

Von Berlin nach Warschau
7.179 km
8 Std. 35 Min.

Warschau liegt auf
52° 15' nördlicher Breite
21° 00' östlicher Länge

Hoch über Preßburg, der Hauptstadt der Slowakei, wacht ein Schloss. Es geht auf eine mittelalterliche Burg zurück, wurde aber mehrfach umgebaut, zuletzt im 18. Jahrhundert.

Leben in Zahlen

	Wie hoch ist die Lebenserwartung?	Anzahl der Autos je 100 Menschen
Deutschland	77 Jahre	50
Polen	73 Jahre	19
Tschechische Republik	74 Jahre	43
Slowakei	73 Jahre	18

Polen

Tschechische Republik

Slowakei

Auf diesem Platz in Warschau stellen sich häufig Straßenkünstler und Pferdekutschen ein.

Suche und finde

Länder in Zahlen

	Fläche km²	Einwohnerzahl	Sprache	Religion	Währung
Polen	312.683	38.608.929	Polnisch	Katholiken	Zloty
Tschechische Republik	78.702	10.280.513	Tschechisch	Katholiken	Tsch. Krone
Slowakei	48.845	5.396.193	Slowakisch	Katholiken	Slow. Krone

A B C D E F G

Die untere Donau

RUMÄNIEN, BULGARIEN, UNGARN

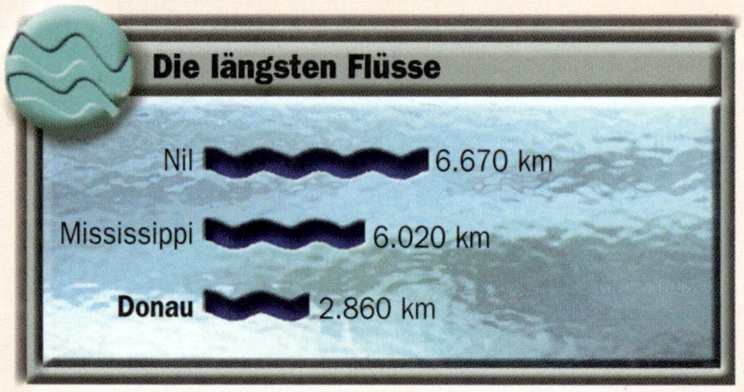

DIE breite, schnell fließende Donau zieht sich wie ein silbernes Band durch Europa. Sie durchquert Ungarn, macht eine Schleife durch Jugoslawien und fließt entlang der Grenzen von Rumänien und Bulgarien. Mit einem Delta mündet sie ins Schwarze Meer.

Die ungarische Hauptstadt Budapest ist eine großartige Stadt am Ufer der Donau. Westlich davon erstrecken sich Berge, Wälder und der Balaton (Plattensee). Im Osten dehnen sich fruchtbare Ebenen mit mildem Klima aus, in denen Wein und Obstbäume gedeihen, aber auch Weizen, Mais, Kartoffeln und Zuckerrüben.

Die beiden bewaldeten Gebirgszüge in Rumänien, die Ost- und Südkarpaten, bilden beinahe einen rechten Winkel zueinander. Zwischen ihnen liegt ein Hochplateau. Nach Osten und Süden fallen die Berge steil zu einer Ebene ab. Hier liegt auch Bukarest, die Hauptstadt des Landes. Südlich an Rumänien schließt sich Bulgarien an, das schon zur Balkanhalbinsel gehört. Das Land wird von dem Balkangebirge in eine nördliche und zentrale Ebene unterteilt, im Südwesten folgen die Rhodopen. Im Westen liegt die Hauptstadt Sofia. Der Anbau von Rosen für die Herstellung von Parfum gehört zu den bekanntesten Erwerbszweigen.

In diesem Teil Europas leben die ungarischen Magyaren, Türken, bulgarische Slawen, Rumänen und viele Roma. Die rumänische Sprache geht teilweise auf Latein zurück, das hier in der Römerzeit vor 1.800 Jahren gesprochen wurde.

Die verwitterten, zerklüfteten Felsspitzen von Belogradschik am Ufer der Donau im nordwestlichen Bulgarien steigen auf eine Höhe von 100 m an.

WISSENSWERTES

• In Ungarn gibt es mehrere Badeorte, wo die Menschen in heißen Mineralquellen Heilung suchen. Einige der Quellen, wie die bei Miskolc im Norden des Landes, entspringen in Höhlen.

Das ungarische Parlamentsgebäude liegt in Budapest am Ufer der Donau. Es beherbergt auch eine öffentliche Bibliothek und mehrere Kunstsammlungen.

Ein Bauer in Transsilvanien pflügt sein Feld. Diese Landschaft in Rumänien besteht aus bewaldeten Bergen und fruchtbaren Tälern. Unter anderem werden Getreide und Wein angebaut.

A

Wo auf der Welt?

Von Berlin nach Bukarest
1.297 km
1 Std. 33 Min.

Bukarest liegt auf
44° 23′ nördlicher Breite
26° 10′ östlicher Länge

B

Leben in Zahlen

Wie hoch ist die Lebenserwartung?		Anzahl der Autos je 100 Menschen
Deutschland	77 Jahre	50
Rumänien	71 Jahre	11
Bulgarien	72 Jahre	20
Ungarn	71 Jahre	22

C

D

Suche und finde

E

Rumänien

Bulgarien

Ungarn

F

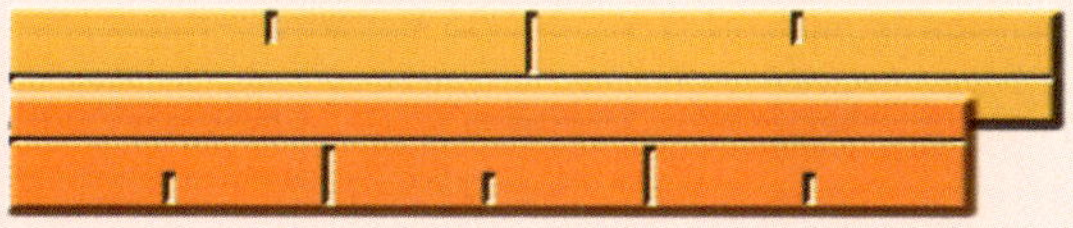

Länder in Zahlen

	Fläche (km²)	Einwohner	Sprache	Religion	Währung
Rumänien	237.423	22.334.312	Rumänisch	Rumänisch-orthodoxe	Leu
Bulgarien	110.909	8.194.772	Bulgarisch	Bulgarisch-orthodoxe	Lew
Ungarn	93.030	10.186.372	Ungarisch	Katholiken	Forint

G

Nördlicher Balkan

KROATIEN, BOSNIEN-HERZEGOWINA, SLOWENIEN

Reißende Gebirgsbäche und Flüsse sind typisch für die Gebirge Bosniens. Viele davon fließen durch hübsche alte Dörfer.

DIE nördliche Balkanhalbinsel wird durch bewaldete Berge, Kalksteinschluchten und Höhlen mit Stalaktiten und Stalagmiten (siehe Seite 27) geprägt. Im Westen fällt das Gebirge steil zum Adriatischen Meer ab. Vor der Küste liegt ein Labyrinth aus Inseln.

Die Region ist reich an Bodenschätzen, darunter Eisen und Kohle. Man findet Weinberge und Sonnenblumenfelder. Die sonnigen Küsten von Dalmatien und die Inseln locken Touristen aus Nordeuropa an. Einige wichtige Fernstraßen nach Griechenland führen durch diese Länder.

Slowenien grenzt an die hohen Pässe der österreichischen und italienischen Alpen. Kroatien ist etwa U-förmig und schließt die Pannonische Tiefebene im Norden und die Dinara ein, das Gebirge entlang der dalmatinischen Küste. Bosnien ist im Osten gebirgig, Herzegowina eher ein Land der Hügel und Ebenen. Beide sind zu einem Staat verbunden.

In der Region leben unterschiedliche religiöse und ethnische Bevölkerungsgruppen. Die Bewohner von Kroatien sind vorwiegend römisch-katholisch, auch in Slowenien gehören 90% der Bevölkerung der römisch-katholischen Kirche an. In Bosnien ist die Mehrheit der Bevölkerung muslimisch, doch die orthodoxen Serben bilden ebenfalls einen hohen Bevölkerungsanteil.

Die drei Staaten des nördlichen Balkans gehörten bis 1991 zu Jugoslawien, das damals bedeutend größer war als der heute existierende gleichnamige Staat. Die Unabhängigkeitserklärungen Kroatiens und Sloweniens lösten Kriege auf dem Balkan aus, die erst durch eine politische Neuordnung 1995 beendet werden konnten.

WISSENSWERTES

- *Slowenien ist für seine wunderschönen Seen und seine Skigebiete berühmt. Es ist aber auch ein wichtiges Industrieland, das an einer Hauptverbindung zwischen Westeuropa und dem Balkan liegt.*

Zagreb ist eine Industriestadt an der Save. Sie ist seit 1991 Hauptstadt des unabhängigen Kroatiens.

Die Seilbahn führt zu einem hohen Gipfel. Slowenien hat noch Anteil an den westeuropäischen Alpen.

Wo auf der Welt?

13.00 Uhr Berlin	12.00 Uhr GMT	13.00 Uhr Zagreb

Von Berlin nach Zagreb
772 km
54 Min.

Zagreb liegt auf
45° 48' nördlicher Breite
15° 58' östlicher Länge

Leben in Zahlen

	Wie hoch ist die Lebenserwartung?	Anzahl der Autos je 100 Menschen
Deutschland	77 Jahre	50
Kroatien	74 Jahre	15
Bosnien-Herzegowina	63 Jahre	k.A.
Slowenien	75 Jahre	33

Suche und finde

Kroatien
Hauptstadt:
Zagreb C6
Bjelovar C6
Dubrovnik F8
Gospić D5
Karlovac C5
Osijek C8
Pula D4
Rijeka C5
Sibenik E6
Sisak C6
Slavonski Brod .D7
Split E6
Varaždin B6
Zadar E5

Bosnien-Herzegowina
Hauptstadt:
Sarajevo E8
Banja Luka D7
Bihac D6
Bijeljina D8
Brčko D8
Foča E8
Livno E7
Mostar F7
Neum F7
Prijedor D6
Srebrenica E9
Tuzla D8
Zenica E7

Slowenien
Hauptstadt:
Laibach C5
Cilli B5
Koper C4
Kranj B4
Maribor B6
Novo Mesto . . .C5

Kroatien

Bosnien-Herzegowina

Slowenien

Länder in Zahlen

	Fläche (km^2)	Einwohner	Sprache	Religion	Währung
Kroatien	56.537	4.676.865	Kroatisch	Katholiken	Kuna
Bosnien-Herzegowina	51.233	3.370.000	Serbisch/Kroatisch	Sunniten (musl.)/Serbisch-orthodoxe/Katholiken	Konvertible Mark
Slowenien	20.256	1.970.570	Slowenisch	Katholiken	Tolar

A B C D E F G

Mittlerer Balkan

SERBIEN UND MONTENEGRO, ALBANIEN, MAZEDONIEN

DIESE kleinen Staaten liegen zwischen dem westlichen Teil des Balkans, Bulgarien und Griechenland. Den Norden nimmt die Republik Serbien und Montenegro ein. Verstreut im Land leben Menschen von unterschiedlicher ethnischer Herkunft und Glauben. Die Muslime machen 19 % der Gesamtbevölkerung aus.

Albanien war lange Zeit ein sehr armes Land. Nachdem nun Bodenschätze wie Eisen, Erdgas und Öl erschlossen wurden, nimmt der Wohlstand des Landes zu.

Der Balkan hat im Laufe des Jahrhunderts ständige Veränderungen und viele Kriege gesehen. Zuletzt erlebte er in den Jahren 1991–1995 durch bewaffnete Auseinandersetzungen eine umfassende politische Neuordnung.

Die Winter sind in den Bergen schneereich, die Sommer heiß. Auf den Feldern wird Mais und Getreide angebaut. Die Ackergeräte und Wagen werden teilweise noch von Pferden gezogen.

Man findet Dörfer mit Ziegeldächern und alten Steinbrücken. Da Christen und Muslime hier leben, gibt es sowohl Moscheen mit Minaretten als auch christliche Kirchen mit Kuppeldächern. Große Städte wie Belgrad, Skopje oder Tirana wurden durch Erdbeben teilweise zerstört, denn hier treffen zwei Platten der Erdkruste aufeinander: die Türkisch-Ägäische und die Eurasische Platte.

WISSENSWERTES

- *Albanien liegt im Durchschnitt doppelt so hoch wie die übrigen europäischen Länder, da 70% des Landes von Bergen bedeckt sind.*
- *Der wunderbare, 286 m tiefe Ohridsee liegt auf der Grenze zwischen Albanien und Mazedonien. Er ist für sein klares Wasser berühmt, in das man 20 m tief hineinschauen kann.*

Ein Mosaik aus Feldern dehnt sich unterhalb der gefalteten, nackten Felsen aus. Da große Teile Albaniens gebirgig sind, lässt sich vielerorts kaum Ackerbau betreiben.

Viele der mazedonischen Dörfer liegen im Flusstal des Vardar; hier werden Milchkühe gehalten und Ackerbau betrieben.

Das Minarett einer Moschee gehört ebenso zur Skyline von Belgrad wie Hochhäuser und Fabriken.

Die Sonnenblumen öffnen sich zur Sonne. Sie werden in vielen Teilen des Balkans angebaut. Das Öl ihrer zahlreichen Samen wird zu Speiseöl oder Margarine verarbeitet.

100 Meilen

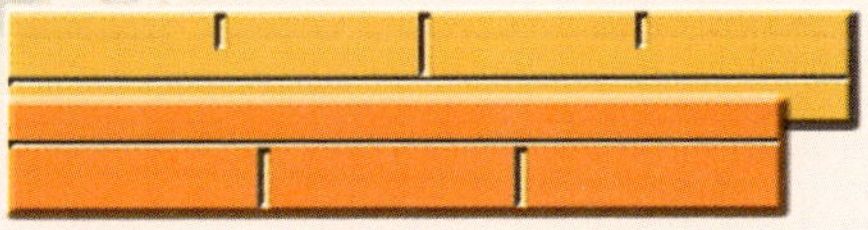

150 km

Wo auf der Welt?

13.00 Uhr Berlin | 12.00 Uhr GMT | 13.00 Uhr Belgrad

Von Berlin nach Belgrad
1.000 km
1 Std. 12 Min.

Belgrad liegt auf
44° 48' nördlicher Breite
20° 32' östlicher Länge

Leben in Zahlen

Wie hoch ist die Lebenserwartung?		Anzahl der Autos je 100 Menschen
Deutschland	77 Jahre	50
Serbien u. Montenegro	75 Jahre	9
Albanien	69 Jahre	k.A.
Mazedonien	73 Jahre	13

Suche und finde

Serbien und Montenegro
Hauptstadt:
Belgrad B5
Bar E4
Čačak C5
Cetinje E4
Dakovica E5
Ivangrad D5
Kosovska Mitrovica D5
Kragujevac C5
Kruševac C6
Leskovac D6
Negotin C6
Nikšic D4
Nis D6
Novi Pazar D5
Novi Sad B5
Pancevo B5
Peć D5
Podgorica D4
Priština D6
Prizren E5
Sabac B5
Smederevo B5
Smederevska Palanka C5
Subotica A5
Užice C5
Valjevo C5
Vranje D6
Zajecar C6
Zrenjanin B5

Albanien
Hauptstadt:
Tirana E5
Durrës F4
Elbasan F5
Korçë F5
Shkodër E4
Vlorë F4

Mazedonien
Hauptstadt:
Skopje E6
Bitola F6
Kumanovo E6
Prilep F6

Länder in Zahlen

	Fläche (km^2)	Einwohner	Sprache	Religion	Währung
Serbien und Montenegro	102.349	11.206.847	Serbisch	Serbisch-orthodoxe	Neuer Dinar
Albanien	28.749	3.364.571	Albanisch	Muslime	Lek
Mazedonien	25.333	2.022.604	Mazedonisch	Mazedonisch-orthodoxe	Dinar

Serbien und Montenegro | Albanien | Mazedonien

Griechenland

Das Erechtheion ist einer der Tempel auf der Akropolis. Es wurde 420 v. Chr. erbaut und ist vor allem wegen der Karyatiden, das sind die Säulen in Frauengestalt, berühmt, die sein Dach stützen.

DAS kleine Land bildet die Südspitze der Balkanhalbinsel. Die wichtigsten Wirtschaftszweige sind der Tourismus, die Schifffahrt, die Lebensmittelindustrie und Ölraffinerien.

Griechenlands Gebirge erheben sich aus staubigen Ebenen mit Olivenhainen. Dort ist es im Sommer sehr heiß und im Winter mild. Der Golf von Korinth teilt das Festland in zwei Hälften; der südliche Peloponnes ist durch Erdbeben bedroht. Ketten von felsigen Inseln sind im blauen Meer verteilt. Um die Fischerhäfen reihen sich schneeweiße Häuser und Touristencafés.

Zwischen Piräus, südlich von Athen, und den Inseln verkehren Fähren. Die griechische Hauptstadt ist eine weit ausgedehnte Stadt mit laut hupendem Verkehr. Auf ihren Plätzen sieht man über Politik diskutierende alte Männer, griechisch-orthodoxe Priester mit langen Bärten und schwarzen Hüten, Kinder, die sich Comics am Kiosk kaufen und viele einheimische Händler, die Produkte anbieten. Auf einem Felsen hoch über der Stadt liegt die Akropolis. Neben dem Parthenon, das um 438 v. Chr. fertig gestellt wurde, haben sich einige andere Tempel erhalten. Damals war Griechenland das Zentrum der Zivilisation und Heimat vieler Bildhauer, Architekten, Schriftsteller und Philosophen.

WISSENSWERTES

- *Nach der Schlacht bei Marathon (490 v. Chr.) rannte ein Bote über 40 km weit bis nach Athen, um vom Sieg der Athener über die Perser zu berichten. Er starb vor Erschöpfung, doch sein Lauf blieb unsterblich.*
- *Der Kanal von Korinth ist der tiefste, von Menschen gemachte Einschnitt in einen Felsen. Der 6,3 km lange Kanal wurde 1893 eröffnet und ist 459 m tief.*

Windmühlen überragen die weißen Häuser von Mykonos, einer winzigen Insel vor der Küste Griechenlands. In den letzten 30 Jahren hat sich Mykonos zu einem Zentrum des internationalen Tourismus entwickelt.

Griechenland

Länder in Zahlen

	Fläche (km²)	Einwohner	Sprache	Religion	Währung
Griechenland	131.940	10.707.135	Griechenland	Griechisch-orthodoxe	Euro

Auf den Felsentürmen von Metéora in Mittelgriechenland haben sich griechisch-orthodoxe Mönche seit dem Mittelalter ihre abgelegenen Klöster erbaut.

Wo auf der Welt?

13.00 Uhr Berlin | 12.00 Uhr GMT | 14.00 Uhr Athen

Von Berlin nach Athen
1.806 km
2 Std. 6 Min.

Athen liegt auf
38° 01′ nördlicher Breite
23° 44′ östlicher Länge

Leben in Zahlen

	Wie hoch ist die Lebenserwartung?	Anzahl der Autos je 100 Menschen
Deutschland	77 Jahre	50
Griechenland	78 Jahre	22

Suche und finde

Griechenland

Das Baltikum

LITAUEN, LETTLAND, ESTLAND

EIN kalter Wind bläst über die Ostsee, den Finnischen und den Rigaischen Meerbusen. Die Küste des Baltikums wird von Inseln und hellen Sanddünen gesäumt. Dahinter liegen drei kleine unabhängige Staaten. Estland, Lettland und Litauen grenzen im Osten an die Russische Föderation. Die kleine Enklave um den Hafen Kaliningrad gehört auch zur Russischen Föderation.

Die Menschen der drei baltischen Staaten mögen Chormusik, Volkstänze und feiern Feste, bei denen die örtlichen Dialekte und Trachten gepflegt werden. Fast alle Bewohner gehören dem christlichen Glauben an. Sie sind römisch-katholisch, protestantisch oder orthodox.

In den baltischen Staaten leben neben Esten, Letten und Litauern auch Russen, Weißrussen und Ukrainer. Estland ist ein flaches Land mit Bauernhöfen, Mooren und Wäldern. Es ist Teil der großen Tiefebene, die sich östlich bis nach Russland erstreckt. An der Ostgrenze liegt der Peipussee. Auch Lettland liegt in dieser Ebene. Seine Bauern halten Schweine und Milchvieh. Viele Letten arbeiten in Fabriken. Da es kaum Rohstoffe im Land gibt, muss sogar das Öl aus Russland importiert werden. Die Seen, Moore und Kiefernwälder von Litauen dehnen sich um die Hauptstadt Wilna und dann weiter nach Süden bis nach Polen und Weißrussland aus. Die Winter sind extrem kalt, die Sommer aber mild und feucht.

Die lettische Hauptstadt Riga liegt an der Düna, 13 km bevor diese in den Rigaischen Meerbusen mündet. Im Mittelalter gehörte Riga zu der Handelsvereinigung der Hanse. Noch heute findet man in der Stadt schöne Gebäude aus jener Zeit.

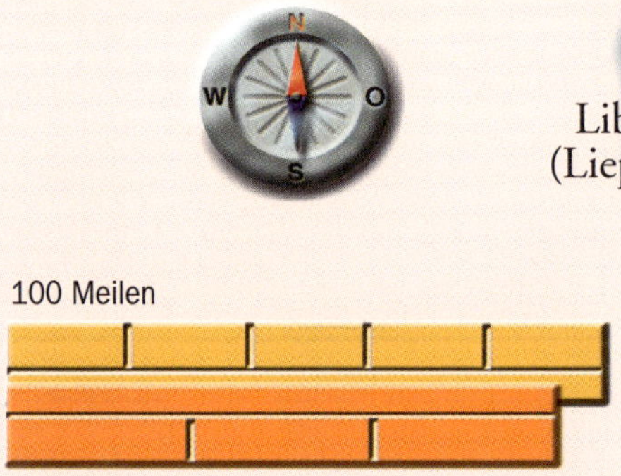

WISSENSWERTES

- *Die Baltische Küste ist seit alters für ihren Bernstein berühmt. Das fossile Baumharz in gelben bis braunen Tönen wird zu Schmuck verarbeitet. Manchmal umschließt das Harz Insekten, die sich in der zähen Masse verfangen hatten.*
- *In dem kleinen Litauen gibt es nicht weniger als 3.000 kleine Seen.*

Die Zwiebeltürme von Reval, der Hauptstadt von Estland, weisen auf russischen Einfluss hin. Viele estnische Christen gehören dem russisch-orthodoxen Glauben an, doch die meisten Einwohner sind Protestanten.

Wo auf der Welt?

Von Berlin nach Wilna
822 km
55 Min.

Wilna liegt auf
55° 45' nördlicher Breite
37° 37' östlicher Länge

Leben in Zahlen

Suche und finde

Litauen
Hauptstadt:
Wilna F8
Alytus F7
Kaunas F7
Memel E5
Panevėžys E7
Schaulen E6

Lettland
Hauptstadt:
Riga D7
Cesis C7
Dünaburg E8
Ergli D7
Jūrmala D6
Libau D5
Mitau D6
Valmiera C7
Windau D5

Estland
Hauptstadt:
Reval A7
Dorpat B8
Haapsalu B6
Kärdla B5
Kohtla-Järve . . .A8
Kuressaare C5
Narva A8
Pärnau B7
Viljandi B7
Võru C8

Kaliningrad (Russische Föderation)
Königsberg F5

Litauen

Lettland

Estland

Länder in Zahlen

	Fläche (km²)	Einwohner	Sprache	Religion	Währung
Litauen	62.201	3.584.966	Litauisch	Katholiken	Litas
Lettland	64.100	2.353.874	Lettisch / Russisch	Lutheraner/Atheisten	Lats
Estland	45.227	1.408.523	Estnisch	Lutheraner/Atheisten/*	Estnische Krone

*Estnisch-orthodoxe

Osteuropa

UKRAINE, WEISSRUSSLAND, MOLDAU

WEISSRUSSLAND gehört zu der großen Tiefebene, die sich von Deutschland weit bis in die Russische Föderation hinein erstreckt. In der Mitte des Landes erhebt sich ein niedriges Hügelland, das von den Flüssen Dnjepr und Pripjat entwässert wird. Hier gibt es weite Sümpfe und dunkle Wälder. Während sich die Bäume im Winter unter der Schneelast biegen, sind die Sommer warm und sonnig. Männer und Frauen arbeiten auf den Feldern, wo Kartoffeln und Rüben angebaut werden. Allerdings leben die meisten Weißrussen in Städten. Viele arbeiten in der Industrie, beispielsweise in der Hauptstadt Minsk.

Auch die Ukraine ist ein industrialisiertes Land. Ihre Hauptstadt Kiew liegt auf einem Höhenzug über dem Dnjepr. In der südlichen Ukraine herrschen sanfte Hügel vor. Hier ist der Boden schwarz und fruchtbar. Weizen ist das wichtigste Getreide. Im Süden grenzt die Ukraine an das Schwarze Meer. Ihre Häfen Odessa und Jalta auf der Halbinsel Krim sind wichtige Touristenorte.

Moldau, auch Moldawien genannt, ist ein kleines Land zwischen der Ukraine und Rumänien. Seine Wälder und Hügel fallen nach Osten zur Tiefebene hin ab. Die meisten Moldawier gehören zur selben ethnischen Gruppe wie ihre rumänischen Nachbarn und sprechen dieselbe Sprache.

WISSENSWERTES

- *Die Optimistenhöhle (Optimisticekaja) in der Ukraine ist das zweitgrößte Höhlensystem der Erde. Bisher sind die Gänge auf 201 km Länge erforscht.*
- *Die Ukraine ist der flächenmäßig größte Staat des europäischen Kontinents.*

Eine weißrussische Frau zündet in einer russisch-orthodoxen Kirche eine Kerze an. Etwa 60% der weißrussischen Bevölkerung gehören dieser christlichen Kirche an. Daneben gibt es römisch-katholische und protestantische Christen.

Fähren legen am Ufer des Dnjepr in Kiew an. Die große Industriestadt ist die Hauptstadt der Ukraine. In ihren Fabriken werden Textilien, Maschinen, Chemikalien und Lebensmittel hergestellt.

A B C D E F G

Wo auf der Welt?

Von Berlin nach Minsk
955 km
1 Std. 6 Min.

Minsk liegt auf
53° 54' nördlicher Breite
27° 34' östlicher Länge

Leben in Zahlen

	Wie hoch ist die Lebenserwartung?	Anzahl der Autos je 100 Menschen
Deutschland	77 Jahre	50
Ukraine	66 Jahre	9
Belarus	68 Jahre	8
Moldau	64 Jahre	4

Suche und finde

Ukraine
Hauptstadt:
Kiew D5
Charkiw D7
Cherson F6
Dnipropetrowsk . .D7
Donezk E8
Jalta F7
Krewej Rih E7
Lemberg D3
Mariupilj E8
Odessa F6
Poltawa D7
Saporishshja . . .E7
Sewastopol F7
Winnezja D5

Weißrussland
Hauptstadt:
Minsk B4
Gomel C5
Grodno B3
Mogilew B5
Witebsk B5

Moldau
Hauptstadt:
Kischinau E5
Tiraspol F5

Länder in Zahlen

	Fläche (km^2)	Einwohner	Sprache	Religion	Währung
Ukraine	603.701	49.811.174	Ukrainisch	Atheisten/Russ.-orthodoxe	Griwna
Weißrussland	207.599	10.235.000	Weißrussisch/Russisch	Atheisten/Russ.-orthodoxe	Rubel
Moldau	33.701	4.460.838	Moldawisch	Atheisten/Rumän.-orthodoxe	Moldau-Leu

Russische Föderation, Westrussland

DER Rote Platz liegt im Herzen von Moskau, der Hauptstadt der Russischen Föderation. Der Platz wird von den roten Mauern des Kreml beherrscht. Diese mittelalterliche Burg überragt den Fluss Moskwa und die entfernte Skyline aus Wohnhochhäusern und Fabrikschornsteinen. Die Mauern des Kreml umgeben Regierungsgebäude und prachtvolle russisch-orthodoxe Kirchen mit goldenen Kuppeln. Vor den Mauern steht die farbenprächtige Basilius-Kathedrale. Abseits von Fluss und Platz reichen bewaldete Berghänge bis an den Kreml.

Die Winter von Moskau sind extrem kalt. Menschen, die sich vor die Tür wagen, ziehen sich sehr warm an und tragen Pelzmützen zum Schutz vor dem eisigen Wind. Eine Möglichkeit, der Kälte zu entfliehen, ist die elegante, aber altmodische russische U-Bahn oder Metro. Die Stadt wird von Touristen aus aller Welt besucht.

Die Russische Föderation ist das größte Land der Welt. Sein westlicher Teil liegt in Europa, doch der östliche Teil reicht weit in den Norden Asiens hinein. Das europäische Russland ist eine weite Ebene mit scheinbar endlosen Birken- und Fichtenwäldern. Große Flüsse, wie die Wolga oder der Don, queren sie. Die meisten Menschen leben in großen Städten. Das im 18. Jh. gegründete Sankt Petersburg ist die zweitgrößte Stadt des Landes und besitzt große Werften. Berühmt ist die Stadt für ihre großartigen Schlösser, die größte Gemäldegalerie der Welt und ihre berühmte Oper.

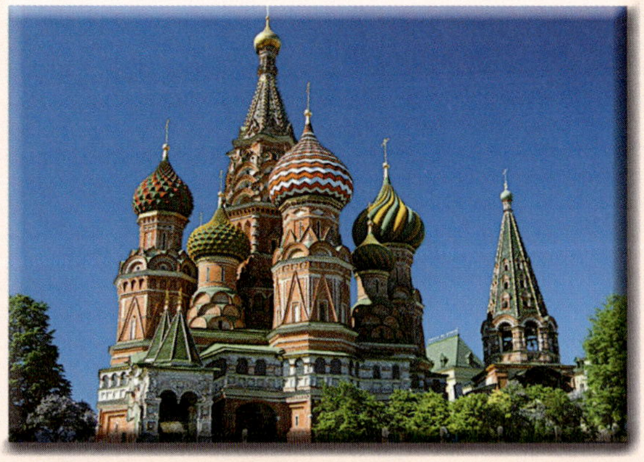

Die Türme der Basilius-Kathedrale am Roten Platz in Moskau sind weltberühmt.

WISSENSWERTES

- *Das U-Bahn-System in Moskau transportiert jährlich 3,2 Milliarden Menschen; damit ist es das am stärksten genutzte der Welt.*
- *Archangelsk, der wichtigste arktische Hafen des Landes, friert von November bis Mai zu. Dann müssen Eisbrecher die Fahrrinne offen halten.*

In mehr als 5.500 m Höhe bieten Wolken über zerklüfteten Gipfeln ein beeindruckendes Schauspiel. Der Elbrus an der russischen Grenze zu Georgien ist ein Gipfel des Kaukasus.

Russische Föderation

Obwohl Nishnij Nowgorod eine moderne Industriestadt ist, stehen hier noch zahlreiche alte Kirchen.

Länder in Zahlen

	Fläche (km²)	Einwohner	Sprache	Religion	Währung
Russische Föderation	17.075.352	146.393.569	Russisch	Russisch-orthodoxe	Rubel

Wo auf der Welt?

Von Berlin nach Moskau
1.612 km
1 Std. 55 Min.

Moskau liegt auf
55° 45' nördlicher Breite
37° 37' östlicher Länge

Leben in Zahlen

Wie hoch ist die Lebenserwartung?

Deutschland 77 Jahre

Russische Föderation 65 Jahre

Anzahl der Autos je 100 Menschen

Deutschland: 50

Russische Föderation: 9

Die höchsten Berge

Elbrus 5.642 m

Zugspitze 2.962 m

Suche und finde

Asien

Der Mount Everest, der höchste Berg der Welt, befindet sich auf der Grenze zwischen China und Nepal. Asien ist der größte Kontinent der Erde. Er nimmt etwa ein Drittel der festen Erdoberfläche ein und reicht vom Mittelmeer im Westen bis zum Pazifik im Osten, vom Packeis des hohen Nordens bis zu den tropischen Stränden der Timorsee. Asien ist ein Teil der gewaltigen eurasischen Landmasse. Ural und Kaukasus bilden natürliche Grenzen zu Europa, während der Kontinent von Afrika nur durch den Suezkanal getrennt ist. Asien bedeutet ursprüngliche Wildnis, von den gefrorenen Ebenen Sibiriens bis zur glühenden Hitze der arabischen Halbinsel. Es gibt aber auch fruchtbare Landstriche, wie die grünen Reisfelder im Mekongdelta oder das reiche Ackerland im chinesischen Flusstal des Huang He.

In Asien entstanden die ersten Hochkulturen der Erde und die wichtigsten Religionen der Menschheit, darunter der Hinduismus, der Buddhismus, das Judentum, das Christentum und der Islam. Noch immer werden im Iran kunstvolle Teppiche geknüpft, in Japan Porzellan und in China und Indien Seide hergestellt – alles nach alter Tradition. Daneben stellen moderne Fabriken Autos und Computer her.

Etwa ein Drittel der Asiaten lebt in Städten. Millionen von Menschen strömen in die Großstädte Bombay, Kalkutta, Shanghai oder Tokio. In Asien leben 3,6 Mrd. Menschen, deren Zahl sich vermutlich in den nächsten 50 Jahren verdoppeln wird.

Der kraftvolle Sibirische Tiger bietet mit seinem gestreiften Fell einen eindrucksvollen Anblick. In Freiheit leben aber nur noch weniger als 500 Tiere.

WISSENSWERTES

- *Reis kommt zu 90% aus Asien.*
- *Mehr als ein Fünftel aller Menschen der Welt leben in China.*
- *In Nordasien steht der größte Nadelwald der Erde: die Taiga im russischen Sibirien.*
- *In Asien befinden sich der höchste und der tiefste Landpunkt der Erde: der Mount Everest und das Tote Meer.*

In Asien sind weite Landstriche von heißem Sand bedeckt. Das Bild zeigt die Große Arabische Wüste auf der arabischen Halbinsel.

Wo auf der Welt?

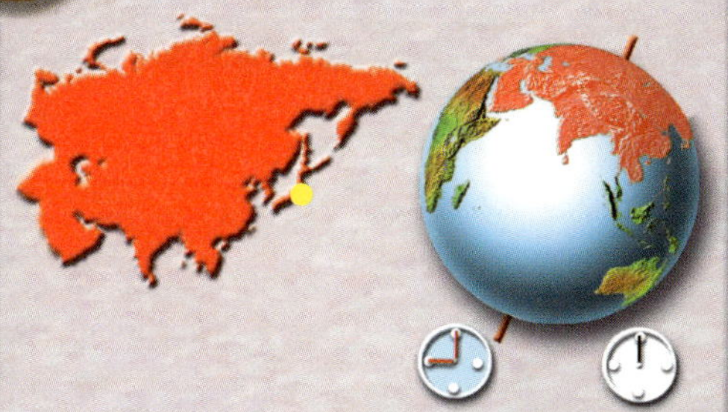

Tokio liegt auf
35° 41′ nördlicher Breite
139° 44′ östlicher Länge

21.00 Uhr Tokio | 12.00 Uhr GMT

Suche und finde

Die Religion spielt im Leben aller Asiaten eine zentrale Rolle. In Thailand sind fast 95% der Bevölkerung Buddhisten. Überall im Land stößt man auf reich ausgestattete buddhistische Tempel.

Kontinent in Zahlen

	Fläche (km²)	% der Erdoberfläche	Einwohner	Größtes Land Fläche (km²)	Größtes Land (Einwohner)
Asien	45.066.000	30.1	3.527.969.000	Russ. Föderation 17.075.352	China 1.250.066.000

Russ. Föderation, Ostrussland

Sobald die Transsibirische Eisenbahn den Ural überquert hat, dringt sie nach Sibirien vor. Sie passiert große Industriestädte wie Omsk, aber auch kleine Dörfer mit Holzhäusern. In Richtung Osten durchfährt der Zug unendliche Wälder, und viele der entgegenkommenden Lokomotiven ziehen Wagen mit Holz. Am Baikalsee teilt sich die Strecke: Eine Route führt nach Süden in Richtung Mongolei, die zweite nach Osten zur Pazifikküste. Nach mehr als sechs Tagen mit einer Reisegeschwindigkeit von durchschnittlich 60 km/h erreicht man den Hafen von Wladiwostok.

Sibirien ist der asiatische Teil Russlands. Der Westen ist eine riesige, vom Ob entwässerte Ebene. Jenseits des Jenissej steigt das Land zum Mittelsibirischen Bergland an, das im Süden und Osten von hohen Gebirgen umschlossen wird. Das asiatische Russland verfügt über riesige Bodenschätze, die aber wegen der ungeheuren Entfernungen nur mit hohen Kosten zu fördern sind. Südwestsibirien ist die fruchtbarste Region.

Die sibirischen Winter gehören zu den kältesten der Erde. Die Milch wird in gefrorenen Blöcken ausgeliefert und die Lastwagen benutzen die zugefrorenen Flüsse als Straße. Das Land ist nur dünn besiedelt, allerdings leben hier viele ethnische Gruppen – neben den Russen unter anderem Keten, Chanten, Mari, Jakuten, Korjaken, Ewenken und Tschuktschen. Einige der arktischen Stämme leben noch von der Jagd, dem Fischfang und ihren Rentierherden.

In der Wildnis von Sibirien kommen noch Wölfe vor, obwohl sie seit tausenden von Jahren gejagt werden. Sie leben in der Tundra und in den Wäldern, wo sie sich während der harten Winter zu Rudeln von bis zu 30 Tieren zusammenschließen.

WISSENSWERTES

- *In Sibirien wurden bereits Temperaturen von unter –60 °C gemessen.*
- *Der Baikalsee ist der älteste See der Erde, er entstand vor 25 Millionen Jahren. Viele seiner Pflanzen- und Tierarten, wie die Baikalringelrobbe, kommen nur hier vor.*

Jakutsk liegt an der Lena, tief im Inneren Sibiriens. Obwohl die Winter bitterkalt werden, leben hier rund 200.000 Menschen.

Graues Gestein, Andesit genannt, und weiße Gipfel prägen die Halbinsel Kamtschatka. Wie in vielen anderen Regionen am Rand des Pazifiks gibt es auch auf Kamtschatka zahlreiche Vulkane.

Wo auf der Welt?

13.00 Uhr Berlin | 12.00 Uhr GMZ | 22.00 Uhr Wladiwostok

Von Berlin nach Wladiwostok
7.867 km
9 Std. 24 Min.

Wladiwostok liegt auf
43° 06' nördl. Breite
131° 47' östl. Länge

Leben in Zahlen

Wie hoch ist die Lebenserwartung?		Anzahl der Autos je 100 Menschen
Deutschland	77 Jahre	50
Russische Föderation	65 Jahre	9

Suche und finde

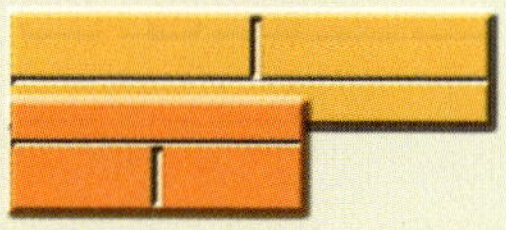

Russische Föderation

Länder in Zahlen

	Fläche (km²)	Einwohner	Sprache	Religion	Währung
Russische Föderation	17.075.352	146.393.569	Russisch	Russisch-orthodoxe	Rubel

Der Kaukasus

Aserbaidschan, Georgien, Armenien

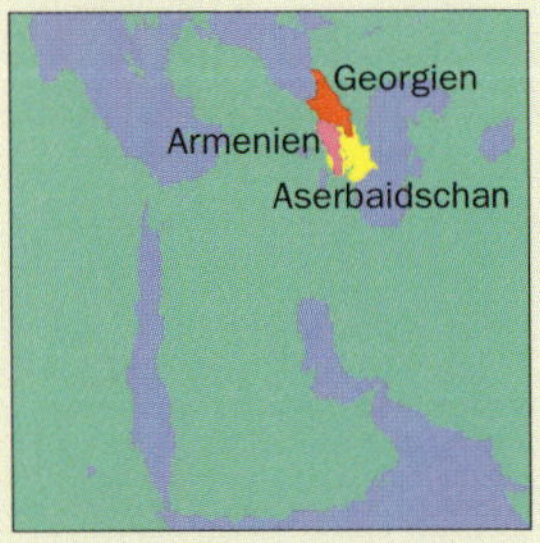

Während die höchsten Gipfel des Kaukasus ständig von Schnee bedeckt sind, wachsen an den Hängen Wälder. Der schmelzende Schnee speist Gebirgsbäche und schnell fließende Flüsse, von denen einige nach Westen ins Schwarze Meer fließen. Andere fließen Richtung Osten ins Kaspische Meer, den größten Salzwassersee der Erde.

Diese Region ist bekannt als Transkaukasien. Im Kaukasus-Gebirge treffen Europa und Asien aufeinander, die Grenze Europas verläuft durch Nordgeorgien.

Armenien, das Land der Steine, zeichnet sich durch sehr trockene Regionen aus. Fruchtbares Land gibt es in den Flusstälern und den wärmeren Vorbergen des Gebirges. In der Ebene werden Trauben, Pfirsiche und Feigen angebaut, in den höheren Landstrichen Weizen, Tabak und Kartoffeln.

In den Fabriken von Transkaukasien werden chemische Produkte, Maschinen, Textilien und Lederwaren hergestellt. Die Ölindustrie von Aserbaidschan fördert die Ölvorkommen des Kaspischen Meeres. Die meisten Ölvorräte liegen um Baku.

An den Hängen des Kaukasus leben mehr als 500 unterschiedliche ethnische Guppen. Die meisten Bewohner von Aserbaidschan sind Muslime, während in Armenien und Georgien orthodoxe Christen ihre uralten Traditionen pflegen.

Zu besonderen Anlässen legen die Georgier ihre Nationaltracht an. Die Männer tragen Lederstiefel, eine weite Tunika und eine Mütze aus Schafsleder.

WISSENSWERTES

- *Im Kaukasus gibt es mehr als 2.000 Gletscher.*
- Tskhenburi *ist ein wildes, georgisches Reiterspiel, das dem Polo ähnelt. Die Mannschaftsspieler schlagen einen Ball mit einem langen Schläger.*
- *Die Ölvorräte von Baku, der Hauptstadt von Aserbaidschan, lieferten einst die Hälfte des Öls der Erde.*

Am Stadtrand der armenischen Hauptstadt Jerewan erheben sich Hochhäuser. Die Stadt liegt nahe der türkischen Grenze in einem Erdbebengebiet.

Priester der armenischen Kirche, begleitet von Standartenträgern, gehen der Osterprozession durch Echmiadsin voraus. Armenien führte als erster Staat der Geschichte das Christentum als Staatsreligion ein.

Wo auf der Welt?

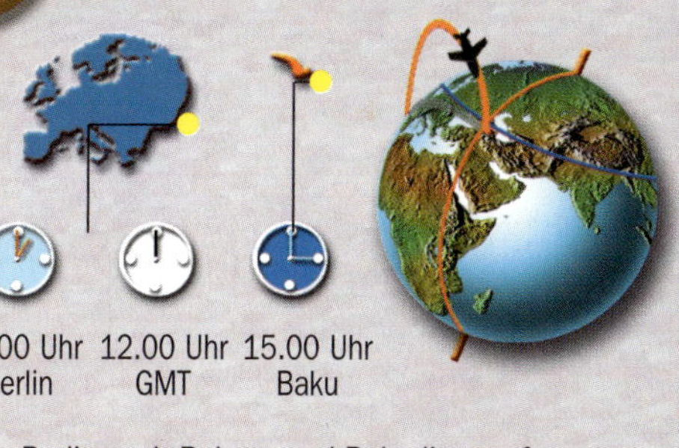

13.00 Uhr	12.00 Uhr	15.00 Uhr
Berlin	GMT	Baku

Von Berlin nach Baku
3.060 km
3 Std. 42 Min.

Baku liegt auf
44° 22' nördlicher Breite
49° 53' östlicher Länge

Leben in Zahlen

	Wie hoch ist die Lebenserwartung?	Anzahl der Autos je 100 Menschen
Deutschland	77 Jahre	50
Aserbaidschan	63 Jahre	3
Georgien	65 Jahre	8
Armenien	67 Jahre	k.A.

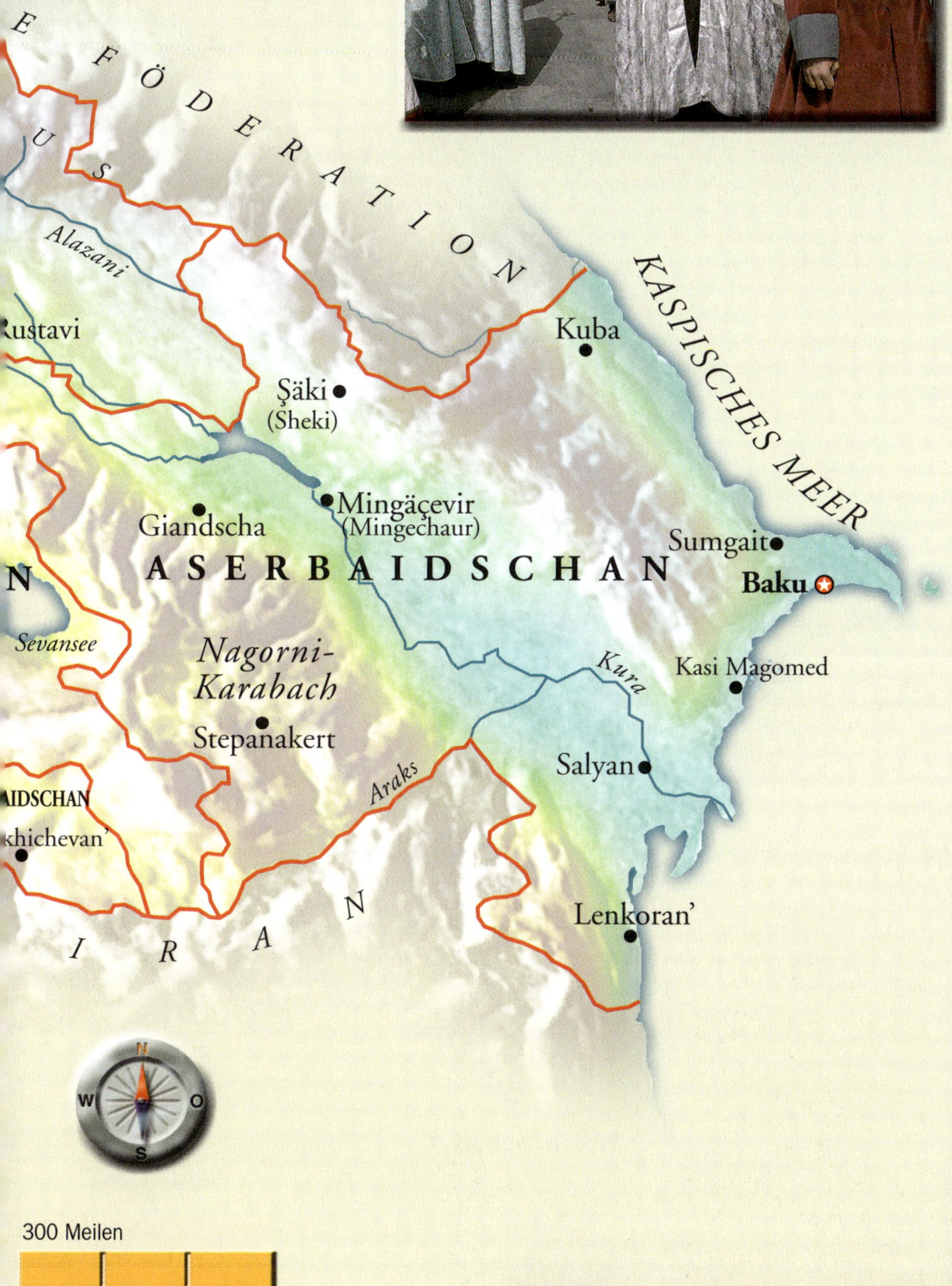

Der höchste Berg im Kaukasus, der Elbrus, erhebt sich auf 5.642 m. Viele Geografen betrachten den Kaukasus als Grenze zwischen Europa und Asien.

Aserbaidschan Georgien Armenien

Länder in Zahlen

	Fläche (km²)	Einwohner	Sprache	Religion	Währung
Aserbaidschan	86.599	7.908.224	Azeri	Schiiten (musl.)	Manat
Georgien	69.911	5.066.499	Georgisch	Georgisch-orthodoxe	Lavi
Armenien	29.801	3.409.234	Armenisch	Armenisch-orthodoxe	Dram

Suche und finde

Zentralasien

Kasachstan, Turkmenistan, Usbekistan, Kirgisistan, Tadschikistan

Zentralasien reicht vom Kaspischen Meer bis zum Hochgebirge des Pamir an der Westgrenze von China. Obwohl die Region im Herzen der eurasischen Landmasse liegt, ist sie nur dünn besiedelt. Im Winter werden ihre felsigen Hochländer und leeren Wüsten bitterkalt, im Sommer herrscht glühende Hitze. Hier fühlen sich nur zweihöckrige Trampeltiere wohl, die schnaubend über alte Handelsstraßen ziehen. Es gibt Steppen mit windzerzausten Gräsern und flachen Seen. Pässe führen über karge Gebirge.

Die erst seit einiger Zeit unabhängigen Staaten Zentralasiens tragen ihre Namen nach muslimischen Volksstämmen – Kasachen, Turkmenen, Usbeken, Tadschiken und Kirgisen. Einige von ihnen leben noch immer als Nomaden und bauen ihre Zelte überall dort auf, wo ihre Schafe Weideland finden.

Turkmenische Frauen knüpfen aus der Schafswolle wunderschöne Teppiche mit komplizierten Mustern. Einige Bewohner betreiben Ackerbau und pflanzen Baumwolle, Weizen und anderes Getreide oder Melonen auf bewässertem Land an. Andere arbeiten in der aufstrebenden Industrie, die auf dem Öl und Gas basiert, das in der Region gefördert wird.

Ein kleiner Junge versucht sich als Reiter. Die meisten Kirgisen leben als Bauern oder Viehzüchter auf dem Land.

WISSENSWERTES

- *Der Aralsee auf der Grenze zwischen Kasachstan und Usbekistan schrumpft immer stärker zusammen. Heute hat er nur noch ein Drittel seiner einstigen Größe. Der wichtigste Grund dafür sind große landwirtschaftliche Bewässerungsprojekte, die ihm das Wasser entziehen.*

Eine junge Frau arbeitet an einem Teppich in einer Fabrik in Aschchabat, der Hauptstadt von Turkmenistan. In Zentralasien und dem Mittleren Osten werden seit tausenden von Jahren Teppiche hergestellt.

Kasachstan

Turkmenistan

Das Grab von Timur dem Lahmen (auch Tamerlan) steht noch heute in der alten Handelsstadt Samarkand in Usbekistan. Tamerlan führte eine Armee aus Türken und Mongolen an und eroberte ein Reich von Europa bis Indien. Er starb 1405.

Wo auf der Welt?

Von Berlin nach Astana
3.884 km
4 Std. 36 Min.

Astana liegt auf
51° 11' nördlicher Breite
71° 26' östlicher Länge

Leben in Zahlen

	Wie hoch ist die Lebenserwartung?	Anzahl der Autos je 100 Menschen
Deutschland	77 Jahre	50
Kasachstan	64 Jahre	6
Turkmenistan	61 Jahre	k.A.
Usbekistan	64 Jahre	4
Kirgisistan	64 Jahre	4
Tadschikistan	65 Jahre	3

Suche und finde

Kasachstan
Hauptstadt:
Akmola C7
Almaty E7
Aktobe C4
Baikonur D5
Karaganda D7
Šimkent E6

Turkmenistan
Hauptstadt:
Aschchabad . .F4
Taschaus E4

Usbekistan
Hauptstadt:
Taschkent . . .F6
Buchara F5
Namangan F6
Samarkand F5

Kirgisistan
Hauptstadt:
Bischkek E7

Tadschikistan
Hauptstadt:
Duschanbe . . .F5

Länder in Zahlen

	Fläche (km²)	Einwohner	Sprache	Religion	Währung
Kasachstan	2.724.939	16.824.825	Kasachisch/Russisch	Sunniten (musl.)/*	Tenge
Turkmenistan	488.098	4.366.383	Turkmenisch	Muslime	Manat
Usbekistan	447.399	24.102.473	Usbekisch	Sunniten	Sum
Kirgisistan	198.500	4.546.055	Kirgisisch	Sunniten	Som
Tadschikistan	143.100	6.102.854	Tadschikisch	Sunniten	Rubel

* Atheisten

Usbekistan

Kirgisistan

Tadschikistan

Kleinasien

Türkei, Zypern

Eine lange, elegante Hängebrücke überspannt den Bosporus, die schmale Meerenge, die den europäischen Teil der Türkei vom anatolischen Hochland trennt. Diese Region heißt seit dem Altertum Kleinasien. An den steilen westlichen Küsten des Bosporus breitet sich das von alten Stadtmauern umgebene Istanbul aus. Seine Skyline wird von den Kuppeln der Blauen Moschee und der Hagia Sophia geprägt, einer ehemaligen Moschee, die heute ein Museum beherbergt. Der überdachte Bazar ist ein Labyrinth aus Gassen, in denen zahlreiche Läden Teppiche, Kunsthandwerk und vieles mehr verkaufen.

Die sonnige Küste Anatoliens mit ihren Fischerdörfern und antiken Ruinen zieht viele Touristen an. Das Landesinnere besteht aus staubigen Ebenen, die bis zum Iran reichen. Die Sommer sind heiß und die Winter bitterkalt. Gelegentlich wird die Ebene durch Berge oder Salzseen unterbrochen. Hier liegt auch Ankara, die Hauptstadt der Türkei und zweitgrößte Stadt des Landes.

Die wunderbare Mittelmeerküste der Insel Zypern steigt zum Troodos-Gebirge an. Die Insel ist politisch in eine türkische und eine griechische Hälfte geteilt.

Die Landschaft Kappadokien in Anatolien entstand vor über 8 Millionen Jahren durch einen Vulkanausbruch. Nach und nach haben Regen und Wind die Lava- und Ascheablagerungen zu Felsenkegeln abgetragen. In das weiche Gestein haben die Menschen Wohnhöhlen gegraben.

WISSENSWERTES

- *Millionen von Zugvögeln, darunter rund 200 Arten, nutzen die Insel Zypern als Ruheplatz auf ihrem Flug nach Süden. Sie werden vor allem von den Feuchtgebieten der zypriotischen Seen angelockt.*
- *Das traditionelle türkische Bad, der Hamam, ist berühmt. Es gibt darin Dampfräume, Baderäume und Massageräume für Männer und Frauen.*

Dieses Dorf auf der Insel Zypern liegt am Fuße des Troodos-Gebirges.

Die höchsten Berge

Der von Eis bedeckte Ararat nahe der Grenze zu Armenien und Iran ist der höchste Berg der Türkei. Der Ararat ist ein erloschener Vulkan.

Wo auf der Welt?

Von Berlin nach Ankara
2.044 km
2 Std. 24 Min.

Ankara liegt auf
40° 02′ nördlicher Breite
32° 54′ östlicher Länge

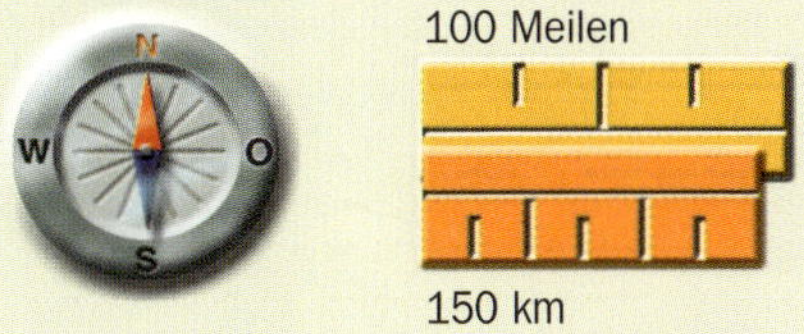

Leben in Zahlen

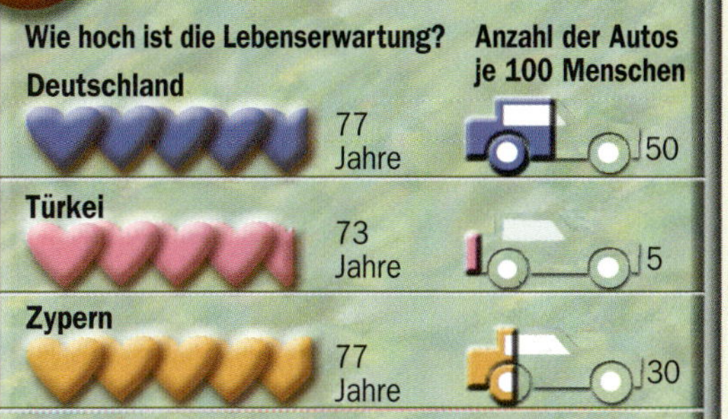

Suche und finde

Eine Gruppe türkischer Frauen fährt auf einem Erntewagen zur Feldarbeit. 45% der türkischen Bevölkerung arbeiten in der Landwirtschaft.

Türkei

Zypern

Länder in Zahlen

	Fläche (km²)	Einwohner	Sprache	Religion	Währung
Türkei	780.579	65.599.206	Türkisch	Sunniten (musl.)	Lira
Zypern	9.249	754.064	Griechisch/Türkisch	Griech.-orthodoxe/Sunniten (musl.)	Pfund

Westasien

SYRIEN, LIBANON

Das lange, grüne Bekatal liegt auf einer Höhe von 990 m. Es ist etwa 20 km breit und wird im Westen vom Libanongebirge gesäumt. Die oft schneebedeckten Berge erreichen Höhen von bis zu 3.083 m.

AN Libanons warmer, blauer Mittelmeerküste liegen die antiken Häfen Tyrus und Sidon, weiter im Norden folgen die weißen Hochhäuser und hellen Lichter der Hauptstadt Beirut. Nach langen Jahren des Bürgerkrieges wurde die Stadt wieder aufgebaut, doch in einigen Vierteln gibt es noch immer Ruinen. Beirut hofft auf neue Anerkennung als Stadt der Mode und der Unterhaltung, man möchte wieder Touristen und Investoren anziehen. Über das Libanongebirge führen Straßen ins fruchtbare Bekatal und dann in den Antilibanon bis zur syrischen Grenze.

In Syrien und dem Libanon leben viele Christen und Drusen, eine islamische Splittergruppe, doch die meisten Einwohner sind Muslime. Fünfmal täglich ruft der Muezzin über die Lautsprecher der Moscheen in Damaskus, der Hauptstadt Syriens, zum Gebet. Die Stimme schallt über moderne Hochhäuser, geschäftige Märkte und schmale Gassen. Im Westen reicht Syrien bis zu den Obstgärten am Mittelmeer und im Osten bis zum fruchtbaren Euphrattal. Große Teile des Landes sind von heißen Sandwüsten bedeckt, durch die Kamele ziehen.

Dieser Mann gehört zur Religionsgemeinschaft der Drusen, von denen im Libanon, in Israel und Jordanien etwa eine halbe Million leben.

WISSENSWERTES

- *Damaskus ist die älteste Hauptstadt der Welt. Hier leben Menschen schon seit mindestens 4.000 Jahren.*
- *Die Libanonzeder war unter den ägyptischen und israelischen Handwerkern der Antike sehr begehrt. Heute sind nur noch sehr wenige dieser Bäume erhalten, daher versucht man, neue Wälder aufzuforsten.*

Im Zentrum von Damaskus in Syrien öffnen sich die Geschäfte direkt auf die Straße. Um die Kunden anzulocken, werden die Waren offen ausgestellt. Viele Frauen tragen lange, dunkle Kleider und sind verschleiert – so schreibt es die dort verbreitete Auslegung des Islam vor.

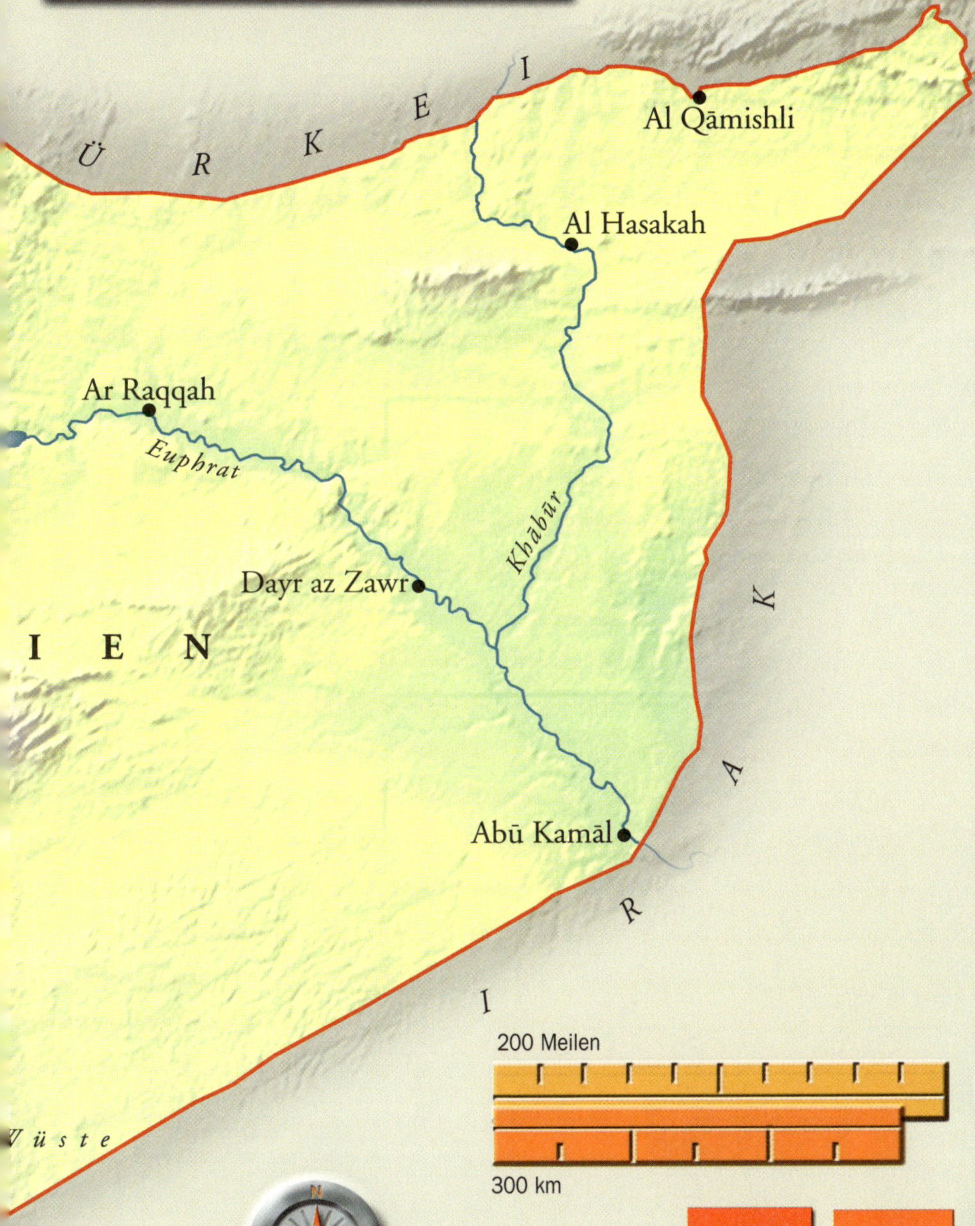

Länder in Zahlen

	Fläche (km²)	Einwohner	Sprache	Religion	Währung
Syrien	185.180	17.213.871	Arabisch	Sunniten (musl.)	Syrisches Pfund
Libanon	10.399	3.562.699	Arabisch	Muslime	Libanesisches Pfund

Wo auf der Welt?

Von Berlin nach Damaskus
2.794 km
3 Std. 18 Min.

Damaskus liegt auf
33° 31' nördlicher Breite
36° 18' östlicher Länge

Leben in Zahlen

Wie hoch ist die Lebenserwartung?	Anzahl der Autos je 100 Menschen
Deutschland: 77 Jahre	50
Syrien: 68 Jahre	0,8
Libanon: 71 Jahre	31

Vor dem Abendhimmel sind die weit ausgreifenden Äste dieser alten Libanonzedern deutlich zu erkennen. Sie sind Nadelbäume mit duftendem Holz.

Suche und finde

Syrien
Hauptstadt:
Damaskus . . .F4
Abu Kamal E8
Al Bab C5
Al Hasakah C8
Al Kiswah F4
Al Quamishli . . .B9
Aleppo C5
Ar Raqqah D7
As Suwayda G4
Busra ash-Sham .G4
Dar'a G4
Dayr az Zawr . . .D8
Hamah D5
Homs E5
Latakia D4
Quneitra F4
Shaba G4
Tartus E4

Libanon
Hauptstadt:
Beirut F4
Sidon F3
Tripoli E4
Tyre F3

Südwestasien

Jordanien, Israel

Diese Juden beten an der Klagemauer in Jerusalem. Die Steinblöcke dienten als Stütze für den zweiten Tempel, den König Herodes vor mehr als 2.000 Jahren erbauen ließ. Römische Soldaten zerstörten diesen Tempel 70 n.Chr.

Jerusalem gilt in drei Weltreligionen als heilige Stadt. Die Juden beten an der 2.000 Jahre alten Klagemauer. Christliche Prozessionen folgen dem Kreuzweg, den Jesus auf dem Weg zur Kreuzigung zurückgelegt haben soll. Die goldene Kuppel des Felsendomes behütet den Ort, von dem Mohammed auf einem geflügelten Pferd gen Himmel aufstieg – so der Glaube der Muslime.

Israel, am Ostufer des warmen Mittelmeeres, ist das Land der Orangen, Oliven und Zypressen. Da große Teile des Landes trocken sind, müssen alle Felder bewässert werden. Im Süden des Landes herrschen die Sandwüsten und Felsen des Negev vor. Acht von zehn Israelis sind Juden, viele sind aus anderen Ländern eingewandert. Die übrigen sind meist palästinensische Araber.

Östlich von Israel liegt Jordanien, ein muslimisches, arabisches Königreich. Auch in diesem Land gibt es viele antike Stätten, darunter das herrliche Petra, dessen Gebäude vor rund 2.400 Jahren in die Felsen gehauen wurden. Der größte Teil des Landes ist Wüste. Hier ziehen noch Kamelkarawanen entlang, aber auch moderne Jeeps wirbeln den Staub auf. Nur das Jordantal ist fruchtbar genug, um Obst und Gemüse anzubauen.

WISSENSWERTES

- *Das Tote Meer ist in Wirklichkeit ein See. Da es in einer geologischen Senke liegt, befindet sich die Wasseroberfläche des Sees etwa 400 m unter der Meeresoberfläche. Der Seeboden reicht sogar 728 m unter den Meeresspiegel. Das Wasser des Toten Meeres ist achtmal salzhaltiger als die Ozeane.*
- *Israel ist ein sonnenreiches Land. Es ist führend in der Erforschung der Solarenergie. Viele Häuser benutzen Solarzellen, um warmes Wasser zu bereiten.*

Ein Schüler auf dem Weg in die Koranschule. Dort lernt er die heilige Schrift des Islam kennen. Er stammt aus Gaza, einer der autonomen Regionen, in der etwa eine Million Palästinenser leben.

A B C D E F G

1 2 3 4 5

Der Wasserspiegel des Sees Genezareth liegt etwa 210 m unter dem Meeresspiegel. Der Jordan mündet im Norden in den See und fließt im Süden wieder ab.

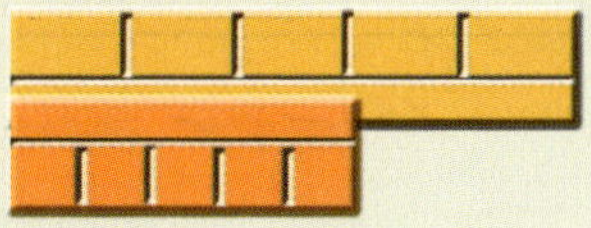

Jordanien

Israel

Petra ist eine Wüstenstadt. In der Antike kontrollierten seine Bewohner die Handelswege zwischen dem Mittelmeer und dem Indischen Ozean.

Wo auf der Welt?

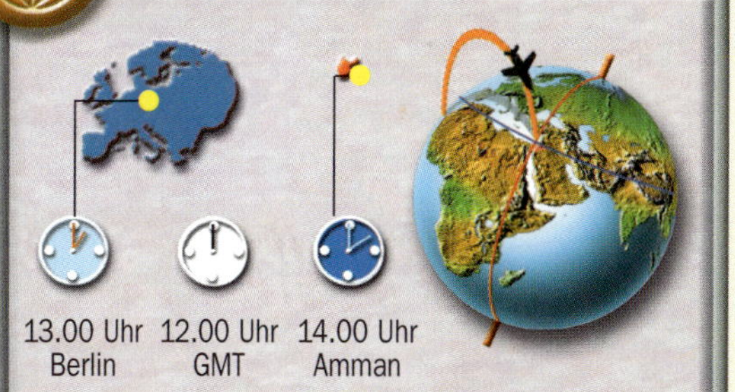

Von Berlin nach Amman
2.924 km
3 Std. 30 Min.

Amman liegt auf
31° 57' nördlicher Breite
35° 57' östlicher Länge

Leben in Zahlen

Suche und finde

Leben in Zahlen

	Fläche (km²)	Einwohner	Sprache	Religion	Währung
Jordanien	89.213	4.561.147	Arabisch	Sunniten (musl.)	Dinar
Israel	20.400	5.749.760	Hebräisch	Juden	Neuer Schekel

Arabische Halbinsel

SAUDI-ARABIEN, KUWAIT

MIT Kopftuch und flatternder Robe diskutiert ein Araber mit seinem Bruder über die Falkenjagd. Auf dem Handschuh auf seiner Faust sitzt ein Jagdfalke mit einer Kappe über den Augen. Eine schwarz gekleidete Frau wartet im Wagen am Rand der Wüstenstraße. Sie trägt einen Schleier, der nur ihre Augen frei lässt. Viele Frauen in islamischen Ländern verhüllen ihr Gesicht, um sich vor den Blicken der Männer zu schützen. Andere Frauen sind jedoch fest davon überzeugt, dass das Leben ohne Schleier einfacher wäre. Sie würden sich auch freier fühlen und es wäre bequemer.

Am Horizont erheben sich die Ölfördertürme. Saudi-Arabien ist durch das Erdöl reich geworden. Mit dem „schwarzen Gold" wurden moderne Städte, königliche Paläste, Krankenhäuser und Flughäfen erbaut. Dennoch sind weite Teile Saudi-Arabiens unbesiedelte, einsame Wüsten, die nur von den Kamelkarawanen der Nomaden durchquert werden. Sie haben keinen Anteil am Reichtum des Landes. In der Stadt Mekka wurde der Prophet Mohammed geboren. Während der jährlichen Pilgerfahrt, der *Hadsch,* wird sie von zehntausenden von Gläubigen aus der ganzen Welt besucht.

Auch Kuwait, der Nachbar Saudi-Arabiens, wurde durch Öl reich. Das kleine Land am Persischen Golf wird überwiegend von Muslimen bewohnt.

WISSENSWERTES

- *Ein großer Teil von Saudi-Arabien besteht aus einer riesigen Wüste. In der Rub' al-Khali (Große Arabische Wüste) wachsen keine Pflanzen, hier gibt es nur Steine und endlose Sanddünen.*
- *Der König-Khalid-Flughafen in Riad ist mit einer Fläche von 225 km² der größte Flughafen der Welt.*

Diese arabischen Nomaden haben einen Teppich auf dem Boden vor ihrem Zelt ausgebreitet. Der alte Mann trinkt starken Kaffee und trägt die Ghutra, eine typische Kopfbedeckung.

Die Wüstenlandschaft von Kuwait wird von der Ölindustrie beherrscht. Öl und Raffinerieprodukte machen über 90% des Exportes aus. Seit 1946 entwickelte sich Kuwait dank der Ölförderung von einem unbedeutenden Land zu einer der blühendsten Volkswirtschaften der Welt.

Wo auf der Welt?

Von Berlin nach Riad
4.181 km
5 Std.

Riad liegt auf
24° 31' nördlicher Breite
46° 47' östlicher Länge

Leben in Zahlen

	Wie hoch ist die Lebenserwartung?	Anzahl der Autos je 100 Menschen
Deutschland	77 Jahre	50
Saudi-Arabien	70 Jahre	8
Kuwait	77 Jahre	28

Der Traum eines jeden Moslems ist es, mindestens einmal im Leben eine Pilgerfahrt nach Mekka zu machen. Am Hof der Großen Moschee der saudischen Stadt befindet sich eine kleines kubisches Gebäude, die Kaaba. In ihrer südöstlichen Ecke befindet sich der schwarze Stein, zu dem sich die Muslime auf der ganzen Welt beim Gebet wenden.

Saudi-Arabien   Kuwait

Suche und finde

Saudi-Arabien
Hauptstadt:
Riad D6
Ad-Dammam . . .C7
Al-Hufuf D7
Al Jawf B4
Buraydah C5
Harad D7
Iizan F5
Jiddah E4
Medina D4
Mekka E4
Qatif C7
Sakaka B4
Shaqra D6
Sulaijil E6
Taif E4

Kuwait
Hauptstadt:
Kuwait B7

Länder in Zahlen

	Fläche (km²)	Einwohner	Sprache	Religion	Währung
Saudi-Arabien	2.240.350	21.504.613	Arabisch	Sunniten (musl.)	Saudi Riyal
Kuwait	17.819	1.991.115	Arabisch	Sunniten (musl.)	Dinar

Südarabien

Jemen, Oman

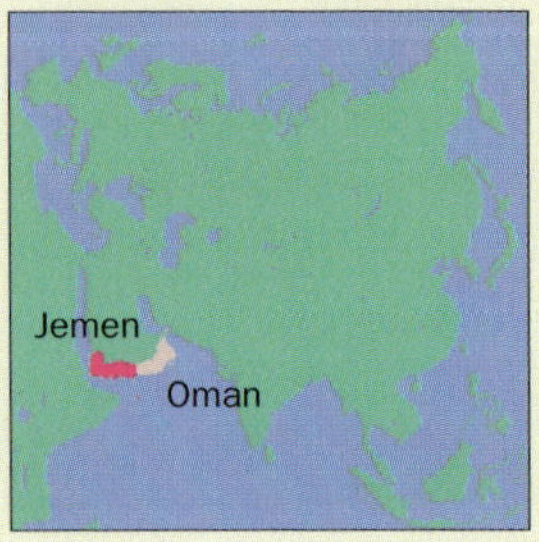

Die Kamelkarawanen ziehen aus den Wüsten Saudi-Arabiens weiter nach Süden in die glühend heißen Felsplateaus und Gebirge des Jemen. Mit jedem Schritt abwärts zur Küste wird die Landschaft grüner, denn sie bekommt Feuchtigkeit vom Indischen Ozean. Hier oben wachsen Kaffee und Baumwolle. Die Küstenebenen am Roten Meer und dem Golf von Aden sind dagegen schwül-heiß. In Sana, der Hauptstadt des Jemen, erheben sich schlanke Minarette über die rechteckigen, vierstöckigen Häuser, die aus Lehm erbaut und mit weißen Mustern verziert wurden. Sie erinnern etwas an Lebkuchenhäuser.

Auch der Oman ist ein Land mit Gebirgen und Geröllwüsten unter gleißender Sonne. Zum Staatsgebiet gehören einige Inseln und ein abgetrenntes Territorium auf der Halbinsel Musandam, die in die Straße von Hormus ragt. Im Landesinneren grasen Kamele die mageren Büsche ab. Die meisten Nomaden vom Stamm der Jebali stammen aus dem Süden der Region. Fruchtbares Land gibt es nur im Norden, hier wachsen Datteln. Die Fischer segeln mit großen Holzbooten aus den Häfen, während zwischen dem Golf von Oman und dem Hafen von Aden vorwiegend Öltanker verkehren.

Maṭraḥ war ein altes Handelszentrum, dessen Bevölkerung stark zunahm. Schließlich wurde es mit Maskat zur Hauptstadt vereinigt.

WISSENSWERTES

- *Die Kaffeepflanze stammt aus Südarabien und vom Horn von Afrika. Sie wurde später nach Indien, Südostasien, Ostafrika und nach Mittel- und Südamerika exportiert.*
- *In den Wadis, den Wüstentälern, kann es jahrelang nicht regnen. Die Sonne brennt den Boden steinhart. Fallen dann doch noch Niederschläge, kann das Wasser nicht versickern und fließt mit einer gewaltigen Flutwelle ab.*

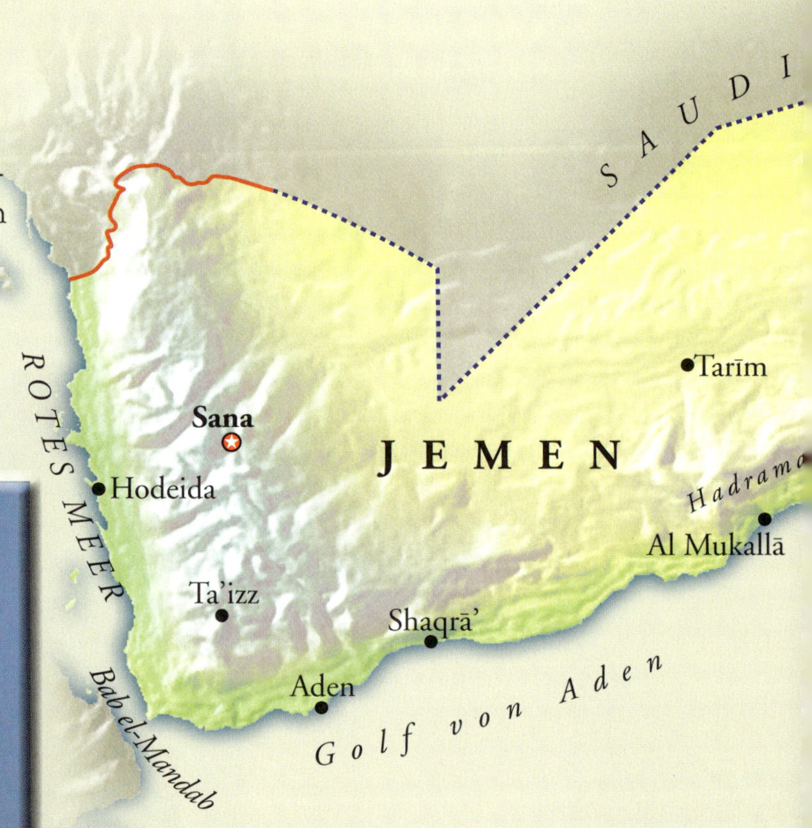

Dieser alte Palast in der jemenitischen Hauptstadt Sana thront auf einer Felssäule. Im Laufe der Zeit sind viele Wüstenlandschaften durch Wind und Sand zu merkwürdigen und fantastischen Formen verwittert.

Wo auf der Welt?

Von Berlin nach Sana
4.937 km
5 Std. 54 Min.

Sana liegt auf
15° 27′ nördlicher Breite
44° 12′ östlicher Breite

Leben in Zahlen

	Wie hoch ist die Lebenserwartung?	Anzahl der Autos je 100 Menschen
Deutschland	77 Jahre	50
Jemen	60 Jahre	1
Oman	71 Jahre	9

Wenn sie das Haus verlassen, tragen die meisten jemenitischen Frauen lange dunkle Kleider und einen Schleier, der ihr Gesicht verdeckt und nur einen Sehschlitz freilässt. Nur Frauen auf dem Land arbeiten auf dem Feld ohne Schleier.

Länder in Zahlen

	Fläche (km²)	Einwohner	Sprache	Religion	Währung
Jemen	536.871	16.942.230	Arabisch	Muslime	Rial
Oman	306.009	2.446.645	Arabisch	Ibaditen (musl.)	Rial Omani

Suche und finde

Jemen
Hauptstadt:
Sana E4
Aden F4
Hodeida E4
Al Mukallā E6
Shaqrā' F5
Ta'izz F4
Tarim E5

Oman
Hauptstadt:
Maskat B8
Khaluf C8
Matrah B9
Nizwa C8
Salālah D7
Şuḩār B8
Şūr C9

Die Golf-Staaten

VEREINIGTE ARABISCHE EMIRATE (V.A.E.), KATAR, BAHRAIN

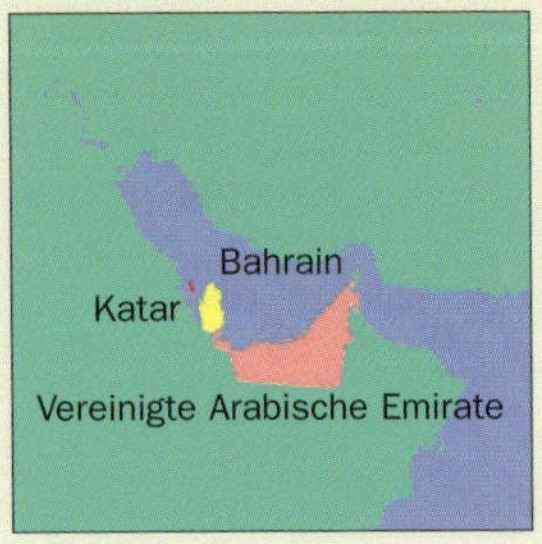

WENN man mit dem Flugzeug in den durch Klimaanlangen angenehm temperierten Flughäfen von Abu Dhabi oder Dubai ankommt, spürt man nichts von der glühenden Hitze über dem gelbbraunen Land und der smaragdblauen Küste. Die Wüste geht im Westen in die sandige, steinige Wildnis Saudi-Arabiens über. Das blaue Wasser ist der Persische Golf, der die arabische Halbinsel vom Iran trennt. Die flachen Salzebenen, Inseln und Halbinseln an der Südküste des Persischen Golfes gehören zu den drei kleinen Ländern Katar, Bahrain und den Vereinigten Arabischen Emiraten (V.A.E.). Die V.A.E sind ein Zusammenschluss aus sechs winzigen und einem größeren Staat (Abu Dhabi).

An der Küste des Persischen Golfes wird Öl gefördert, das die Länder der Region reich gemacht hat. Die großen Öltanker transportieren ihre kostbare Fracht durch die Straße von Hormus Richtung Arabisches Meer. Mit dem Geld aus dem Ölgeschäft wurden die Häuser der modernen Städte und Industriezweige wie die Fischverarbeitung finanziert. Auch eine große, sehr teure Anlage zur Entsalzung von Meerwasser, die Trinkwasser liefert und Bewässerungsfeldbau ermöglicht, wurde erst durch die Einnahmen aus dem Öl möglich.

Katar ist eine Halbinsel, während Bahrain aus mehr als 30 kleinen Inseln besteht.

Dieses Mädchen aus Bahrain trägt ein traditionelles Kleid und wertvollen Schmuck. Die meisten Bewohner der Insel Bahrain sind Araber. Sie gehören der sunnitischen und der schiitischen Glaubensrichtung des Islam an.

WISSENSWERTES

- *Vor den Küsten von Katar liegt das größte Erdgasfeld der Erde.*
- *Kamelrennen sind in den Vereinigten Arabischen Emiraten ein beliebter Sport. Dabei erreichen die Dromedare (einhöckrige Kamele) unter ihren Reitern eine Geschwindigkeit von 20 km/h.*
- *In der Golfregion lagert mehr als die Hälfte der Weltvorräte an Öl.*

Die traditionellen Holzboote liegen am Ufer des Dubai-Flusses, der sich zwischen den modernen Büro- und Hotelhochhäusern von Dubai hindurchschlängelt. Dubai ist der Haupthafen und das wirtschaftliche Zentrum der Vereinigten Arabischen Emirate.

Diese traditionelle Moschee, das Gebetshaus der Muslime, steht in Dubai und wird täglich von Menschen zum Gebet aufgesucht. Dubai gehört zu den kleinsten Emiraten am Persischen Golf. Etwa 96% der Bevölkerung in den V.A.E. sind Muslime.

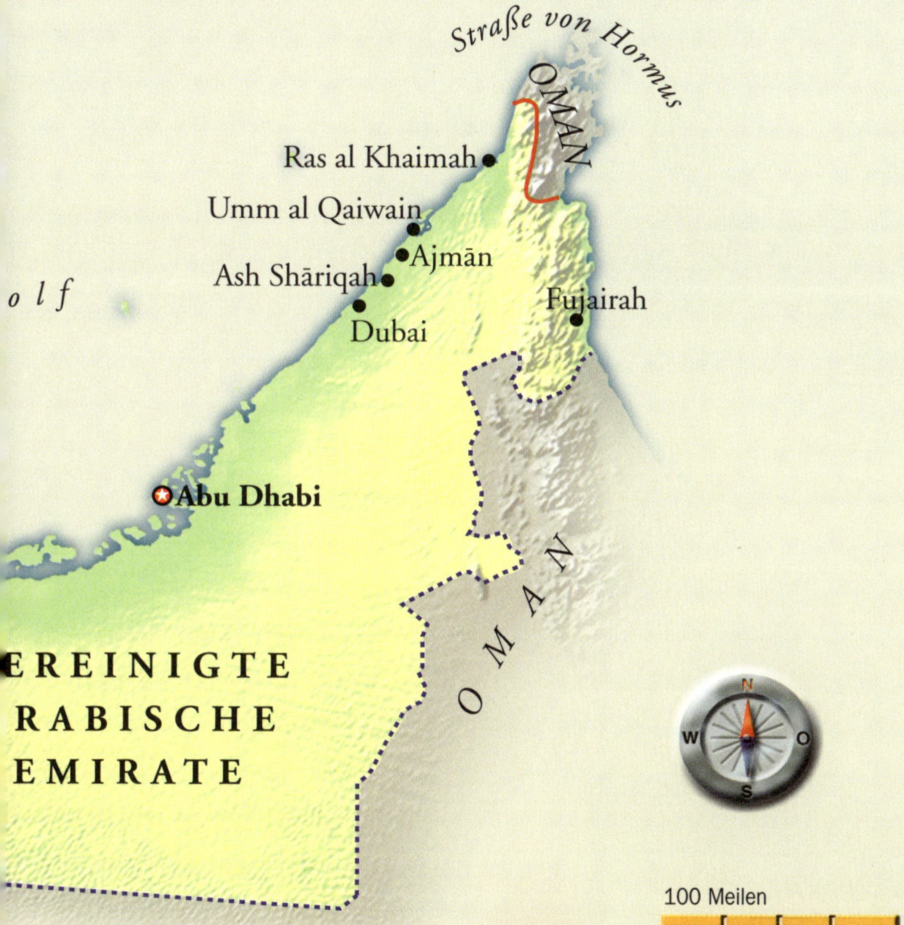

Vereinigte Arabische Emirate | Katar | Bahrain

Länder in Zahlen

	Fläche (km²)	Einwohner	Sprache	Religion	Währung
V.A.E.	82.880	2.344.402	Arabisch	Sunniten (musl.)	Dirham
Katar	11.437	723.542	Arabisch	Sunniten (musl.)	Riyal
Bahrain	694	629.090	Arabisch	Schiiten (musl.)	Dinar

Wo auf der Welt?

13.00 Uhr Berlin | 12.00 Uhr GMT | 15.00 Uhr Abu Dhabi

Von Berlin nach Abu Dhabi
4.623 km
5 Std. 30 min.

Abu Dhabi liegt auf
24° 28' nördlicher Breite
54° 25' östlicher Länge

Leben in Zahlen

Wie hoch ist die Lebenserwartung?		Anzahl der Autos je 100 Menschen
Deutschland	77 Jahre	50
V.A.E.	75 Jahre	14
Katar	74 Jahre	14
Bahrain	75 Jahre	23

Kanonen bewachen den Eingang zu einer alten Festung in Abu Dhabi. Statt Piratenschiffen fahren heute Öltanker die Küste entlang.

Suche und finde

V.A.E.
Hauptstadt:
Abu Dhabi E7
Ajman D8
Ash Shariqah . . .D8
Dubai D8
Fujairah D8
Ras al Khaimah .D8
Umm al Qaiwain .D8

Katar
Hauptstadt:
Doha D4

Bahrain
Hauptstadt:
Manama D4

Der Mittlere Osten

IRAN, IRAK

IN der heiligen Stadt Meschhed im Osten des Iran wartet eine Gruppe Turban tragender Reisender darauf, dass der Wasserkessel zu kochen beginnt. Es ist ein kalter Morgen und kurz darauf trinken alle heißen, gesüßten schwarzen Tee. Ein Bäcker bringt flaches, rundes Fladenbrot. Als die Sonne aufgeht, fährt ein Bus die Reisenden nach Westen. Er durchquert die flache Salzwüste in Richtung der schneebedeckten Berge und der Hauptstadt Teheran. Während des Tages hält der Bus mehrmals an, damit die Fahrgäste aussteigen und beten können. Wie in anderen streng islamischen Ländern müssen die Frauen Schleier tragen.

Auch der Irak ist ein islamisches Land. Seine Hauptstadt Bagdad ist eine der ältesten Handelsstädte der arabischen Welt. Früher war es berühmt für seine Kamelkarawanen und Bazare, heute sind auch hier die Häuser aus Beton und die Menschen fahren mit Autos umher. Euphrat und Tigris fließen durch grüne Flussebenen, wo Dattelpalmen wachsen und Dörfer aus Lehmhäusern mit flachen Dächern stehen. Jenseits der Flusstäler liegt die Wüste. Die Gebirge des Nordens setzen sich in die Türkei und den Iran fort. Hier leben die Kurden. Iran und Irak sind Öl produzierende Länder.

Die Männer versammeln sich zum Freitagsgebet in Teheran, der Hauptstadt des Iran. 95% der Iraner gehören den Schiiten an, einer islamischen Glaubensgruppe. Nur 4% sind sunnitische Moslems.

WISSENSWERTES

- *Im Kaspischen Meer lebt der seltene Beluga-Stör, der bis zu 1.000 kg schwer wird. Die schwarzen Eier dieses Fisches werden zu teurem Kaviar verarbeitet.*
- *In den Feuchtgebieten des südlichen Irak lebt eine Gruppe von Arabern in großen Schilfhütten, die auf künstlichen Schilfinseln schwimmen.*

Im Zentrum von Isfahan, der drittgrößten Stadt des Iran, steht die eindrucksvolle Königliche Moschee. Sie wurde im 17. Jh. erbaut und mit prachtvoll glasierten Ziegeln geschmückt.

Die höchsten Berge

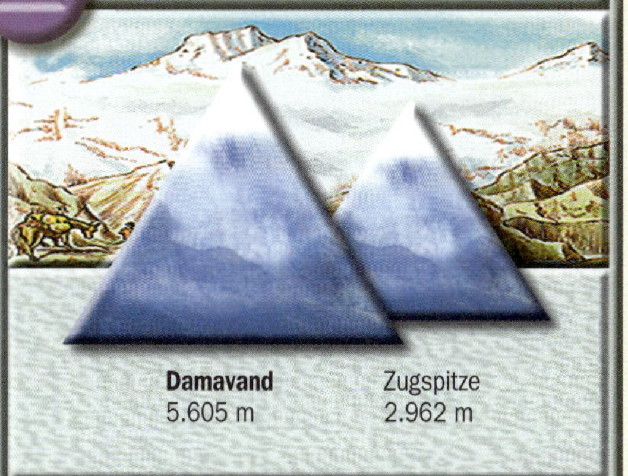

Es dauert lange, bis diese iranische Frau die komplizierten Muster des Teppichs Knoten für Knoten fertig gestellt hat. Die Kunst des Teppichknüpfens ist über 2.500 Jahre alt. Die Frau bekommt für ihre Arbeit nur etwa 0,85 Euro pro Tag.

Wo auf der Welt?

Von Berlin nach Teheran
3.513 km
4 std. 12 Min.

Teheran liegt auf
35° 40' nördlicher Breite
51° 26' östlicher Länge

Leben in Zahlen

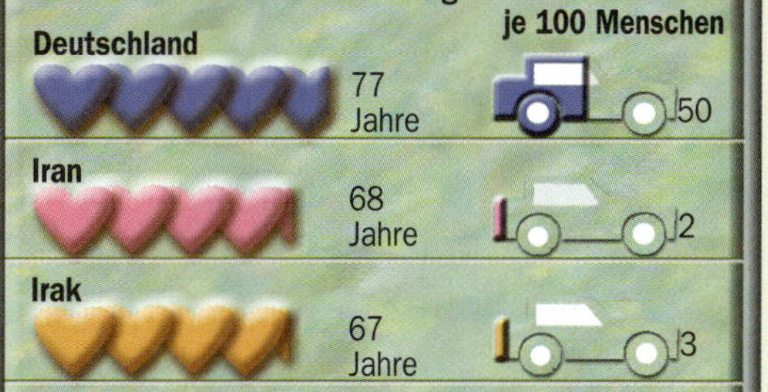

Die längsten Flüsse

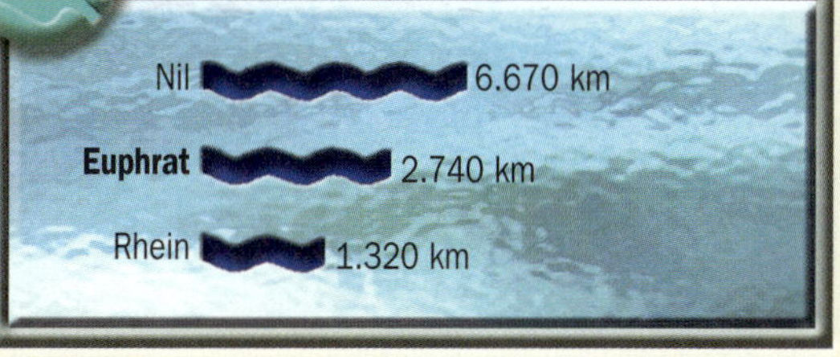

Iran Irak

Suche und finde

Iran
Hauptstadt:
Teheran D6
Abadan E5
Ahwas E5
Babol C6
Bakhtaran D5
Bandar-e Abbas .F7
Bandar-e Lengeh .F7
Bushehr E6
Hamadan D5
Isfahan D6
Jesd D7
Jask F7
Kashan D6
Kerman E7
Meschhed C8
Qom D6
Rescht C5
Schiras E6
Täbris C5
Zahedan E8

Irak
Hauptstadt:
Bagdad D4
An Nasiriya E5
Arbil C4
Basra E5
Kerbala D4
Kirkuk D4
Mosul C4

Länder in Zahlen

	Fläche (km^2)	Einwohner	Sprache	Religion	Währung
Iran	1.638.064	65.179.752	Farsi	Schiiten (musl.)	Rial
Irak	435.055	22.427.150	Arabisch	Schiiten, Sunniten	Dinar

Von Kabul bis zum Indus

PAKISTAN, AFGHANISTAN

DER Kyberpass ist eine uralte Handelsstraße, die über das Bergland zwischen Afghanistan und Pakistan führt. Bunt bemalte, altmodische Lastwagen bilden eine Schlange an der Grenze. Die Fahrer – große, bärtige Männer mit Pluderhosen und runden Fellhüten – unterhalten sich.

Kabul, die Hauptstadt Afghanistans, ist von Gebirgen umgeben, die im Winter kalt und verschneit sind. Straßen Richtung Norden führen in den Hindukusch, andere biegen nach Süden und Westen nach Kandahar und Herat ab. In Afghanistan findet man Festungen aus Lehmziegeln, Bazare und Moscheen. Im Südwesten des Landes fließt der Helmand in Richtung iranische Grenze. In seiner Nähe wachsen Gerste, Mais und Weizen.

Auch das Nachbarland Pakistan hat schneebedeckte Berge und Wüsten. Eine seiner Straßen klettert auf das Karakorum-Gebirge in Richtung China. Viele Flüsse fließen nach Süden über eine weite Ebene, um sich mit dem mächtigen Indus zu vereinigen. In dieser Region werden Weizen, Reis und Baumwolle angebaut. Eisenbahnen verbinden große Industriestädte, wie Karachi und Lahore. Die Straßen der Städte sind heiß und belebt. Männer mit weißen Kaftanen über lockeren Hosen radeln vorbei. Eine Gruppe von Mädchen verlässt die Schule. Sie tragen bunte Hosen und verstecken ihr dichtes, geflochtenes Haar unter einem Tuch.

WISSENSWERTES

- *Afghanistan ist der größte Lapislazuli-Produzent der Welt. Dieser kostbare Edelstein wird hier bereits seit 6.000 Jahren gefördert. Sogar in ägyptischen Gräbern wurde afghanischer Lapislazuli gefunden.*

Ein Flötenverkäufer stellt seine Waren auf einer geschäftigen Straße im pakistanischen Karachi aus. Blasinstrumente, darunter verschiedene Bambusflöten, so genannte Bansuri, sind wichtig in der Volksmusik Pakistans und Nordindiens.

Die längsten Flüsse

Nil	6.670 km
Indus	6.020 km
Rhein	2.897 km

200 Meilen

300 km

Wo auf der Welt?

13.00 Uhr Berlin | 12.00 Uhr GMT | 17.00 Uhr Islamabad

Von Berlin nach Islamabad
5.108 km
6 Std. 6 Min.

Islamabad liegt auf
33° 37' nördlicher Breite
73° 06' östlicher Länge

Leben in Zahlen

	Wie hoch ist die Lebenserwartung?	Anzahl der Autos je 100 Menschen
Deutschland	77 Jahre	50
Pakistan	59 Jahre	1
Afghanistan	48 Jahre	0.1

Die höchsten Berge

K2
8.611 m

Zugspitze
2.962 m

Nicht weit von Kabul, der Hauptstadt Afghanistans, wurden diese Häuser und eine Moschee in ein Tal gebaut. Weniger als ein Fünftel aller Afghanen lebt in Städten.

Pakistan

Afghanistan

Suche und finde

Länder in Zahlen

	Fläche (km²)	Einwohner	Sprache	Religion	Währung
Pakistan	796.099	138.123.359	Urdu	Sunniten (musl.)	Rupie
Afghanistan	652.227	25.824.882	Paschtu	Sunniten (musl.)	Afghani

Vorderindien

INDIEN, NEPAL, SRI LANKA, BHUTAN

VOR den Toren von Katmandu, der Hauptstadt von Nepal, steht ein buddhistischer Schrein. Sein goldener Turm ist mit vier Augenpaaren bemalt, die in die vier Himmelrichtungen blicken. Sie symbolisieren die Augen Buddhas. Vom Norden grüßt der Himalaja, das höchste Gebirge der Erde, aus der rötlichen Morgendämmerung. Im Osten fällt der Blick auf die Terrassenfelder des Königreichs Bhutan. Im Westen und Süden liegt das Tal des heiligen Ganges, der sich durch die riesigen Ebenen des nördlichen Indiens windet.

Indien ist ein weites und schönes Land. Es hat eine lange Tradition in Kunsthandwerk, Bildhauerei, Tanz, Musik und Dichtung. Indien leidet unter der brennenden Sonne und den stürmischen Monsunregen. Es ist ein Land der staubigen Dörfer und überbevölkerten Städte, der Schwerindustrie und uralter Eisenbahnen. Auf jeder Straße hört man das Geschrei der Straßenhändler und das Summen der Dreirad-Taxis. Die Frauen tragen Saris in leuchtenden Farben und der Duft exotischer Gewürze und Früchte schwebt über den Märkten unter freiem Himmel.

In Südindien rahmen die Küstengebirge das zentrale Dekkan-Hochland ein. Jenseits der Palk-Straße ragt die Insel Sri Lanka mit ihren Bergen und tropischen Regenwäldern aus dem Meer.

Diese Frau aus dem Nordwesten Indiens trägt Silberschmuck und einen farbigen Sari, der mit spiegelnden Pailletten verziert ist.

WISSENSWERTES

- *In Indien werden über 400 verschiedene Sprachen gesprochen.*
- *Indien ist die größte Demokratie der Welt. Bei einer allgemeinen Wahl gehen mehr als 300 Millionen Menschen zu den Wahlurnen.*
- *Jedes Jahr findet in Kandy auf Sri Lanka das Esala-Perahera-Fest statt. Elefanten spielen dabei eine große Rolle. Das Fest wird zu Ehren Buddhas abgehalten, von dem in Kandy ein Zahn als Reliquie bewahrt wird.*

Leben in Zahlen

	Wie hoch ist die Lebenserwartung?	Anzahl der Autos je 100 Menschen
Deutschland	77 Jahre	50
Indien	63 Jahre	0,4
Nepal	58 Jahre	k. A.
Sri Lanka	73 Jahre	1
Bhutan	52 Jahre	k. A.

Die höchsten Berge

Wo auf der Welt?

Von Berlin nach Delhi
5.792 km
6 Std. 54 Min.

Delhi liegt auf
28° 54' nördlicher Breite
77° 13' östlicher Länge

Die längsten Flüsse

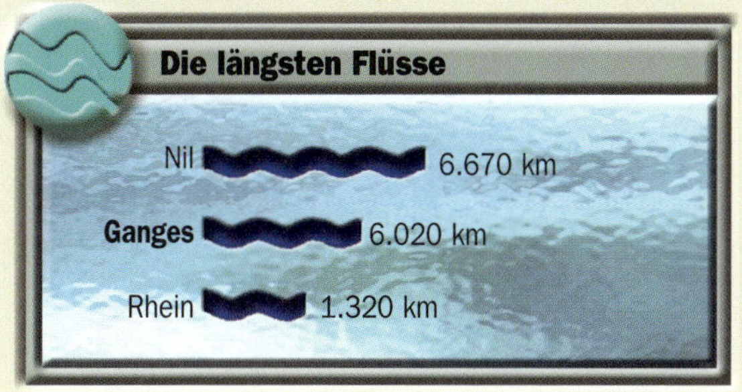

Länder in Zahlen

	Fläche (km²)	Einwohner	Sprache	Religion	Währung
Indien	3.165.609	1.000.848.550	Hindi	Hindus	Indische Rupie
Nepal	147.182	24.302.653	Nepali	Hindus	Nepales. Rupie
Sri Lanka	65.610	19.144.875	Singhal./Tamilisch	Buddhisten	Sri-Lanka-Rupie
Bhutan	47.000	1.951.965	Dzongkha	Lamaistische Buddhisten	Ngultrum

Das Tadsch Mahal im indischen Agra ließ der Herrscher Shah Jahan im 17. Jh. als Grabmal für seine Frau errichten.

Suche und finde

Golf von Bengalen

MYANMAR, BANGLADESCH

WENN die großen Flüsse Schmelzwasser aus dem Himalaja mit sich führen, kommt es vor ihrer Mündung in den Golf von Bengalen regelmäßig zu Überschwemmungen. In Bangladesch vereinigen sich Ganges und Brahmaputra zu einem Labyrinth aus Wasserläufen und Inseln. Tropische Wirbelstürme rasen über den Golf und können ganze Landstriche unter Wasser setzen.

Bangladesch ist ein heißes, feuchtes Land mit reichem, fruchtbarem Boden. Es ist stark überbevölkert und seine Einwohner versuchen sich mit dem Anbau von Jute, Tee und Reis durchzuschlagen. Die meisten Bengalesen gehören dem islamischen Glauben an.

Östlich von Bangladesch liegt Myanmar, das einstige Burma. Es wird von Norden nach Süden vom Irawadi durchflossen, der sich an seiner Mündung zu einem Delta weitet. Hier stehen zahlreiche Pfahlbauten im Wasser. In dem warmen, feuchten Klima gedeihen Reis, Zuckerrohr und Kautschukbäume, die kühleren Hügel weiter nördlich tragen Wälder mit Teakbäumen. Myanmar exportiert Öl, Erdgas und Edelsteine. Hier steht auch mit der Shwe-Dagon-Pagode eines der bedeutendsten Heiligtümer der Buddhisten. Die meisten Einwohner sind Burmesen, es gibt aber auch Minderheiten, wie die Tschin, Kachin, Shan und Karen.

Ein lesender Mönch sitzt vor einem buddhistischen Kloster in Mandalay in Myanmar. Die Schnitzereien wurden in Teakholz ausgeführt, ein wertvolles, tropisches Hartholz, das in den Wäldern von Myanmar wächst.

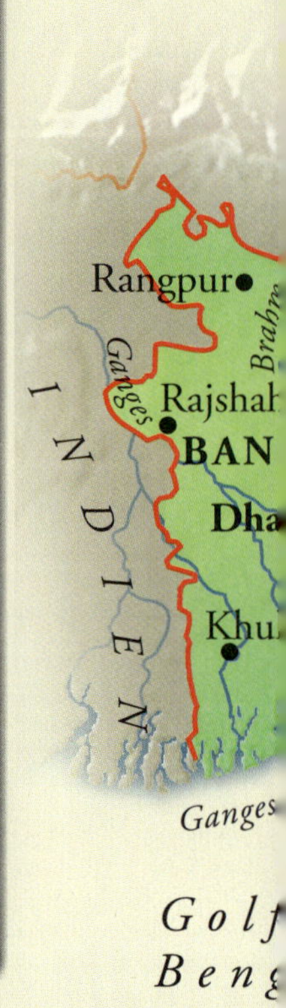

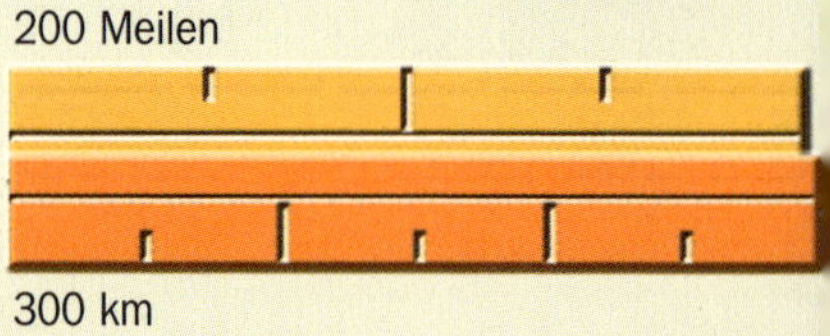

WISSENSWERTES

- *Brahmaputra und Ganges vereinigen sich zum größten Flussdelta der Welt. Es bedeckt eine Fläche von 75.000 km².*
- *Bei großen Überschwemmungen liegt mehr als die Hälfte von Bangladesch unter Wasser, da drei Viertel des Landes nur 3 m über den Meeresspiegel ragen.*
- *Alle fünf Tage treffen sich die Bauern, Handwerker und andere Bewohner zu einem Bootsmarkt auf einem See in Myanmar. Dort werden Reiskuchen, Werkzeug, Seide, Fische, Früchte und Gemüse verkauft.*

In Bangladesch und anderen Küstenregionen des Golfes von Bengalen verschwimmen die Unterschiede zwischen Wasser und Land. Tropische Wirbelstürme und Monsunregen lösen immer wieder katastrophale Überschwemmungen aus.

Länder in Zahlen

	Fläche (km²)	Einwohner	Sprache	Religion	Währung
Myanmar	678.500	48.081.302	Burmesisch	Buddhisten	Kyat
Bangladesch	143.999	127.117.967	Bengalesisch	Sunniten (musl.)	Taka

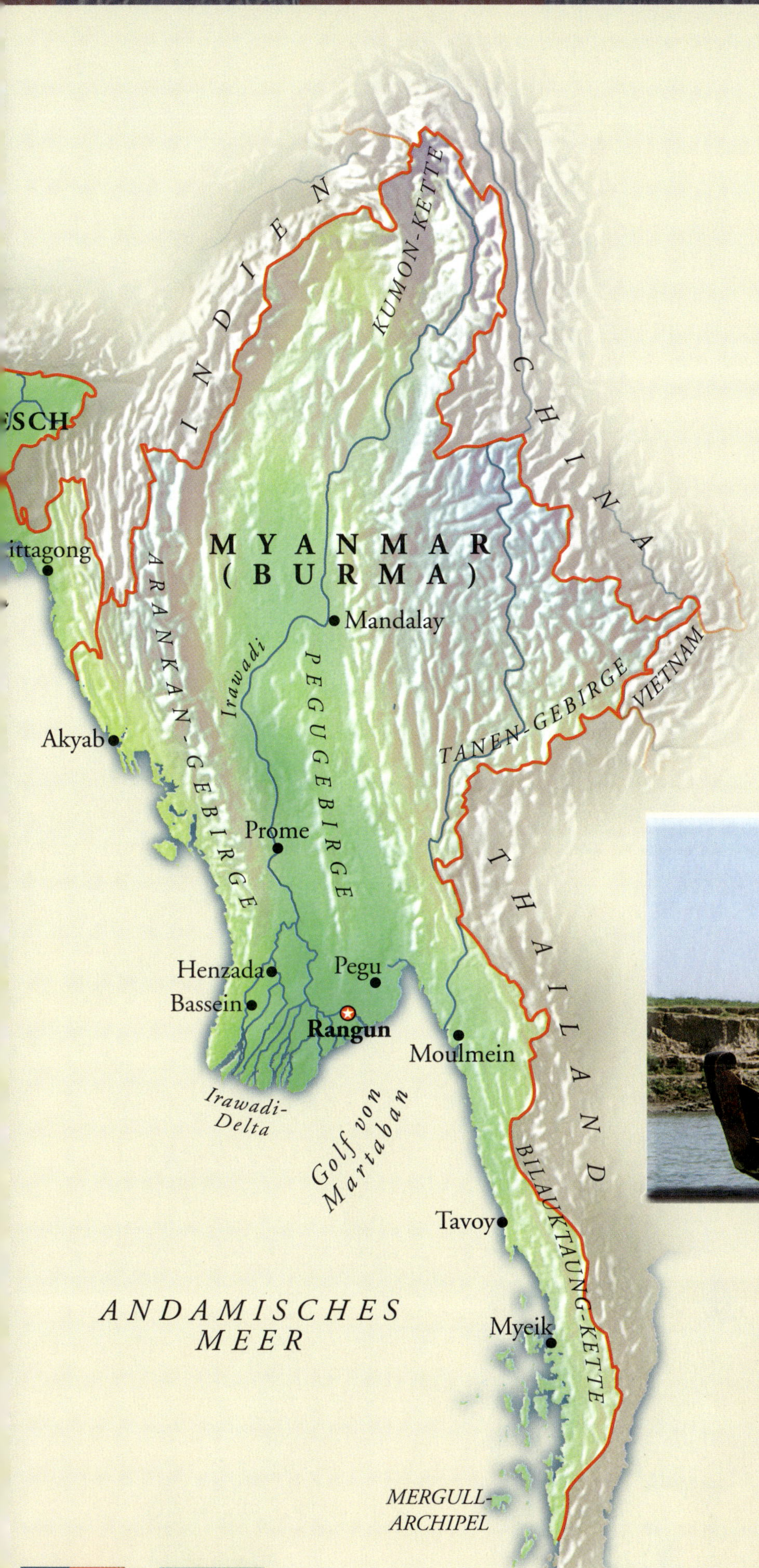

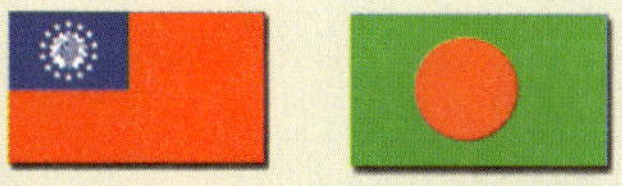

Wo auf der Welt?

13.00 Uhr	12.00 Uhr	18.30 Uhr
Berlin	GMT	Rangun

Von Berlin nach Rangun
8.058 km
9 Std. 36 Min.

Rangun liegt auf
16° 46' nördlicher Breite
96° 09' östlicher Länge

Leben in Zahlen

	Wie hoch ist die Lebenserwartung?	Anzahl der Autos je 100 Menschen
Deutschland	77 Jahre	50
Myanmar	55 Jahre	0.1
Bangladesh	57 Jahre	0.1

Ein Holzkahn mit geblähtem Segel nähert sich dem Ufer. Der Irawadi in Myanmar ist ein wichtiger Transportweg, auf dem Baumstämme, Benzin und Nahrungsmittel, vor allem Reis, transportiert werden.

Suche und finde

Südostasien

Thailand, Vietnam, Laos, Kambodscha

Östlich von Myanmar und südlich von China reicht der asiatische Kontinent bis an den Äquator heran. Auf einer Halbinsel mit heißem und oft feuchtem Klima liegen die Länder Thailand, Laos, Kambodscha und Vietnam. Die vier Länder werden zusammen häufig als Indochina bezeichnet. In diesem Teil Asiens leben sehr unterschiedliche Volksgruppen, darunter die Thai, Karen, Shan, Hmong, Laoten, Khmer, Chinesen und Vietnamesen.

In den fruchtbaren Flusstälern und Ebenen arbeiten Männer und Frauen auf den Reisfeldern. Viele tragen breitkrempige Strohhüte als Schutz vor der Sonne oder dem Monsunregen. Die Bewohner der Gebirge und des Hügellands leben von der Jagd und dem Anbau von Süßkartoffeln. Natürlich gibt es auch Großstädte, wie Bangkok, Phnom Penh, Ho-Chi-Minh-Stadt oder Hanoi. In ihren Straßen wimmelt es von knatternden Motorrädern und Minibussen, Straßenmärkten und schwimmenden Händlern, die ihre Waren vom Boot aus anbieten. Zwischen den Passanten fallen die buddhistischen Mönche in ihren orangefarbenen Kutten auf.

Heute wird die Region von vielen Touristen besucht. Sie besichtigen die antiken Ruinen des Khmer-Reiches in Kambodscha, andere die smaragdgrünen Gewässer und Kalksteinfelsen vor der Küste Thailands.

Wissenswertes

- *Der Schwarze Fluss im Norden Vietnams hat eine schmale, 800 m tiefe Schlucht mit senkrechten Wänden in das Gebirge geschnitten. Sie ist so tief, dass nur selten Tageslicht bis zum Grund der Laichau-Schlucht dringt.*
- *In den Kalksteinhöhlen von Südwest-Thailand lebt das kleinste Säugetier der Erde, die Thailand-Hummelfledermaus: Sie ist nur 3 cm lang und hat eine Flügelspannweite von 14 cm.*

Die beiden Kambodschaner in der safrangelben Robe der buddhistischen Mönche sitzen im alten Tempel von Angkor Wat, nordwestlich der Hauptstadt Phnom Penh. Der Tempel gehört zu den Zeugnissen der mehr als tausend Jahre alten Khmer-Kultur.

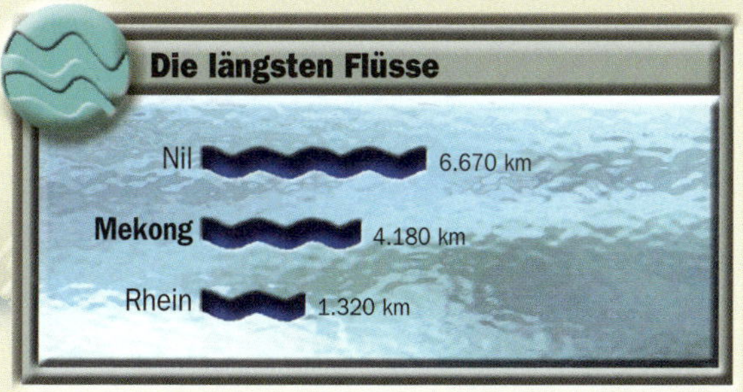

Im Fernen Osten werden Holzboote zum Fischfang oder als Transportmittel benutzt. Diese so genannten Sampans stammen aus Vietnam.

Thailand

Vietnam

Laos

Kambodscha

Suche und finde

Thailand
Hauptstadt:
Bangkok D5
Chiang Mai B4
Hat Yai G5
Khon Kaen C6
Nakhon Ratchasima . .D5
Nakhon Si Thammarat . . .F5
Phuket F4
Songkhla G5
Ubon Ratchathani D7

Vietnam
Hauptstadt:
Hanoi B7
Can Tho E7
Da Nang C8
Haiphong B7
Ho-Chi-Minh-Stadt E7
Hue C7
Nam Dinh B7
Nha Trang E8
Qui Nhon D8
Thai Nguyen . . .A7
Vinh B7

Laos
Hauptstadt:
Vientiane C6
Luang Prabang . .B6
Savannakhet . . .C6

Kambodscha
Hauptstadt:
Phnom Penh . .E6
Battambang . . .D6
Kampong Cham .E7

Länder in Zahlen

	Fläche (km^2)	Einwohner	Sprache	Religion	Währung
Thailand	513.998	61.210.000	Thai	Buddhisten	Baht
Vietnam	329.559	77.311.210	Vietnamesisch	Buddhisten	Dong
Laos	236.799	5.407.453	Laotisch	Buddhisten	Kip
Kambodscha	181.041	10.750.000	Khmer	Therawada-Buddhisten	Riel

Südostasiatische Inselwelt

Indonesien, Malaysia, Osttimor, Brunei, Singapur

Ein großer Teil Südostasiens besteht aus Inseln, die hauptsächlich zu den Ländern Indonesien und Malaysia gehören. Mit einem kleinen Motorrad lässt sich die Insel Bali am besten erkunden. Die von Palmen gesäumten Straßen führen durch grüne, terrassierte Reisfelder, durch Wälder mit Wasserfällen und Affen und durch Dörfer mit strohgedeckten Holzhäusern. Handwerker schnitzen Holz oder stellen wunderschöne Stoffe her, die aus farbigen Garnen gewebt oder mit einer Wachsfärbemethode, so genannter Batik, gefärbt werden. Junge Frauen lernen die anmutigen balinesischen Tänze. Enten schwimmen in den Wassergräben der Paläste und reich dekorierten Tempel, in denen die Balinesen ihren hinduistischen Glauben ausüben. Die meisten übrigen Indonesier sind Muslime.

Osttimor ist erst seit dem Jahre 2000 von Indonesien unabhängig. Der kleine, ölreiche Staat Brunei liegt an der Nordküste von Borneo. In Südostasien wachsen nicht nur abgelegene Wälder, hier sind auch Zentren der internationalen Wirtschaft entstanden. Dazu gehören die Wolkenkratzer von Kuala Lumpur, der Hauptstadt von Malaysia, und der Hafen von Singapur, einem selbstständigen Stadtstaat.

WISSENSWERTES

- *Als die Zwillingstürme des Petronas Tower in Kuala Lumpur 1996 eröffnet wurden, waren sie mit 452 m die höchsten Gebäude der Welt.*
- *Der Komodowaran ist mit 2,50 m Länge das größte Reptil der Erde. Es lebt auf der indonesischen Insel Komodo und auf einigen Nachbarinseln.*
- *Mit mehr als 17.000 Inseln ist Indonesien die größte Inselgruppe der Welt.*

Leben in Zahlen

	Wie hoch ist die Lebenserwartung?	Anzahl der Autos je 100 Menschen
Deutschland	77 Jahre	50
Indonesien	63 Jahre	1
Malaysia	71 Jahre	14
Brunei	72 Jahre	46
Singapur	79 Jahre	11
Osttimor	keine Angaben	

Die höchsten Berge

Wo auf der Welt?

13.00 Uhr Berlin | 12.00 Uhr GMT | 13.00 Uhr Jakarta

Von Berlin nach Jakarta
10.797 km
12 Std. 54 Min.

Jakarta liegt auf
06° 10' südlicher Breite
106° 48' östlicher Länge

Die Wolkenkratzer des Geschäftszentrums von Singapur stehen auf einer kleinen Insel, die über eine Brücke mit dem Festland verbunden ist. Die Bevölkerung von Singapur besteht aus Chinesen, Malaien und Indern.

Suche und finde

Indonesien
Hauptstadt:
Jakarta D5
Ambon C8
Balikpapan C6
Bandung D5
Banjarmasin . . .C6
Baubau C8
Ende D7
Jambi C4
Jayapura C11
Kupang D8
Malang D6
Manado B8
Mataram D6
Medan B3
Padang C4
Palembang C4
Palu C7
Pontianak C5
Semarang D5
Sorong C9
Surabaya D6
Ujungpandang . .C7

Malaysia
Hauptstadt:
Kuala Lumpur .B4
Ipoh B4
Johor Baharu . . .B4
Kelang B4
Kota Kinabalu . .A6
Kuala Terengganu . .B4
Sandakan A6

Osttimor
Hauptstadt:
Dili D8

Brunei
Hauptstadt:
Bandar Seri Begawan .B6

Singapur B4

Indonesien

Malaysia

Osttimor

Brunei

Singapur

Länder in Zahlen

	Fläche (km^2)	Einwohner	Sprache	Religion	Währung
Indonesien	1.904.450	202.110.000	Javanesisch	Sunniten (musl.)	Rupiah
Malaysia	329.748	20.932.901	Malaiisch	Sunniten (musl.)	Ringgit
Osttimor	14.874	845.000	Tetum	Katholiken	Escudo
Brunei	5.771	315.292	Malaiisch	Sunniten (mosl.)	Brunei-Dollar
Singapur	648	3.490.356	Chinesisch	Buddhisten	Singapur-Dollar

Philippinen

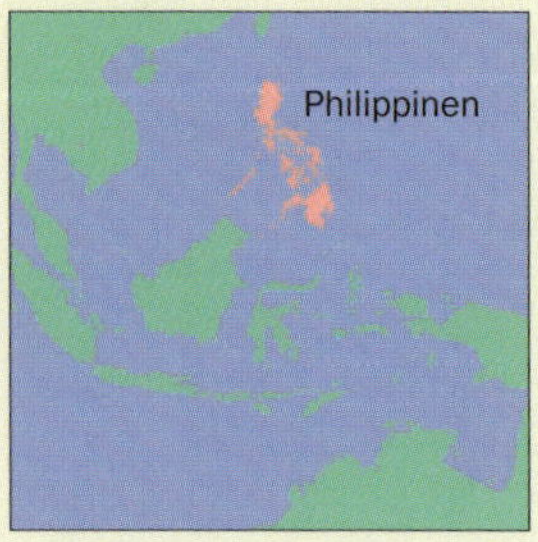

Die mehr als 7.000 Inseln der Philippinen bilden die Grenze Südostasiens zum Pazifik. Die tropischen Inseln entstanden durch Vulkane oder sind alte Korallenriffe. Die Filipinos, so die Bezeichnung der Einwohner, setzen sich aus über 100 ethnischen Gruppen zusammen. Viele von ihnen stammen aus Malaysia, die meisten sind römisch-katholisch.

Das Klima auf den Philippinen ist warm und feucht, in den Bergen angenehm kühl. Jedes Jahr zwischen Juni und Oktober brechen die Monsunregen über das Land herein und immer wieder biegen sich die Kokospalmen unter der Wucht tropischer Stürme. Auf einigen der Inseln brechen von Zeit zu Zeit aktive Vulkane aus. Sie erfüllen die Luft mit Rauch und Asche, die auf das Land herunterregnet. Auch Erdbeben kommen häufig vor.

Die Landschaft der Philippinen ist sehr schön. Mit Wasserbüffeln werden die Terrassen der Reisfelder gepflügt, die sich an grüne Hänge anschmiegen. Einige Filipinos leben auf dem Land, doch die meisten versuchen sich in den Städten durchzuschlagen. Die Hauptstadt Manila liegt auf der Insel Luzon. Hier gibt es Textil- und Kleiderfabriken, außerdem werden Elektrogeräte, Möbel aus Rattan und Lebensmittel erzeugt.

Seit über 2.000 Jahren wird auf Luzon auf solchen, in den Hang gegrabenen Terrassen Reis angebaut. Reis ist das wichtigste Grundnahrungsmittel der Inseln.

An einem heißen Tag in Manila verkaufen Straßenhändler Jasminblüten für einen Weihnachtsgottesdienst. 83% der Filipinos gehören der römisch-katholischen Kirche an, die übrigen sind Protestanten oder Muslime.

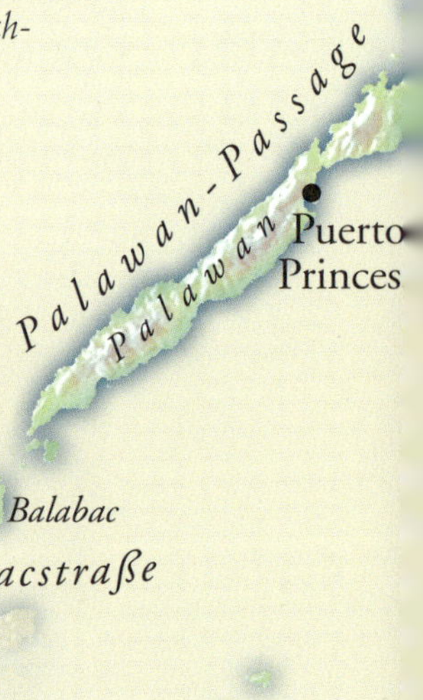

Der Personenverkehr in Manila wird zum großen Teil von solchen „Jeepneys" unterhalten. Sie sind halb Bus, halb Jeep und werden mit Chrom und allen möglichen Zubehörteilen geschmückt.

Philippinen

WISSENSWERTES

- *Die Ananas gehört zu den wichtigsten Anbauprodukten des Landes. Man verwendet aber nicht nur ihre Früchte, sondern auch die Blattfasern. Daraus werden Stoffe für bestickte Hemden gewebt, die viele Männer zu den religiösen Festen tragen, für die die Inseln bekannt sind.*
- *Der Mayon im Süden von Luzon gehört zu den schönsten, aber auch gefährlichsten Vulkanen der Erde. Ein heftiger Ausbruch im Jahre 1993 zerstörte seine Spitze.*

Länder in Zahlen

	Fläche (km²)	Einwohner	Sprache	Religion	Währung
Philippinen	300.000	79.345.812	Pilipino	Katholiken	Peso

Die höchsten Berge

Wo auf der Welt?

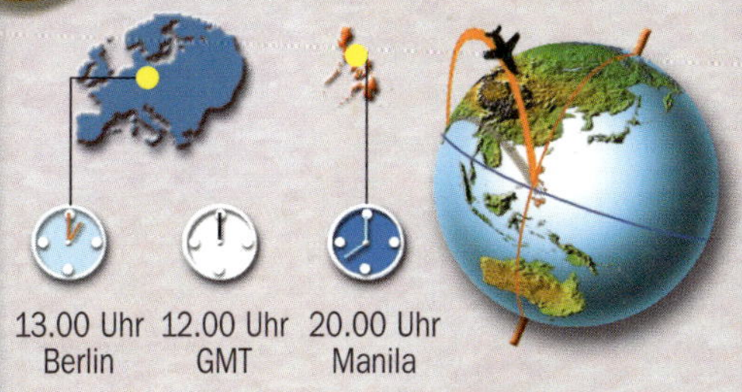

Von Berlin nach Manila
9.877 km
11 Std. 48 Min.

Manila liegt auf
14° 35' nördlicher Breite
121° 00' östlicher Länge

Leben in Zahlen

Wie hoch ist die Lebenserwartung?	Anzahl der Autos je 100 Menschen
Deutschland 77 Jahre	50
Philippinen 66 Jahre	1

Diese Frau sammelt Bimssteine am Vulkan Pinatubo. Bims ist ein vulkanisches Lockergestein mit eingeschlossener Luft. Es wird zum Scheuern und Polieren verwendet und kann sogar die Haut reinigen.

Suche und finde

Mongolei

Ein Zug auf seinem Weg von der russischen Grenze nach Süden in Richtung China fährt zwischen verstreuten Plattenbauten und Fabriken nach Ulan Bator ein. Vor dem grau-weißen Bahnhofseingang stehen alte Männer in traditioneller mongolischer Kleidung: Hohe Stiefel mit schnabelartig nach oben zeigenden Spitzen, Umhänge aus Wolle und Schärpen. Von der Hauptstadt aus erreichen sie ihr Ziel in einer unvorstellbar einsamen Landschaft mit einem Jeep oder auf dem Rücken eines galoppierenden Pferdes.

Die Mongolei ist ein riesiges Land aus nackten, flachen Hügeln und Grassteppen am Rande der Wüste Gobi. In der Sommersonne herrschen Temperaturen von 21 °C, während sie im Winter auf durchschnittlich –27 °C fallen. Die Trampeltiere, zweihöckrige Kamele, sind bestens an dieses raue Klima angepasst. Eine geeignete Unterkunft ist das *Ger*, das runde Zelt der mongolischen Schafhirten. Es besteht aus dickem Filz, manchmal auch aus Segeltuch, und wird über einem hölzernen Gestell aufgespannt. Im Innern wird vielleicht ein Eintopf mit Schafsfleisch zubereitet oder die Familie sitzt vor dem Fernseher. Traditionelle Sportarten wie Ringen, Bogenschießen und Pferderennen sind bei Jung und Alt beliebt.

Das mit Teppichen ausgestattete Innere des traditionellen Rundzeltes ist so warm und bequem wie ein Haus. Ähnliche Zelte sieht man auch im Innern von Zentralasien. Dort werden sie Jurten genannt.

WISSENSWERTES

- *Die Mongolei ist das am dünnsten besiedelte Land Asiens – gerade 2 Einwohner pro Quadratkilometer.*
- *In den Wüsten der Mongolei werden immer wieder fossile Dinosaurier wie der Proceratops gefunden. Hier entdeckten amerikanische Wissenschaftler bei einer Expedition im Jahre 1922 auch die ersten Dinosauriernester und -eier.*

Mongolische Kinder lernen schon in jungen Jahren reiten. Auf den asiatischen Steppen haben die Menschen zum ersten Mal Wildpferde gezähmt.

Eine mongolische Frau schöpft Wasser für Trampeltiere aus einem Brunnen. Diese widerstandsfähigen Kamele dienen als Reit- und als Lasttiere für Waren. Sie halten sogar die extremen Temperaturen der Wüste Gobi aus.

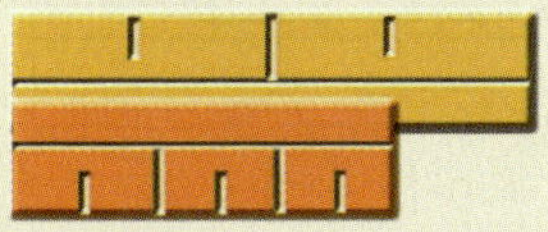

Mongolei

Länder in Zahlen

	Fläche (km^2)	Einwohner	Sprache	Religion	Währung
Mongolei	1.565.000	2.617.379	Mongolisch	Lamaistische Buddhisten	Tugrik

Wo auf der Welt?

Von Berlin nach Ulan Bator
6.198 km
7 Std. 24 Min.

Ulan Bator liegt auf
47° 55' nördlicher Breite
106° 53' östlicher Länge

Leben in Zahlen

Wie hoch ist die Lebenserwartung?		Anzahl der Autos je 100 Menschen
Deutschland	77 Jahre	50
Mongolei	62 Jahre	1

Ein Hirte treibt die Rinder zusammen. Im Hintergrund sind die Sanddünen zu sehen, die sich bei dem See Chiargas Nuur auf einer Länge von 240 km auftürmen.

Suche und finde

Westchina

Eine Gruppe zotteliger Ochsen bewegt sich langsam über das höchste Plateau der Erde. Diese Yaks sehen auf dem Schnee von ferne wie schwarze Punkte aus. Lastwagen rumpeln an zerklüfteten Bergketten, Gletschern und weglosen Sanddünen vorbei. Sie folgen den uralten Handelsstraßen, die von China nach Westen in Richtung Zentral- und Westasien führen.

Die westliche Hälfte Chinas besteht aus drei riesigen, aber fast menschenleeren Landschaften. Der äußerste Westen liefert Erze und Holz, während die trockene Turpan-Senke bewässert wurde und nun der Anbau von Weintrauben und Melonen möglich ist.

Große Teile der Bevölkerung im Westen gehören nicht der chinesischen Volksgruppe an, obwohl sich immer mehr Chinesen hier ansiedeln. Uiguren, Kasachen und Usbeken bewohnen als Bauern und Viehzüchter die Xinjiang-Region im Nordwesten. Sie sind Muslime und sprechen dem Türkischen ähnliche Sprachen. Die Tibeter sind Buddhisten. In ihren Klöstern auf den Berggipfeln ist der monotone Gesang der Mönche zu hören. Die Räume werden durch das flackernde Licht der Yakbutter-Lampen erhellt. Über die tibetanische Stadt Lhasa wacht der beeindruckende Potala-Palast.

WISSENSWERTES

- *Der Mount Everest auf der Grenze zwischen Nepal und Tibet ist mit 8.848 m der höchste Berg der Erde. Tibet wird häufig das „Dach der Welt" genannt.*
- *Die Wüste im chinesischen Xinjiang wird Takla Makan genannt, was soviel bedeutet wie: „Betrete sie und kehre niemals zurück".*

Die Tadschiken leben im Westen Chinas und in den benachbarten Ländern Tadschikistan und Afghanistan. Viele sind Hirten, die Schafe, Ziegen oder Kamele in abgelegenen, öden Tälern halten. Sie wohnen in runden Zelten, den so genannten Jurten.

Länder in Zahlen

	Fläche (km^2)	Einwohner	Sprache	Religion	Währung
China	9.573.998	1.250.066.000	Chinesisch (Mandarin)	Atheisten	Renminbi

Die höchsten Berge

Mount Everest 8.848 m

Zugspitze 2.962 m

Wo auf der Welt?

13.00 Uhr Berlin | 12.00 Uhr GMT | 20.00 Uhr Lhasa

Von Berlin nach Lhasa
6.638 km
7 Std. 54 Min.

Lhasa liegt auf
29° 41' nördlicher Breite
91° 12' östlicher Länge

Leben in Zahlen

	Wie hoch ist die Lebenserwartung?	Anzahl der Autos je 100 Menschen
Deutschland	77 Jahre	50
China	70 Jahre	0,4

Der Potala-Palast überragt die Häuser der Stadt Lhasa auf dem tibetanischen Hochplateau. Über mehr als tausend Treppenstufen nähert man sich diesem ehemaligen Wohnsitz des Dalai Lama, des höchsten religiösen Würdenträgers des Landes.

China

Suche und finde

A B C D E F G

Ostchina

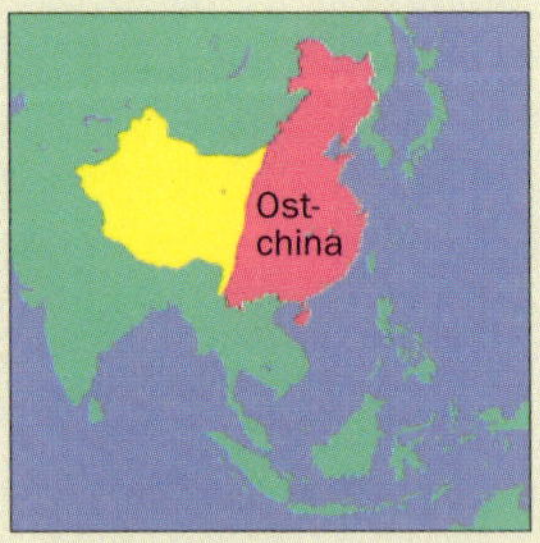

Bei einsetzender Dämmerung versammeln sich Gruppen von Chinesen in dem friedlichen Park von Tiantan, um dort die eleganten Übungen des Tai Chi auszuführen. Später halten Schulkinder an, um einem Mann zuzusehen, der einen Drachen steigen lässt. Sie sind mit ihrem Lehrer unterwegs zum reich ausgestatteten Tempel der guten Ernte. Früher kamen die chinesischen Kaiser zum Beten hierher. Vor dem Park fließt der Verkehr aus Minibussen und Fahrrädern an den Hochhäusern der chinesischen Hauptstadt Peking vorbei.

China ist das bevölkerungsreichste Land der Erde, und die meisten seiner Einwohner leben im Osten des Landes. Die Landschaft besteht aus kühlen Wäldern, Savannen, nebligen Tälern und Seen, während die weiten Flusstäler fruchtbaren Boden besitzen. Der Huang He (Gelber Fluss) windet sich durch den Norden Chinas. Sand hat sein Wasser gelb gefärbt. Der Jangtsekiang mündet bei der Hafenstadt Shanghai ins Meer. Auf den bewässerten Feldern des feucht-heißen Südens wächst Reis. Hier liegen die Hafenstadt Kanton (Guangzhou), die Wolkenkratzer von Hongkong – einem Zentrum internationalen Handels – und die Kolonialbauten des portugiesischen Macaus.

Vor der Küste liegt die Insel Taiwan, auch Republik China genannt. Ihre chinesischen Einwohner haben Reisterrassen in den Hängen der Berge angelegt. Zwei Drittel der Einwohner leben in den Küstenstädten.

Die Chinesische Mauer zieht sich entlang der chinesischen Nordgrenze. Sie wurde vor rund 2.220 Jahren erbaut, um das Land vor Invasoren aus dem Norden zu schützen. Der Hauptbau ist 3.640 km lang und damit das längste Bauwerk von Menschenhand.

Der historische Kaiserpalast mit seinen Ziegeldächern steht inmitten moderner Hochhäuser. Der Palast, auch als „Verbotene Stadt" bekannt, durfte etwa 500 Jahre lang von Bürgern nicht betreten werden.

WISSENSWERTES

- *Mandarin-Chinesisch wird von mehr Menschen gesprochen als jede andere Sprache der Erde.*
- *Die größte Stadt Chinas ist Shanghai. Mit einer Einwohnerzahl von 13,5 Millionen ist Shanghai auch die größte Nicht-Hauptstadt der Welt.*

Das Tian-an-men-Tor bildet den Haupteingang zum Kaiserpalast in Peking. Darüber hängt ein Porträt des kommunistischen Führers Mao Zedong (1893-1976).

Wo auf der Welt?

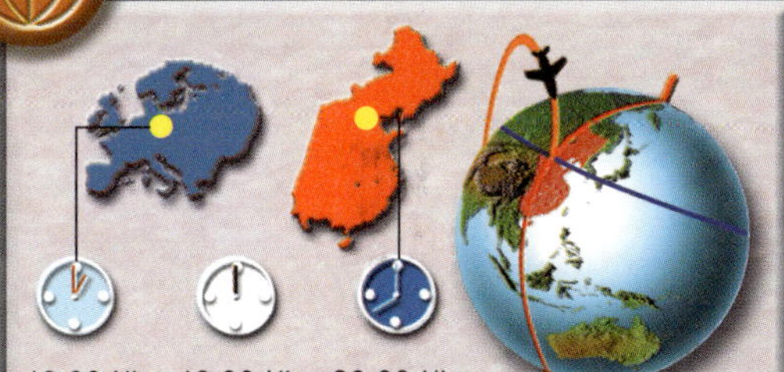

13.00 Uhr Berlin · 12.00 Uhr GMT · 20.00 Uhr Peking

Von Berlin nach Peking
7.363 km
8 Std. 48 Min.

Peking liegt auf
39° 56' nördlicher Breite
116° 24' östlicher Länge

Die längsten Flüsse

Nil	6.670 km
Jangtsekiang	6.380 km
Rhein	1.320 km

Leben in Zahlen

	Wie hoch ist die Lebenserwartung?	Anzahl der Autos je 100 Menschen
Deutschland	77 Jahre	50
China	70 Jahre	0.4
Taiwan	keine Angaben	

Hongkong dehnt sich über mehrere kleine Inseln und einen Teil des Festlandes aus, die über Tunnel und Fähren miteinander verbunden sind. Die meisten der Hochhäuser entstanden vor 1997, als Hongkong britische Kronkolonie war.

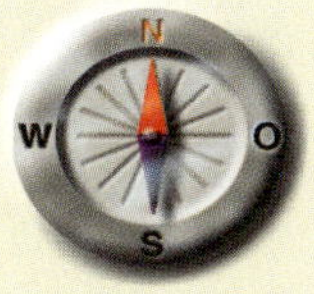

Suche und finde

China · Taiwan

Länder in Zahlen

	Fläche (km²)	Einwohner	Sprache	Religion	Währung
China	9.573.998	1.250.066.000	Chinesisch (Mandarin)	Atheisten	Renminbi
Taiwan	36.179	22.113.250	Min/Chinesisch (Mandarin)	Daoisten/Buddhisten	Taiwan Dollar

Die Halbinsel Korea

NORDKOREA, SÜDCHOREA

DIE koreanische Halbinsel erstreckt sich vom chinesischen Festland im Norden Richtung Süden. Sie trennt das Japanische vom Gelben Meer. Die Region wird ausschließlich von Koreanern bewohnt, ist aber politisch in zwei Staaten geteilt.

Nordkorea ist ein Bergland, das zu einer weiten Ebene um die Hauptstadt Pjöngjang abfällt. Die Gebirge sind reich an Silber, Eisenerz und Uran. In den bitterkalten Wintern wehen Schneestürme über die raue, braune Landschaft. Im Sommer wird das Land wieder grün, es regnet reichlich bei hohen Temperaturen – ein ideales Klima für Reisanbau.

Die Gebirge setzen sich nach Südkorea fort. Die meisten Menschen leben im Westen und Süden, wo sich die Küste in tausende von kleinen Inseln auflöst. Die südkoreanische Landschaft gleicht einem Teppich aus Reis- oder Sojabohnenfeldern. Autobahnen und Eisenbahnlinien verbinden die Städte mit der Hauptstadt Seoul. Hier kann man immer noch die Paläste und Tempel der alten Tschoson-Könige besichtigen. In Südkorea, einer bedeutenden Wirtschaftsmacht, werden Computer, Elektrogeräte und Autos hergestellt.

Die Industriestadt Seoul ist die Hauptstadt von Südkorea. Sie wurde im Tal des Han erbaut und ist über den Hafen Inchon mit dem Gelben Meer verbunden.

Der Reis wird in die gefluteten Felder gepflanzt. Zum Schutz gegen die heiße Sonne tragen die Arbeiter Kopfbedeckungen.

Diese koreanischen Mädchen führen in farbenprächtiger traditioneller Kleidung einen Tanz auf.

WISSENSWERTES

- *Die koreanische Halbinsel wird von über 3.000 Inseln eingerahmt. Die meisten davon sind allerdings unbewohnt.*
- *Etwa zwei Drittel der koreanischen Halbinsel sind von Wald bedeckt.*

Nordkorea

Südkorea

Länder in Zahlen

	Fläche (km^2)	Einwohner	Sprache	Religion	Währung
Nordkorea	120.539	21.386.109	Koreanisch	Atheisten / Volksglauben	Won
Südkorea	98.480	46.884.800	Koreanisch	Atheisten / Buddhisten	Won

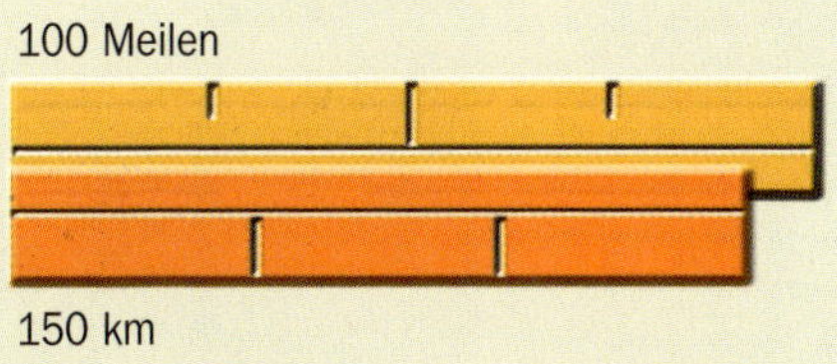

Wo auf der Welt?

13.00 Uhr Berlin	12.00 Uhr GMT	21.00 Uhr Seoul

Von Berlin nach Seoul
8.130 km
9 Std. 42 Min.

Seoul liegt auf
37° 35' nördlicher Breite
127° 3' östlicher Länge

Leben in Zahlen

	Wie hoch ist die Lebenserwartung?	Anzahl der Autos je 100 Menschen
Deutschland	77 Jahre	50
Nordkorea	51 Jahre	k.A.
Südkorea	74 Jahre	15

Suche und finde

Japan

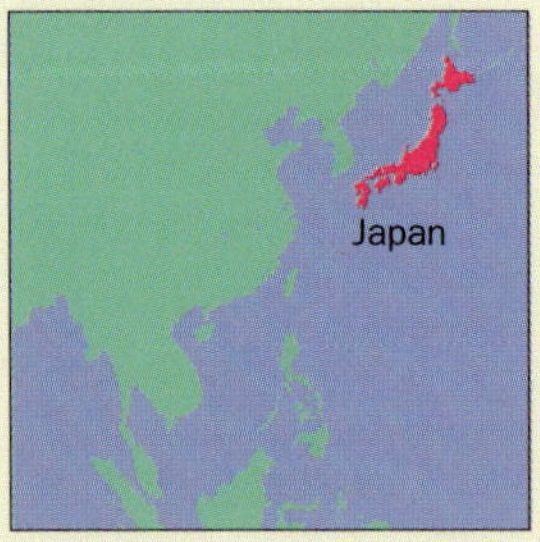

Einige der alten japanischen Zeichnungen und Holzschnitte zeigen herrliche Inseln im blauen Meer, die verschneiten Hänge des Fujisan (Fudschijama) oder die Kirschblüte im Frühling. Auf anderen sind Papierlaternen, Tempel und Schreine. Die Menschen tragen seidene Kimonos und auf wieder anderen Bildern oder Holzschnitten sieht man Bauern, die Reis pflanzen.

Ein Fotograf, der das moderne Japan besucht, könnte noch viele dieser alten Motive finden. Zu den modernen „Zutaten“ gehören die Leuchtreklamen von Tokio, die glitzernden Spielhöllen, ein Hochgeschwindigkeitszug, der durch die Landschaft rast, Händler auf betriebsamen Fischmärkten oder Geschäftsleute im Anzug.

Japan besteht aus einer Kette von Inseln, die auf dem von Erdbeben bedrohten Rand der Pazifischen Platte liegen. Es ist kalt und schneereich im Norden und subtropisch im Süden. Da das Land sehr gebirgig ist, leben die meisten Menschen in den Städten auf den schmalen Küstenstreifen.

Traditionell werden Reis und Tee angebaut. Japan hat nur wenige Bodenschätze und muss große Mengen an Öl importieren. Viele der japanischen Großindustrien operieren weltweit.

In Japan sind mehrere Religionen verbreitet, vor allem der Schintoismus und verschiedene Formen des Buddhismus. Überall im Land sieht man prachtvolle Tempel.

Beim Schneeskulpturen-Festival in Sapporo auf der Insel Hokkaido hat ein Künstler Eulen und Bären aus Schnee geformt. Die harten Winter auf der Nordinsel lassen solche Kunstwerke zu.

WISSENSWERTES

- *Der heutige Kaiser Akihito ist der 125. Herrscher derselben japanischen Dynastie. Ihre Tradition reicht weiter als 2.000 Jahre zurück.*
- *Der Seikantunnel unterquert die Tsugarustraße und verbindet damit die japanische Hauptinsel Honshu mit Hokkaido. Mit 54 km ist er der längste Eisenbahntunnel der Welt.*

Japan ist führend bei der Entwicklung von Hochgeschwindigkeitszügen. Moderne Züge erreichen Höchstgeschwindigkeiten von bis zu 300 km/h.

Wo auf der Welt?

Von Berlin nach Tokio
8.935 km
10 Std. 42 Min.

Tokio liegt auf
35° 41' nördlicher Breite
139° 44' östlicher Länge

Leben in Zahlen

	Wie hoch ist die Lebenserwartung?	Anzahl der Autos je 100 Menschen
Deutschland	77 Jahre	50
Japan	80 Jahre	37

Suche und finde

Japan
Hauptstadt:
Tokio E8
Akita C8
Aomori C8
Asahikawa A8
Chiba E8
Fukui E6
Fukuoka F4
Fukushima D8
Gifu E7
Hachinohe C8
Hakodate B8
Hamamatsu E7
Hirosaki C8
Hiroshima E5
Hitachi D8
Iwaki D8
Kagoshima F4
Kanazawa D6
Kawasaki E8
Kitakyushu E4
Kobe E6
Kochi F5
Koriyama D8
Kumamoto F4
Kushiro B9
Kioto E6
Matsue E5
Matsumoto E7
Matsuyama F5
Mito D8
Miyazaki F4
Morioka C8
Nagaoka D7
Nagasaki F4
Nagoya E7
Niigata D7
Obihiro B8
Oita F5
Okayama E5
Osaka E6
Otaru B8
Sakai E6
Sapporo B8
Sasebo F4
Sendai E7
Shizuoka E7
Takamatsu E6
Takasaki D7
Tokushima E6
Toyama D7
Toyohashi E7
Toyota E7
Utsunomiya D8
Wakayama E6
Wakkana A8
Yamagata D8
Yokohama E8

Japan

Länder in Zahlen

	Fläche (km^2)	Einwohner	Sprache	Religion	Währung
Japan	377.834	126.182.077	Japanisch	Buddhisten/Schintoisten	Yen

Der Indische Ozean
und seine Inseln

Der drittgrößte Ozean der Erde bedeckt eine Fläche von 73.427.000 km^2. Er grenzt südlich von Afrika an den Atlantik und in Südostasien und Australien an den Pazifik. Der schmale Meeresarm des Roten Meeres ist über den Suezkanal mit dem Mittelmeer verbunden. Der Indische Ozean ist ein tropisches Meer mit Korallenriffen und weißen Stränden mit Palmen. Über dem Wasser bilden sich auch die ergiebigen Monsunregen, die zu den entsprechenden Jahreszeiten stürmisch über Südasien niedergehen.

Madagaskar, die viertgrößte Insel der Erde, liegt vor der afrikanischen Ostküste. Die Vorfahren der Einwohner stammen aus Afrika und Südostasien. Die Landschaft der Insel wird von Gebirgen und Plateaus geprägt und in den Wäldern leben so einzigartige Tiere wie die Lemuren. Kleinere Inseln vor Afrika entstanden als Vulkane oder wurden durch Korallen aufgebaut. Dazu gehören die Komoren, die Seychellen, Mauritius und Réunion.

Vor Asien liegen die Lakkadiven und die Malediven, lange Ketten von Koralleninseln, die sich südwestlich vor Indien durch den Ozean ziehen. Sie ragen so wenig aus dem Wasser, dass sie fast alle bei einem Anstieg des Meeresspiegels verschwinden würden. Die Andamanen und Nikobaren liegen im Nordosten des Indischen Ozeans, die Weihnachtsinsel und die Kokos-Inseln im Südosten gehören zu Australien.

WISSENSWERTES

- *Im Java-Graben fällt der Indische Ozean zu der beeindruckenden Tiefe von 7.125 m ab.*
- *Die Monsunregen, die vom Indischen Ozean kommen, sind die schwersten der Erde. Auf der Insel Réunion fiel an einem einzigen Tag ein Rekordniederschlag von 1.870 mm.*
- *Auf Madagaskar lebt das merkwürdige Fingertier oder Aye-Aye. Es gehört zu den bedrohten Tierarten.*

Kokospalmen säumen den Strand der Seychelleninsel La Digue. 115 Inseln bilden den unabhängigen afrikanischen Staat Seychellen. Die Wirtschaft basiert auf dem Tourismus, Kopra (getrockneten Kokosnüssen), Gewürzen, Früchten und kleinen Industriebetrieben.

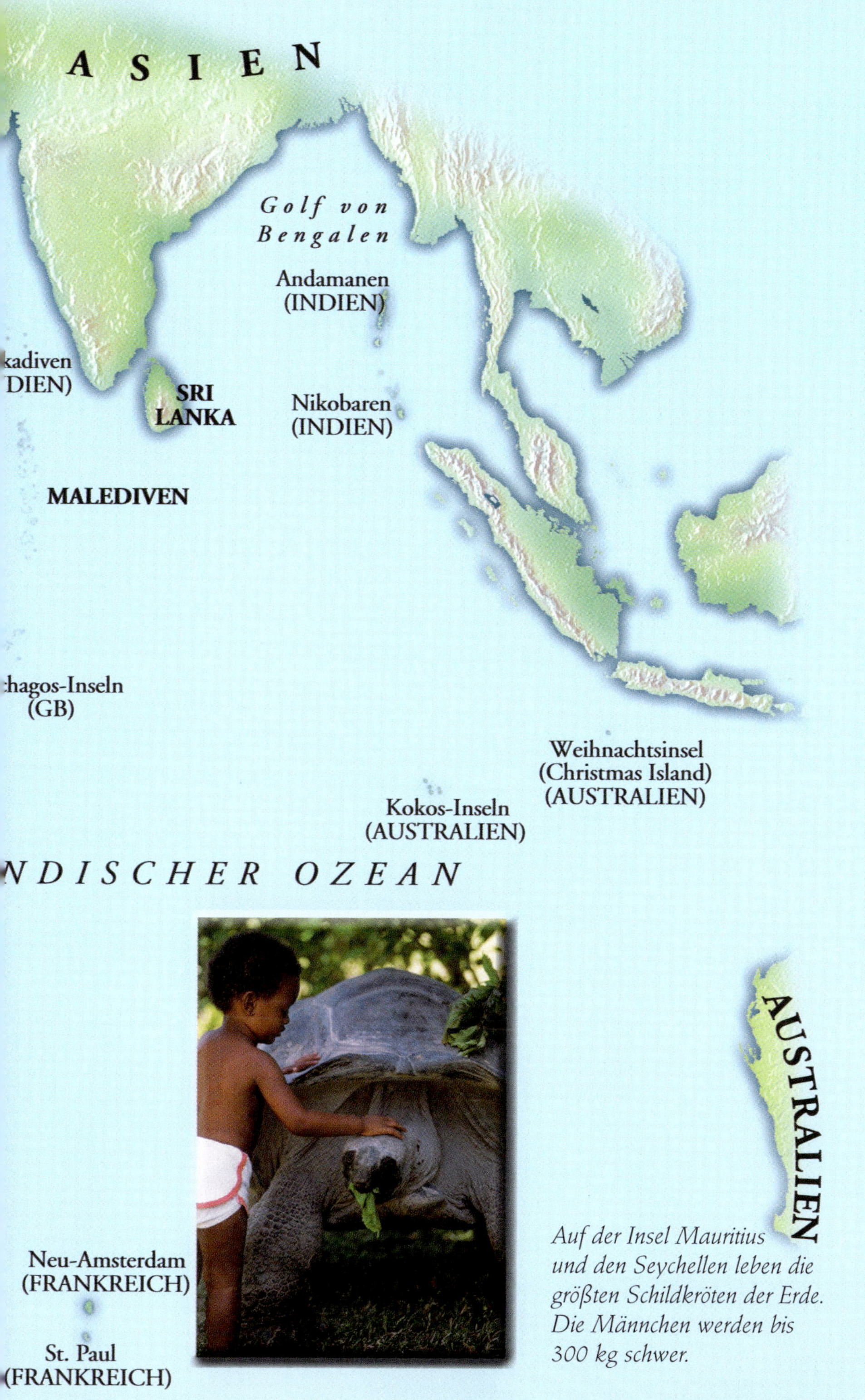

Auf der Insel Mauritius und den Seychellen leben die größten Schildkröten der Erde. Die Männchen werden bis 300 kg schwer.

Wo auf der Welt?

Von Berlin auf die Weihnachtsinsel
11.094 km
13 Std. 18 Min.

Die Weihnachtsinsel liegt auf
10° 30′ südlicher Breite
105° 40′ östlicher Länge

Leben in Zahlen

	Wie hoch ist die Lebenserwartung?	Anzahl der Autos je 100 Menschen
Deutschland	77 Jahre	50
Madagaskar	53 Jahre	0,4
Sri Lanka	73 Jahre	1
Mauritius	71 Jahre	6
Komoren	60 Jahre	k.A.
Seychellen	71 Jahre	8
Malediven	68 Jahre	k.A.

Suche und finde

Agalega-Inseln . . D5
Amiranten D5
Andamanen B7
Crozet-Inseln . . G5
Farquhar D5
Kerguelen G5
Kokos-Inseln . . D8
Komoren D4
Lakkadiven C6
Madagaskar E4
Malediven C6
Mauritius E5
Neu Amsterdam . F6
Nikobaren C8
Prinz-Edward-Inseln G4
Providence D5
Réunion E5
Seychellen C5
Sokotra B5
Sri Lanka C7
St. Paul F7
Tschagos-Inseln . D6
Weihnachtsinsel . D8

Länder in Zahlen

	Fläche (km²)	Einwohner	Sprache	Religion	Währung
Madagaskar	587.039	14.873.387	Malagasy	Stammesreligionen	Franc
Sri Lanka	65.610	18.933.558	Singalesisch	Buddhisten	Rupie
Mauritius	2.041	1.182.212	Englisch	Hindus	Rupie
Komoren	1.862	562.723	Arabisch	Sunniten (musl.)	Franc
Seychellen	456	76.164	Englisch	Katholiken	Rupie
Malediven	300	300.220	Maldivisch	Sunniten (musl.)	Rufiyaa

A B C D E F G

Afrika

Ein kleiner Junge treibt einen Reifen vor sich her, den er aus einer verbeulten Fahrradfelge glatt gehämmert hat. Er passiert einen Markt mit Bergen von Mangos und kommt an den von Palmen gesäumten Strand, wo er den Fischern zuruft, die ihre Boote ans Ufer ziehen. Er überquert die staubige Hauptstraße zwischen hupenden Bussen, dann rennt er aus der Sonne in eine schattige Nebenstraße. Afrika ist ein junger Kontinent – 44% seiner Einwohner sind jünger als 15 Jahre. Viele Menschen leben in den großen, geschäftigen Städten, doch viele auch noch immer in kleinen Dörfern. Sie führen ihr Leben nach alten Traditionen und sind wie ihre Vorfahren Hirten, Jäger und Bauern. Afrika grenzt an den Indischen Ozean, den Atlantik und im Norden ans Mittelmeer. Der Kontinent wird geprägt von großen Wüsten, wie der Sahara und der Kalahari, feucht-heißen Regenwäldern und großen Flüssen, wie dem Nil und dem Kongo. Am Äquator erheben sich schneebedeckte Berge. In Afrika sind viele der letzten Wildtiere zu Hause: Löwen jagen Zebras in den Savannen, während Krokodile und Flusspferde im Wasser nach Nahrung suchen.

Große Teile von Afrika sind arm und einige Regionen leiden seit Jahren unter Naturkatastrophen wie der Ausbreitung der Sahara nach Süden. Andererseits verfügt der Kontinent über reiche Bodenschätze, wie Diamanten, Gold und Erdöl.

WISSENSWERTES

- *Der Große Grabenbruch (Rift Valley) ist ein tiefer Riss in der Erdkruste, der durch Äthiopien bis nach Mosambik verläuft. Er ist länger als 7.000 km und an manchen Stellen 1.829 m tief.*
- *Die 1.675 m hohen Victoria-Fälle des Sambesi stürzen genau auf der Grenze zwischen Sambia und Simbabwe in die Tiefe.*

Ein Zebrafohlen galoppiert mit seiner Mutter über die Savanne, eine Grassteppe in Ostafrika. In Wildreservaten leben noch immer große Herden von Wildtieren und ziehen Touristen aus aller Welt an.

1 2 3 4 5

Die Pyramiden von Gise in Ägypten wurden für den Pharao Khufu, seinen Sohn Khafra und einen Pharao mit Namen Menkaura errichtet.

Wo auf der Welt?

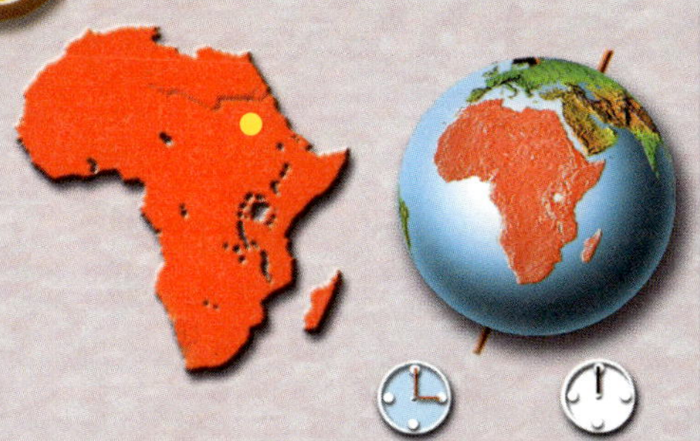

Khartum liegt auf
15° 34' nördlicher Breite
32° 36' östlicher Länge

15.00 Uhr Khartum | 12.00 Uhr GMT

Suche und finde

Ägypten B7
Algerien B5
Angola E6
Äquatorial-Guinea D5
Äthiopien C8
Benin C5
Botsuana F7
Burkina Faso . . .C4
Burundi E7
Dschibuti C8
Elfenbeinküste . .C4
Eritrea C8
Gabun D5
Gambia C3
Ghana C4
Guinea C3
Guinea-Bissau . .C3
Kamerun D5
Kap Verde B3
Kenia D8
Khartum C7
Komoren E8
Kongo, Demokratische Republik D7
Kongo, Republik .D6
Lesotho G7
Liberia C4
Libyen B6
Madagaskar F9
Malawi E8
Mali C4
Marokko A4
Mauretanien . . .B4
Mauritius F9
Mosambik F8
Namibia F6
Niger C5
Nigeria C5
Ruanda D7
Sahara B3
Sambia E7
São Tomé und Principe . .D5
Senegal C3
Seychellen E9
Sierra Leone . . .C3
Simbabwe F7
Somalia D9
Südafrika G7
Sudan C7
Swasiland F7
Tansania E8
Togo C5
Tschad C6
Tunesien A5
Uganda D7
Zentralafrikanische Republik C6

Kontinent in Zahlen

	Fläche (km^2)	% der Erdoberfläche	Einwohner	Größtes Land (Fläche, km^2)	Größtes Land (Einwohner)
Afrika	30.303.000	20,2	760.771.000	Sudan 2.505.806	Nigeria 110.532.242

Nordostafrika

LIBYEN, ÄGYPTEN

Viele Touristen kommen in die Stadt Luxor am Nil, um die Tempel von Luxor und Karnak zu besichtigen.

WILLKOMMEN im Hafen von Alexandria in Ägypten. Weiße Gebäude und Kuppeln überragen den Hafen. Die Kais füllen sich mit Menschen, als ein Schiff anlegt und die Passagiere aussteigen. Viele der Männer tragen weiße, wallende Gewänder, während die Frauen schwarze oder gemusterte Baumwollkleider tragen. Als Musliminnen müssen sie zum Zeichen ihres Glaubens den Kopf mit großen Tüchern bedecken.

In den schmalen Gassen von Kairo, der Hauptstadt Ägyptens, trinken alte Männer Tee, während Studenten über Religion und Politik diskutieren. Alte Moscheen stehen neben modernen Hotels und Bürogebäuden. Außerhalb der Stadt befinden sich die Pyramiden, mächtige Königsgräber, die vor mehr als 4.500 Jahren entstanden.

Weiter flussaufwärts liegen am Ufer des Stroms antike Tempel, moderne Industriestädte und der Assuan-Staudamm. Segelschiffe aus Holz fahren vorbei. An den Ufern des Nils erstreckt sich eine fruchtbare Ebene mit Feldern und Dattelpalmen, doch dahinter beginnt die Wüste. Sie zieht sich nach Osten zum Roten Meer und im Westen nach Libyen hinein. In den glühend heißen Wüsten Libyens werden Rekordtemperaturen erreicht. Anbau ist nur möglich, wo Wasser zu finden ist, also in Oasen oder an der Küste. Die größte Einkommensquelle des Landes ist jedoch das Erdöl. Die meisten Libyer leben in den Küstenstädten, wie Tripolis und Bengasi, und sind Araber muslimischen Glaubens.

WISSENSWERTES

- *Mit 162 km Länge ist der Suezkanal einer der längsten Kanäle der Erde und für große Frachtschiffe geeignet. Er verbindet das Rote Meer mit dem Mittelmeer.*
- *Die höchste Temperatur der Welt, 58 °C im Schatten, wurde 1922 in Al Azizyah in Libyen gemessen.*

An diesem Stand in einer Nebenstraße von Kairo werden Speisen verkauft. Im Angebot sind Mashi, ein Auflauf aus Tomaten, Kohl, Auberginen und anderem Gemüse, das Bohnengericht Fuul Hummus*, ein Püree aus Kichererbsen, Nudeln, Lamm und Fisch.*

Vor etwa 2.000 Jahren waren Libyen und Ägypten Teil des Römischen Weltreiches, das weite Teile von Europa, Westasien und Nordafrika beherrschte. Römische Ruinen, wie hier die Curia bei Sabrata kann man immer noch besichtigen.

Libyen

Ägypten

Länderlexikon

	Fläche (km²)	Einwohner	Sprache	Religion	Währung
Libyen	1.759.537	4.992.838	Arabisch	Sunniten (musl.)	Diar
Ägypten	997.743	67.273.906	Arabisch	Sunniten (musl.)	Pfund

Wo auf der Welt?

Von Berlin nach Tripolis
2.180 km
2 Std. 36 Min.

Tripolis liegt auf
32° 50' nördlicher Breite
13° 13' östlicher Länge

Leben in Zahlen

Wie hoch ist die Lebenserwartung?		Anzahl der Autos je 100 Menschen
Deutschland	77 Jahre	50
Libyen	66 Jahre	10
Ägypten	62 Jahre	2

Die längsten Flüsse

Nil	6.670 km
Rhein	1.320 km

Die berühmte ägyptische Königin Nofretete starb 1340 v. Chr. Ihre Büste fanden die Archäologen bei Tel el'-Amârna. Sie ist geschminkt und trägt eine Krone.

Suche und finde

Libyen
Hauptstadt:
Tripolis C4
Al-Zawiyah C4
Bengasi. C6
Darnah C6
Ghadames. C3
Misurata C5
Surt C5

Ägypten
Hauptstadt:
Kairo C8
Alexandria C8
Assuan E9
Asyut D8
Gise C8
Luxor D8
Port Said. C8
Sues. C8
Tanta C8

Nordwestafrika

ALGERIEN, MAROKKO, TUNESIEN

DIE Sonne steht hoch über dem Jemaa el-Fna, einem Platz in der marokkanischen Stadt Marrakesch. Frauen verkaufen kunstvoll geflochtene Körbe, während ein Straßenhändler mit breitkrempigem Hut kühles, erfrischendes Wasser aus einem Beutel aus Ziegenleder anbietet. Andere Händler verkaufen Orangen, Datteln, Kürbisse und Bohnen. Man sieht Tänzer, Trommler, Boxer, Wahrsager, Schlangenbeschwörer und tanzende Affen. Am Abend geht die Sonne hinter der Kutubia-Moschee unter. Laternen werden angezündet und an einem Stand kann man kleine Gerichte mit Fisch oder Lamm kaufen.

Die Araber nennen Marokko *Maghreb,* den „Westen“. Heute versteht man darunter auch die Nachbarländer Algerien, Tunesien und den kleinen Staat Sahara (er wird von Marokko beansprucht). Der Maghreb ist auch die Heimat der Berber.

Die Mittelmeerküste von Afrika nähert sich bei Gibraltar auf 13 km an Spanien an. Es ist ein Land der Olivenhaine, schneeweißer Dörfer und großer Häfen wie Oran, Algier oder Tunis. Von der Küste aus steigt das Land rasch zu den hohen, schneebedeckten Bergen des Atlas an. Jenseits davon beginnt die Wüste, wo Kamelkarawanen und Jeeps den alten Pfaden durch die Sahara folgen, deren Felsen, Geröllflächen und Sanddünen sich bis nach Zentralafrika erstrecken.

Nach dem Sudan ist Algerien das zweitgrößte Land Afrikas. Etwa 80% seiner Fläche werden von der Sahara eingenommen. Wind und Sand haben ihre Felsen zu ungewöhnlichen Formen abgeschmirgelt.

> **WISSENSWERTES**
>
> • *Der Fennek oder Wüstenfuchs, der wild in der Sahara vorkommt, ist mit 20 cm Schulterhöhe der kleinste unter den Füchsen. Seine mindestens 6 cm langen Ohren leiten die Wärme ab und helfen ihm, Beute aufzuspüren.*

In der Medina, dem alten Stadtzentrum von Marrakesch, liegt auch der Souk, ein Markt, in dem viele Sorten von Oliven angeboten werden.

Die höchsten Berge

Dieses Berber-Mädchen stammt aus dem Atlas-Gebirge in Marokko. Die Berber sind ein nordafrikanischer Volksstamm.

Wo auf der Welt?

Von Berlin nach Algier
1.928 km
2 Std. 18 Min.

Algier liegt auf
36° 42' nördlicher Breite
03° 13' östlicher Länge

Leben in Zahlen

	Wie hoch ist die Lebenserwartung?	Anzahl der Autos je 100 Menschen
Deutschland	77 Jahre	50
Algerien	69 Jahre	2
Marokko	69 Jahre	4
Tunesien	73 Jahre	3

Algerien

Marokko

Tunesien

Suche und finde

Länder in Zahlen

	Fläche (km^2)	Einwohner	Sprache	Religion	Währung
Algerien	2.381.751	31.133.486	Arabisch	Sunniten (musl.)	Dinar
Marokko	458.733	29.661.636	Arabisch	Sunniten (musl.)	Dirham
Tunesien	163.610	9.513.603	Arabisch	Sunniten (musl.)	Dinar

Westafrika

Niger, Mali, Mauretanien, Nigeria, Elfenbeinküste, Burkina Faso, Guinea, Ghana, Senegal, Benin, Liberia, Sierra Leone, Togo, Guinea-Bissau, Gambia, Kap Verde

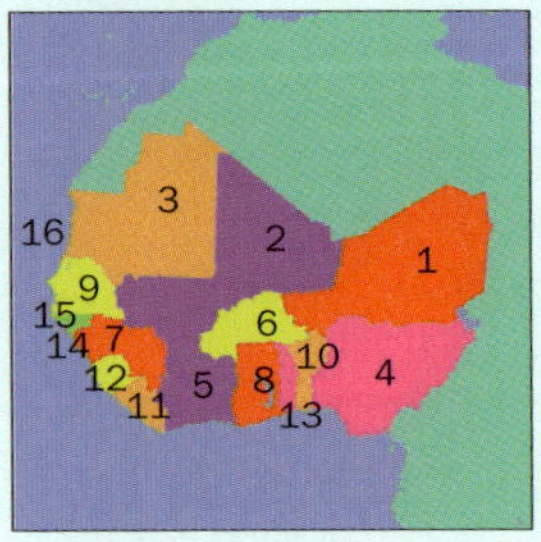

1 Niger
2 Mali
3 Mauretanien
4 Nigeria
5 Elfenbeinküste
6 Burkina Faso
7 Guinea
8 Ghana
9 Senegal
10 Benin
11 Liberia
12 Sierra Leone
13 Togo
14 Guinea-Bissau
15 Gambia
16 Kap Verde

Eine Reise durch Westafrika könnte am Golf von Guinea beginnen, wo die Wellen des Atlantiks auf die von Palmen gesäumten Sandstrände treffen. An der Küste wächst tropischer Regenwald, der sogar um die Ölfelder im Delta des Niger noch zu finden ist. An anderen Stellen musste er den Plantagen mit Kakao, Erdnüssen, Kautschukbäumen und Ölpalmen weichen.

Entlang der Küste reihen sich moderne Großstädte, wie z.B. Lagos (Nigeria). Diese Stadt ist extrem heiß und feucht und häufig völlig durch den Verkehr verstopft. Richtung Norden fahren Züge, überfüllte Minibusse oder Laster, die mit lustigen oder religiösen Bildern bemalt sind.

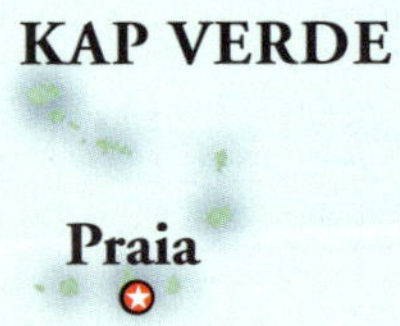

Im Norden gibt es Weiden, die schließlich immer trockener werden und in die Wüsten des Nordens übergehen. Ein kühler Wind, der Harmattan, weht den Sand der Sahara nach Süden über ausgetrocknete Flussbetten und Dörfer aus getrockneten Lehmziegeln. In Westafrika leben hunderte von ethnischen Gruppen – darunter die Aschanti, Ibo, Yoruba, Hausa und Fulani.

Länder in Zahlen

	Fläche (km²)	Einwohner	Sprache	Religion	Währung
Niger	1.286.971	9.962.242	Hausa	Muslime	CFA Franc
Mali	1.108.719	10.429.124	Babara	Muslime	CFA Franc
Mauretanien	1.030.698	2.581.738	Arabisch	Muslime	Ougiya
Nigeria	923.770	113.828.587	Hausa	Muslime	Naira
Elfenbeinküste	322.460	15.818.068	Französisch	Muslime	CFA Franc
Burkina Faso	274.201	11.575.898	Mossi	Muslime	CFA Franc
Guinea	245.861	7.538.953	Fulani	Muslime	Franc
Ghana	238.539	18.887.626	Hausa	Stammesreligionen	Cedi
Senegal	196.190	10.051.930	Wolof	Muslime	CFA Franc
Benin	112.621	6.305.567	Fon	Stammesreligionen	CFA Franc
Liberia	99.068	2.923.725	Kreolisch	Naturreligionen	Dollar
Sierra Leone	71.740	5.296.651	Kreolisch	Muslime	Leone
Togo	56.791	5.080.413	Ewe	Stammesreligionen	CFA Franc
Guinea-Bissau	36.120	1.234.555	Portugiesisch	Stammesreligionen	CFA Franc
Gambia	11.300	1.336.320	Malinke	Muslime	Dalasi
Kap Verde	4.030	405.748	Kreolisch/ Portugiesisch	Katholiken	Escudo

Wo auf der Welt?

Von Berlin nach Nouakchott
4.610 km
5 Std. 30 Min.

Nouakchott liegt auf
18° 06′ nördlicher Breite
15° 57′ östlicher Länge

Leben in Zahlen

	Wie hoch ist die Lebenserwartung?	Anzahl der Autos je 100 Menschen
Deutschland	77 Jahre	50
Niger	42 Jahre	0,4
Mali	47 Jahre	0,2
Mauretanien	50 Jahre	1
Nigeria	54 Jahre	1
Elfenbeinküste	46 Jahre	1
Burkina Faso	46 Jahre	0,3
Guinea	46 Jahre	0,2
Ghana	57 Jahre	0,5
Senegal	57 Jahre	1
Benin	54 Jahre	1
Liberia	60 Jahre	1
Sierra Leone	49 Jahre	0,4
Togo	59 Jahre	2
Guinea-Bissau	49 Jahre	0,3
Gambia	54 Jahre	1
Kap Verde	71 Jahre	3

Suche und finde

Niger
Hauptstadt:
Niamey E5
Maradi E6
Zinder E6

Mali
Hauptstadt:
Bamako E4
Ségou E4
Sikasso E4
Timbuktu D4

Mauretanien
Hauptstadt:
Nouakchott . . .D2

Nigeria
Hauptstadt:
Abuja F6
Abeokuta F5
Ibadan F5
Ilorin F5
Kaduna E6
Kano E6
Lagos F5
Maiduguri F7
Ogbomosho F5
Oshogbo F6
Onitsha F6
Port Harcourt . . .G6
Zaria F6

Elfenbeinküste
Hauptstadt:
Yamoussoukro .F4
Regierungssitz:
Abidjan F4
Bouaké F4
Daloa F4

Burkina Faso
Hauptstadt:
Ouagadougou . .E4
Bobo Dioulasso . .E4

Guinea
Hauptstadt:
Conakry F3
Kankan F3

Ghana
Hauptstadt:
Accra F5
Kumasi F4
Tamale F5

Senegal
Hauptstadt:
Dakar E2
Thiès E2

Benin
Hauptstadt:
Cotonou F5
Regierungssitz:
Porto-Novo . . .F5

Liberia
Hauptstadt:
Monrovia F3
Harbel F3

Sierra Leone
Hauptstadt:
Freetown F3

Togo
Hauptstadt:
Lomé F5

Guinea-Bissau
Hauptstadt:
Bissau E2

Gambia
Hauptstadt:
Banjul E2

Kap Verde
Hauptstadt:
Praia D1

Nördliches Zentralafrika

Sudan, Tschad, Zentralafrikanische Republik, Kamerun

Diese Musiker aus Kamerun blasen lange Hörner. Afrika hat eine reiche musikalische Tradition mit vielen Instrumenten, wie Trommeln, Flöten, Glocken, Xylophonen und auch Saiteninstrumenten.

Wenn der Flussdampfer in Wadi Halfa oberhalb des Nasser-Stausees ankommt, steigen die Reisenden in die staubige Bahn ein, die sie durch die glühend heiße Nubische Wüste bringen wird. Khartum, die Hauptstadt des Sudans, liegt am Zusammenfluss des Weißen und des Blauen Nils. Von hier fließt der Fluss nach Norden. Der Sudan ist ein muslimisches Land mit Moscheen und Kamelmärkten, mit Turban tragenden Männern, die Tee oder Kaffee schlürfen, mit alten Kolonialgebäuden und Häusern aus Lehmziegeln. Wenn man mehrere Tage durch das größte Land Afrikas unterwegs war – mit einem alten Laster oder einem rostigen Flussboot – erreicht man das Sumpfgebiet des Sudd und die Berge im Süden. Hier, im Land der Dinka, Nubier und Schilluk, bestehen die Dörfer aus runden, mit Stroh gedeckten Dächern und Pferchen für die Rinder. Die Bewohner dieser Region sind Christen oder Anhänger afrikanischer Naturreligionen.

Auch der Tschad hat einen islamischen Norden und einen christlichen Süden. Am Rande der Wüste beginnt eine Savanne mit magerem Grasbewuchs. Hier herrscht große Armut, denn Dürren und Hungersnöte sind regelmäßige Erscheinungen. Entlang der Flüsse Schari und Logone sowie am Ufer des Tschadsees liegen etwas fruchtbarere Gebiete. Die Savanne setzt sich weiter südlich in die Zentralafrikanische Republik (Z.A.R.) und auf die Plateaus von Kamerun fort. Kamerun grenzt an den Atlantik. Zum Süden gehört auch die Zone des tropischen Regenwaldes, die sich bis zum Kongofluss erstreckt.

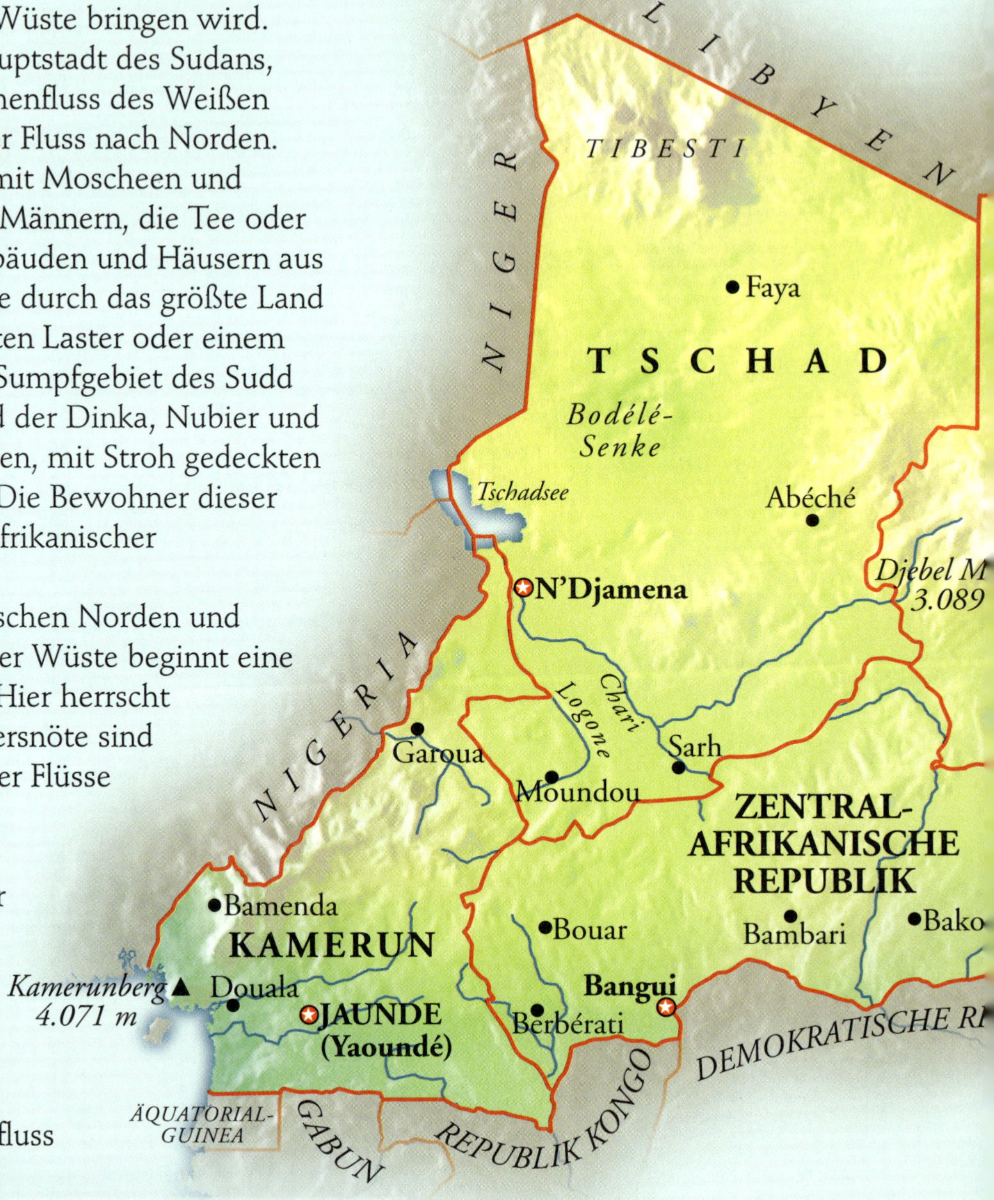

WISSENSWERTES

- *Der Sudd im Süden des Sudan ist ein riesiges Sumpfgebiet von 16.500 km² Größe. Bei den jährlichen Überschwemmungen des Weißen Nils verdoppelt sich die Fläche. Hier leben Krokodile und Flusspferde zwischen Wasserhyazinthen und Papyrusbeständen.*

Mitten in Omdurman steht das Mausoleum für Scheich Mohammed Achmed, den Nationalhelden des Sudan, der auch unter dem Namen Mahdi *bekannt war.*

A B C D E F G

1 2 3 4 5

Fulani-Hirten schöpfen Wasser aus einem Brunnen im Kanem, einer Region im Nordwesten des Tschad, die an die Sahara angrenzt. Die Fulani, die an anderen Orten auch Fulbe oder Peul genannt werden, leben in einem breiten Streifen von Zentral- und Westafrika.

Wo auf der Welt?

13.00 Uhr Berlin | 12.00 Uhr GMT | 15.00 Uhr Khartum

Von Berlin nach Khartum
4.442 km
5 Std. 18 Min.

Khartum liegt auf
15° 34' nördlicher Breite
32° 36' östlicher Länge

Leben in Zahlen

	Wie hoch ist die Lebenserwartung?	Anzahl der Autos je 100 Menschen
Deutschland	77 Jahre	50
Sudan	56 Jahre	0,1
Tschad	48 Jahre	0,1
Z.A.R.	47 Jahre	0,3
Kamerun	51 Jahre	0,6

Suche und finde

Sudan
Hauptstadt:
Khartum C7
Atbara C8
El Obeid D7
Juba E7
Kassala C8
Kosti D7
Malakal E7
Merowe C7
Nyala D6
Omdurman C7
Port Sudan C8
Wadi Halfa B7
Wad Medani . . .D8

Tschad
Hauptstadt:
N'Djamena . . .D4
Abéché D5
Faya C5
Moundou D4
Sarh D5

Z.A.R.
Hauptstadt:
Bangui E5
Bakouma E5
Bambari E5
Berbérati E4
Bouar E4

Kamerun
Hauptstadt:
Jaunde (Yaoundé) E3
Bamenda E3
Douala E3
Garoua D4

Sudan

Tschad

Z.A.R.

Kamerun

In der Zentralafrikanischen Republik gibt es drei Nationalparks. Hier versuchen internationale Gruppen und Einheimische, die bedrohte Tierwelt zu schützen, wie z.B. solche Nashörner.

Länder in Zahlen

	Fläche (km²)	Einwohner	Sprache	Religion	Währung
Sudan	2.505.807	34.475.690	Arabisch	Sunniten (musl.)	Pfund
Tschad	1.283.998	7.557.436	Sara	Sunniten (musl.)	CFA Franc
Z.A.R.	622.980	3.444.951	Sango / Französisch	*	CFA Franc
Kamerun	475.439	15.456.092	Fang / Muri / Französisch	**	CFA Franc

* Naturreligionen/Baptisten/Katholiken ** Katholiken/Naturreligionen

Das Horn von Afrika

ÄTHIOPIEN, SOMALIA, ERITREA, DSCHIBUTI

NACH der harten Feldarbeit mit Ochsen ruht sich eine äthiopische Familie aus. Sie lebt in ihrer strohgedeckten Rundhütte, die aus Lehm erbaut ist. Die Abende im Hochland sind kalt, daher wickelt sich der Bauer in eine Decke ein. Seine Frau kocht einen Eintopf auf dem Ofen und stapelt die Fladenbrote aus Sauerteig auf, die *Injera* genannt werden. Sie werden aus dem Mehl der Zwerghirse gebacken.

Äthiopien ist ein Land der Berge, Felsplateaus und Wüsten. Der Große Afrikanische Grabenbruch verläuft quer durch das Land. Hier entspringt auch der Blaue Nil, der südöstlich des Tanasees über die spektakulären Tisissat-Fälle herabstürzt. In Äthiopien findet man antike Ruinen und in den Felsen gehauene Kirchen. Addis Abeba ist mit 3 Millionen Einwohnern die größte Stadt der Region. Hier hat das Hauptquartier der Afrikanischen Union (OAU) seinen Sitz, dessen Mitglieder versuchen, die Lage der afrikanischen Länder zu verbessern. Die Stadt ist auch berühmt für ihr Kunsthandwerk.

Das Horn von Afrika ist eine Halbinsel, die südlich des Roten Meeres in den Indischen Ozean ragt. Hier liegen die drei Länder Eritrea, Dschibuti und Somalia. Alle drei bestehen hauptsächlich aus Wüsten, Buschland und Bergen. Hier ziehen Hirten mit ihren Ziegen und Kamelen umher. Die meisten Einwohner leben in den Hafenstädten am Indischen Ozean.

Eine äthiopische Mutter mit ihrem Kind. Die meisten Äthiopier leben auf dem Land. Obwohl das Landesklima gemäßigt ist, gibt es regelmäßig Dürren, sodass die Ernten ausfallen und Hungersnöte ausbrechen.

WISSENSWERTES

- *Der Assalsee in Dschibuti ist der tiefste Ort Afrikas, 156 m unter dem Meeresspiegel. Da sein Wasser stark verdunstet, bilden sich Inseln aus reinem Salz.*
- *In Äthiopien werden fast 100 Sprachen gesprochen. Die Amtssprache ist Amharisch, das von der Hälfte der Einwohner gesprochen wird.*

Im Süden von Somalia findet man noch häufig traditionelle Rundhütten. Hier fällt genügend Regen, um Ackerbau zu betreiben. Die Nomaden, die in der Wüste leben, wohnen in kuppelförmigen Zelten.

Die höchsten Berge

Mädchen aus Eritrea treffen sich am Brunnen. In diesem trockenen Land ist Wasser sehr wertvoll. Die Brunnen werden durch die jahreszeitlichen Niederschläge im Äthiopischen Hochland gespeist.

Wo auf der Welt?

Von Berlin nach Addis Abeba
5.358 km
6 Std. 24 Min.

Addis Abeba liegt auf
09° 00' nördlicher Breite
38° 44' östlicher Länge

A

B

Leben in Zahlen

	Wie hoch ist die Lebenserwartung?	Anzahl der Autos je 100 Menschen
Deutschland	77 Jahre	50
Äthiopien	41 Jahre	k.A.
Somalia	46 Jahre	0,1
Eritrea	55 Jahre	k.A.
Dschibuti	51 Jahre	3

C

D

Äthiopien

Somalia

Eritrea

Dschibuti

Suche und finde

Äthiopien
Hauptstadt:
Addis Abeba . . D5
Aksum C5
Debre Markos . . D5
Dire Dawa D6
Gonder C5
Gore D4
Harer D6
Nazret D5

Somalia
Hauptstadt:
Mogadischu . . F7
Baydhabo F7
Baraawe F7
Berbera D7
Eil D8
Hargeisa D7
Kismaayo G6
Marka F7

Eritrea
Hauptstadt:
Asmara B5
Asseb C6
Keren B5
Massawa B5

Dschibuti
Hauptstadt:
Dschibuti . . . C6

E

F

Länder in Zahlen

	Fläche (km²)	Einwohner	Sprache	Religion	Währung
Äthiopien	1.127.127	59.680.383	Amharisch / Oromo	*/Sunniten (musl.)	Birr
Somalia	637.661	7.140.643	Somalisch	Sunniten (musl.)	Shilling
Eritrea	121.321	3.984.723	Tigrinya	Sunniten (musl.)	Nakfa
Dschibuti	21.999	447.439	Französisch	Muslime	Franc

*Äthiopisch-orthodoxe

G

Ostafrika

Tansania, Kenia, Uganda, Burundi, Ruanda

Im Westen der Region steigt die Landschaft zu den gebirgigen Ländern Ruanda, Burundi und Uganda auf. Auf ihrem Gebiet liegen die großen afrikanischen Seen: Edward-, Albert-, Kivu-, Kyoga, Victoria- und Tanganjikasee. Verstreut auf den Hängen stehen Hütten und Häuser zwischen grünen Bananenplantagen, die auf dem roten Boden wachsen.

In Kenia weichen die Wüsten des Nordens um den Turkanasee den nebligen Bergen um den Mount Kenia. Die modernen Großstädte, wie Nairobi, ziehen die Touristen und Geschäftsleute an, aber auch die arme Landbevölkerung auf der Suche nach Arbeit.

Von Kenia bis tief nach Tansania hinein erstrecken sich weite Savannen mit Akazien, während aus der Ferne der schneebedeckte Gipfel des Kilimandscharo grüßt. In dieser weiten Landschaft sind unter blauem Himmel mit dicken, weißen Wolken die großen Wildtiere Afrikas zu Hause.

Vor der Ostküste segeln hölzerne Dhaus zwischen den Inseln Sansibar und Pemba hin und her, die für ihre Gewürze berühmt sind. Die großen, modernen Transportschiffe steuern größere Seehäfen an, wie Daressalam oder Mombasa.

WISSENSWERTES

- *Der Victoriasee, der zu Uganda, Kenia und Tansania gehört, ist der größte See Afrikas. Seine Fläche beträgt 68.880 km². Auf dem See gibt es manchmal so hohe Wellen wie auf dem Meer.*
- *Der Kilimandscharo in Tansania ist mit 5.895 m Afrikas höchster Berg. Als ihn die ersten europäischen Forscher sahen, konnten sie nicht glauben, dass so nah am Äquator Schnee liegen sollte.*

Nairobi ist nicht nur die Hauptstadt von Kenia, sondern auch das wichtigste Handelszentrum Ostafrikas. In der Stadtmitte stehen Bürohochhäuser an breiten, von Bäumen gesäumten Straßen. Jenseits der ausgedehnten Vorstädte erheben sich kühle, grüne Hügel und im Süden und Osten die heißen Savannen.

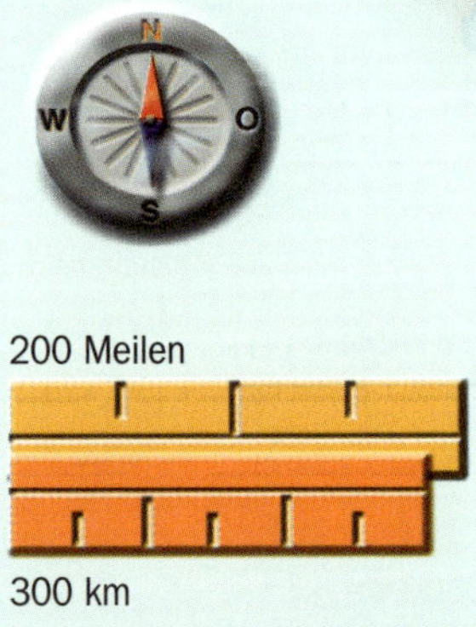

Die Wolken geben den Kibo und den Mawenzi frei, die beiden höchsten Gipfel des Kilimandscharo-Massivs. Das Gebirge beherrscht die Savanne Ostafrikas mit ihren breitkronigen Akazien. Die Hänge des Kilimandscharo tragen Ackerland, Wälder, Bergwiesen und schließlich Schneefelder.

Als Schmuck trägt diese Turkana-Frau einen hohen Kragen aus Perlen. Die Turkana bewohnen das trockene Land im Nordwesten von Kenia und dem Sudan.

Wo auf der Welt?

Von Berlin nach Daressalam
7.044 km
8 Std. 24 Min.

Daressalam liegt auf
06° 48' südlicher Breite
39° 17' östlicher Länge

Leben in Zahlen

Wie hoch ist die Lebenserwartung?		Anzahl der Autos je 100 Menschen
Deutschland	77 Jahre	50
Tansania	46 Jahre	0,1
Kenia	48 Jahre	1
Uganda	43 Jahre	0,1
Burundi	46 Jahre	0,1
Ruanda	42 Jahre	0,1

Suche und finde

Länder in Zahlen

	Fläche (km²)	Einwohner	Sprache	Religion	Währung
Tansania	945.088	31.270.820	Suaheli	*/Sunniten (musl.)	Schilling
Kenia	582.649	28.808.658	Suaheli	Katholiken/Protestanten/*	Schilling
Uganda	241.051	22.804.973	Suaheli/Ganda	Katholiken/Protestanten	Schilling
Burundi	27.830	5.735.937	Kirundi	Katholiken	Franc
Ruanda	26.340	8.154.933	Kinyarwanda	Katholiken	Franc

* Stammesreligionen

Äquatorialafrika

Demokratische Republik Kongo, Angola, Sambia, Republik Kongo, Gabun, Äquatorial-Guinea, São Tomé und Príncipe

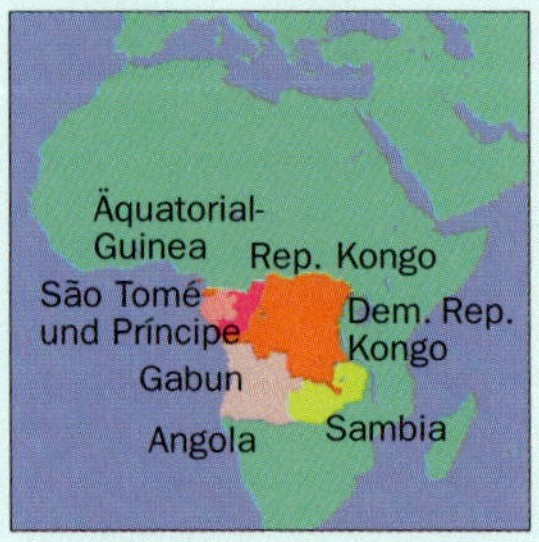

Eine Gruppe von Kähnen, die von einem Schlepper gezogen werden, quält sich den schlammigen Kongo hinauf. Eine Frau wäscht auf Deck ein Baumwollkleid in einer Plastikwanne, eine andere kocht ein Fischgericht auf einem Ofen. Das Radio läuft laut und spielt die härteren Rhythmen des verstorbenen Musikers Franco oder ein Lied mit den süßen, einlullenden Stimmen von Mbilia Bel – der beliebtesten Formation der kongolesischen Popmusik. Der Kongo, der größte Fluss Zentralafrikas, bildet zu großen Teilen die Staatengrenze zwischen der Republik und der Demokratischen Republik Kongo.

Ein dichter Regenwald, der von zahlreichen Flüssen und Bächen entwässert wird, bildet das Herz Afrikas. Hier leben noch kleine Gruppen von Jägern, wie die Mbuti, doch die meisten Menschen dieser Region arbeiten in der Landwirtschaft oder leben in den Städten. Der Regenwald erstreckt sich weiter nach Westen bis nach Gabun und Äquatorial-Guinea und südwärts bis Angola, wo er Hochebenen, Gebirgen und Wüsten Platz macht.

Ein Teil von Äquatorialafrika besteht aus Inseln. Die heiße, feuchte Insel São Tomé stellt sogar einen eigenen Staat dar.

Wissenswertes

- *Nach dem Nil ist der Kongo der zweitlängste Fluss Afrikas. Von der Quelle bis zum Atlantik ist er 4.667 km lang.*
- *In der Region des Kongo ist eine der interessantesten Kunstrichtungen Afrikas zu Hause. Hier entstanden die lang gestreckten und verzerrten Gesichtsmasken, die so berühmte Künstler des 20. Jhs. wie Henri Matisse und Pablo Picasso inspirierten.*

Leben in Zahlen

Land	Wie hoch ist die Lebenserwartung?	Anzahl der Autos je 100 Menschen
Deutschland	77 Jahre	50
Dem. Rep. Kongo	49 Jahre	1
Angola	48 Jahre	1
Sambia	37 Jahre	2
Rep. Kongo	47 Jahre	1
Gabun	57 Jahre	2
Äquatorial-Guinea	57 Jahre	1
São Tomé und Príncipe	64 Jahre	k.A.

Die längsten Flüsse

Nil	6.670 km
Kongo	4.667 km
Rhein	1.320 km

Das Bild zeigt den Zentralmarkt von Kinshasa, der Hauptstadt der Demokratischen Republik Kongo. Kinshasa ist eine feucht-heiße Stadt, die sich am Kongoufer gegenüber von Brazzaville entlangzieht. Hier leben mehr als 4,5 Mio. Menschen.

Dem. Rep. Kongo

Angola

Sambia

Rep. Kongo

Gabun

Äquatorial-Guinea

São Tomé und Príncipe

Wo auf der Welt?

Von Berlin nach Kinshasa
6.329 km
7 Std. 36 Min.

Kinshasa liegt auf
04° 23′ südlicher Breite
15° 27′ östlicher Länge

Suche und finde

Demokratische Republik Kongo
Hauptstadt:
Kinshasa C5
Bandundu C5
Basoko B7
Bondo B7
Bukama D7
Bukavu C8
Bunia B8
Kalemie D8
Kamina D7
Kananga D6
Kisangani B7
Kolwezi E7
Likasi E7
Lubumbashi . . .E7
Matadi D4
Mbandaka B5
Mbuji-Mayi D7
Tshikapa D6
Watsa B8

Angola
Hauptstadt:
Luanda D4
Benguela E4
Huambo E5
Lobito E4
Lubango E4
Luena E6
Namibe E4
Saurimo D6

Sambia
Hauptstadt:
Lusaka F7
Chipata E8
Kabwe E8
Kasama E8
Kitwe E7
Maramba F7
Mbala D8
Mufulira E7
Ndola E8

Republik Kongo
Hauptstadt:
Brazzaville . . .C5
Loubomo C4
Pointe-Noire . . .C4

Gabun
Hauptstadt:
Libreville B4
Franceville (Masuku) C4
Port Gentil C4

Äquatorial-Guinea
Hauptstadt:
Malabo B4

São Tomé und Príncipe
Hauptstadt:
São Tomé B3

Länder in Zahlen

	Fläche (km²)	Einwohner	Sprache	Religion	Währung
Dem. Rep. Kongo	2.345.408	50.481.305	Französisch/Lingala	Katholiken	Kongol. Franc
Angola	1.246.699	11.177.537	Portugiesisch/Umbundu	Katholiken/*	Kwanza
Sambia	752.610	9.663.535	Englisch/Bemba	Protest./*/Katholiken	Kwacha
Rep. Kongo	341.999	2.716.814	Französisch/Monokutuba	Katholiken	CFA Franc
Gabun	267.669	1.225.853	Französisch/Fang	Christen/*	CFA Franc
Äquatorial-Guinea	28.050	465.746	Fang/Spanisch	Katholiken	CFA Franc
São Tomé u. Princ.	961	154.878	Portugiesisch	Katholiken	Dobra

*Stammesreligionen

Von Namibia bis Mosambik

NAMIBIA, MOSAMBIK, BOTSWANA, SIMBABWE, MALAWI

AN der Ostküste Afrikas trifft eine kalte Strömung des Atlantiks auf die Sanddünen und Geröllfelder der Wüste Namib. Obwohl es dort fast nie regnet, treibt nachts Nebel auf das Land, der die Wüstenpflanzen mit Feuchtigkeit versorgt. In der öden Landschaft Namibias, die reiche Vorkommen von Uran, Blei und Cadmium hat, leben nur wenige Menschen.

Der Okawango fließt vom Norden her nach Botswana und bildet dort ein weites Sumpfgebiet, in dem tausende von Vögeln und anderen Tieren leben. Im Südwesten des Landes liegt eine weitere Wüste, die Kalahari. Hier lebt der Stamm der San. Die San sind Experten im Überleben in der Wüste und besiedeln diese Region länger als andere Stämme Südafrikas. Im Osten des Landes, jenseits eines Hochplateaus, erstrecken sich Savannen, wo die meisten Tswana leben. Die wichtigsten Einnahmequellen des Landes sind Diamantminen und Rinderzucht.

Simbabwe liegt auf einem Plateau südlich des Sambesi-Flusses. Hier werden Tabak und Gemüse angebaut, doch das Land hat oft unter Dürren zu leiden. Die Hauptstadt Harare gehört zu den wichtigsten Städten im Süden Afrikas. Der Sambesi fließt weiter nach Osten, bis er in Mosambik in den Indischen Ozean mündet. Mosambiks Hauptstadt Maputo hat den zweitgrößten Hafen in Afrika. Von hier werden auch die vom Meer abgeschnittenen Staaten versorgt.

Malawi im Norden nimmt einen Teil des Großen Grabenbruches ein, der sich – mit tiefen Rissen in der Erdkruste – weiter nach Norden durch Ostafrika fortsetzt. An dieser Spalte ist die Erdkruste aufgerissen.

Windhuk, die Hauptstadt von Namibia, ist eine geschäftige, moderne Stadt. Sie beherbergt vor allem Betriebe, die Halbedelsteine und Diamanten schneiden und polieren, sowie Konservenindustrie.

WISSENSWERTES

- *Der Okawango ist ein Fluss, der nie das Meer erreicht. Er bildet an seinem Ende den größten Sumpf der Erde (über 28.000 km²). Der größte Teil des Wasser verdunstet.*

Länder in Zahlen

	Fläche (km²)	Einwohner	Sprache	Religion	Währung
Namibia	825.417	1.648.270	Ovambo / Englisch	Lutheraner	Rand
Mosambik	801.589	19.124.335	Portugiesisch / Makua	*	Metical
Botswana	581.732	1.464.167	Englisch / Tswana	*/Anglikaner	Pula
Simbabwe	390.580	11.163.160	Englisch / Cishona	Anglikaner/*	Dollar
Malawi	118.480	10.000.416	Englisch / Chichewa	Sunniten (musl.) / Katholiken/ *	Kwacha

* Stammesreligionen

Wo auf der Welt?

Von Berlin nach Harare
8.007 km
9 Std. 36 Min.

Harare liegt auf
17° 50' südlicher Breite
31° 03' östlicher Länge

Leben in Zahlen

	Wie hoch ist die Lebenserwartung?	Anzahl der Autos je 100 Menschen
Deutschland	77 Jahre	50
Namibia	41 Jahre	4
Mosambik	45 Jahre	0,5
Botswana	40 Jahre	6
Simbabwe	39 Jahre	2
Malawi	37 Jahre	0,5

Die längsten Flüsse

Nil	6.670 km
Sambesi	2.740 km
Rhein	1.320 km

Donnernd stürzen die Wassermassen des Sambesi über die Victoria-Fälle, die auf der Grenze zwischen Simbabwe und Sambia liegen. Besonders eindrucksvoll ist das Schauspiel von Juni bis Oktober, wenn der Sambesi Hochwasser führt.

Suche und finde

Namibia
Hauptstadt:
Windhuk D4
Grootfontein . . .C4
Keetmanshoop . .E4
Lüderitz E4
Rehoboth D4
Swakopmund . . .D4
Walfischbai D4

Mosambik
Hauptstadt:
Maputo E7
Beira C8
Chimoio C8
Inhambane D8
Mosambik B9
Nacala B9
Nampula B9
Quelimane C8
Tete C8

Botswana
Hauptstadt:
Gaborone D6
Francistown D6
Kanye D6
Molepole D6
Palapye D6
Selibi-Phikwe . . .D7
Serowe D6

Simbabwe
Hauptstadt:
Harare C7
Bulawayo C7
Gweru C7
Mutare C7

Malawi
Hauptstadt:
Lilongwe B8
Blantyre C8
Zomba B8

Südafrika und seine Nachbarn

SÜDAFRIKA, LESOTHO, SWASILAND

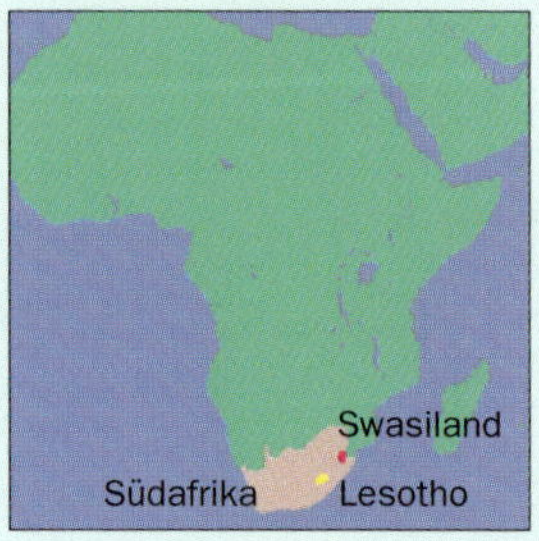

WER mit dem Schiff nach Kapstadt einfährt, dessen Blick fällt zuerst auf den Tafelberg und erst dann auf den Hafen. Die drittgrößte Stadt Südafrikas wird von dem massigen Berg überragt, dessen Gipfel an den meisten Tagen in Wolken gehüllt ist.

Südafrika ist das reichste Land des Kontinents und ein Land der Kontraste. Im warmen Sonnenschein der Kapprovinz um das Kap der Guten Hoffnung wachsen Wein und Obst. Es gibt staubige Grassteppen. Die Drakensberge erinnern in ihrer Form an Burgmauern, und Bergleute graben in tiefen Schächten unter der Erde nach Gold. Es gibt die modernen, reichen Städte Pretoria und Johannesburg, aber auch die weiten Vorstädte, die so genannten Townships, wie Soweto. Hier ist die Wohnsituation schlecht, und es gibt einen Mangel an Arbeitsstellen.

Südafrika ist ein Land unterschiedlichster Menschen. Hier leben neben vielen anderen die Zulu, Xhosa und Ndebele. Es gibt Menschen asiatischer Herkunft, Mischlinge, Englisch sprechende Stadtbewohner und afrikanische Farmer, die noch von holländischen Siedlern abstammen.

Auf der Landesfläche von Südafrika liegen zwei kleine unabhängige Königreiche, in denen die Sotho und Swasi leben. Lesotho ist ein Bergland mit vielen Schafherden, in Swasiland wird Mais angebaut, außerdem werden Rinder gehalten.

Ein Swasi mit den traditionellen Waffen des Kriegers. Dieser Volksstamm lebt in Swasiland. Ihre Sprache, das Siswati, ist mit dem Zulu verwandt.

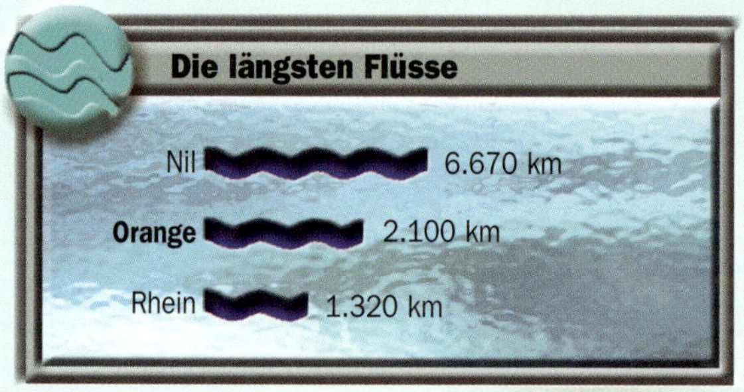

WISSENSWERTES

- *In vielen südafrikanischen Sprachen gibt es Klicklaute, die Fremde kaum aussprechen können. Die Xu-Sprache kennt 48 verschiedene Klicklaute.*
- *Am Ufer des Subeng in Lesotho kann man noch heute fossile Abdrücke von drei Dinosaurierarten sehen.*

Diese Bergleute graben in einer südafrikanischen Mine nach Gold. Viele der Arbeiter kommen aus den Nachbarländern, wie Lesotho. Südafrika ist der größte Goldproduzent der Welt.

Strauße sind die größten Vögel der Erde. Sie können nicht fliegen, rennen aber auf ihren kräftigen Beinen mit großer Geschwindigkeit umher. In Südafrika werden Strauße wegen ihres Fleisches und der Federn auf Farmen gehalten.

Die höchsten Berge

Wo auf der Welt?

Von Berlin nach Kapstadt
9.637 km
11 Std. 33 Min.

Kapstadt liegt auf
38° 48' südlicher Breite
18° 28' östlicher Länge

Südafrika

Lesotho

Swasiland

Leben in Zahlen

	Wie hoch ist die Lebenserwartung?	Anzahl der Autos je 100 Menschen
Deutschland	77 Jahre	50
Südafrika	56 Jahre	10
Lesotho	54 Jahre	0,6
Swasiland	39 Jahre	3

Suche und finde

Länder in Zahlen

	Fläche (km²)	Einwohner	Sprache	Religion	Währung
Südafrika	1.219.911	43.426.386	Englisch/Zulu/Xhosa	*/ **	Rand
Lesotho	30.350	2.128.950	Sesotho	Katholiken / **	Loti
Swasiland	17.361	985.335	Siswati	*/ **	Lilangeni

* Stammesreligionen / ** örtliche christliche Kirchen

Australien und Ozeanien

Australien und Ozeanien stellen den kleinsten Kontinent dar. Ihm zugehörig sind das Land Australien und Papua-Neuguinea, die zweitgrößte Insel der Erde. Im weiten Meer liegen hunderte von kleineren Inseln, die jedoch bis auf Neuseeland, Vanatu, die Salomonen und Neukaledonien nur von geringer Bedeutung sind.

Australien ist das größte Land dieser Region. Es wurde schon vor über 50.000 Jahren von den Aborigines besiedelt, deren Zahl heute jedoch bei weitem von der Zahl anderer Einwanderer übertroffen wird, die vorwiegend aus Großbritannien oder Asien stammt. Die meisten Australier leben in großen Städten, während riesige Flächen des Landes von Schaf- und Rinderfarmen, tropischen Wäldern oder leeren Wüsten eingenommen werden.

Jenseits der Torresstraße liegt die tropische Insel Neuguinea. Ihr westlicher Teil gehört zu Indonesien, der östliche Teil ist der unabhängige Staat Papua-Neuguinea.

Die beiden Inseln Neuseelands jenseits der breiten Tasmansee haben kühles Klima. Ihre grünen Weiden werden von Bauern und Schafzüchtern genutzt. Die meisten Neuseeländer haben europäische Vorfahren oder gehören zur Gruppe der Maori, einer polynesischen Volksgruppe.

Das Didgeridoo ist ein traditionelles Instrument der australischen Aborigines. Es wird aus einem geraden Ast hergestellt. Durch rhythmisches Blasen und Einsaugen der Luft entsteht ein tiefer Ton, dessen Vibrationen fühlbar sind.

WISSENSWERTES

- *Vermutlich werden auf Papua-Neuguinea mehr Sprachen gesprochen als in jedem anderen Land – bei der letzten Zählung waren es 817.*
- *Pitcairn ist eine winzige Insel auf halbem Weg zwischen Australien und Südamerika. Alle Einwohner stammen von der Besatzung des Schiffes Bounty ab. Nach einer Meuterei siedelten sich die Seeleute 1790 hier an.*
- *Auf der Inselgruppe der Salomonen leben 39 vom Aussterben bedrohte Tierarten. Dazu gehören, wie auf vielen anderen pazifischen Inseln, Korallen, Schildkröten und Muscheln.*

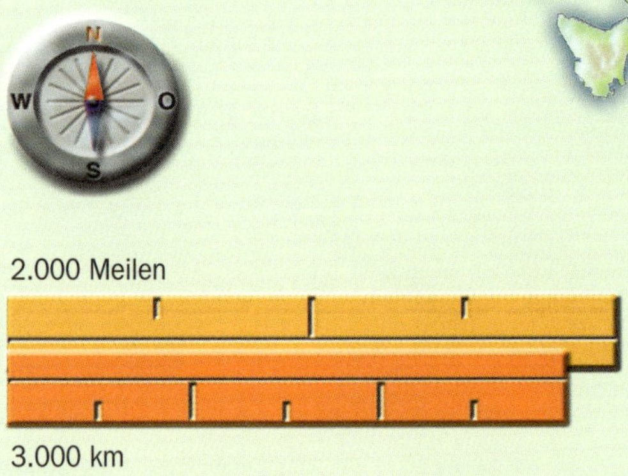

Der flugunfähige Emu ist der größte Vogel Australiens. Er wiegt etwa 40 kg und hat lange, kräftige Beine. Emus suchen auf dem Boden nach Samen, Beeren, Blüten und Insekten.

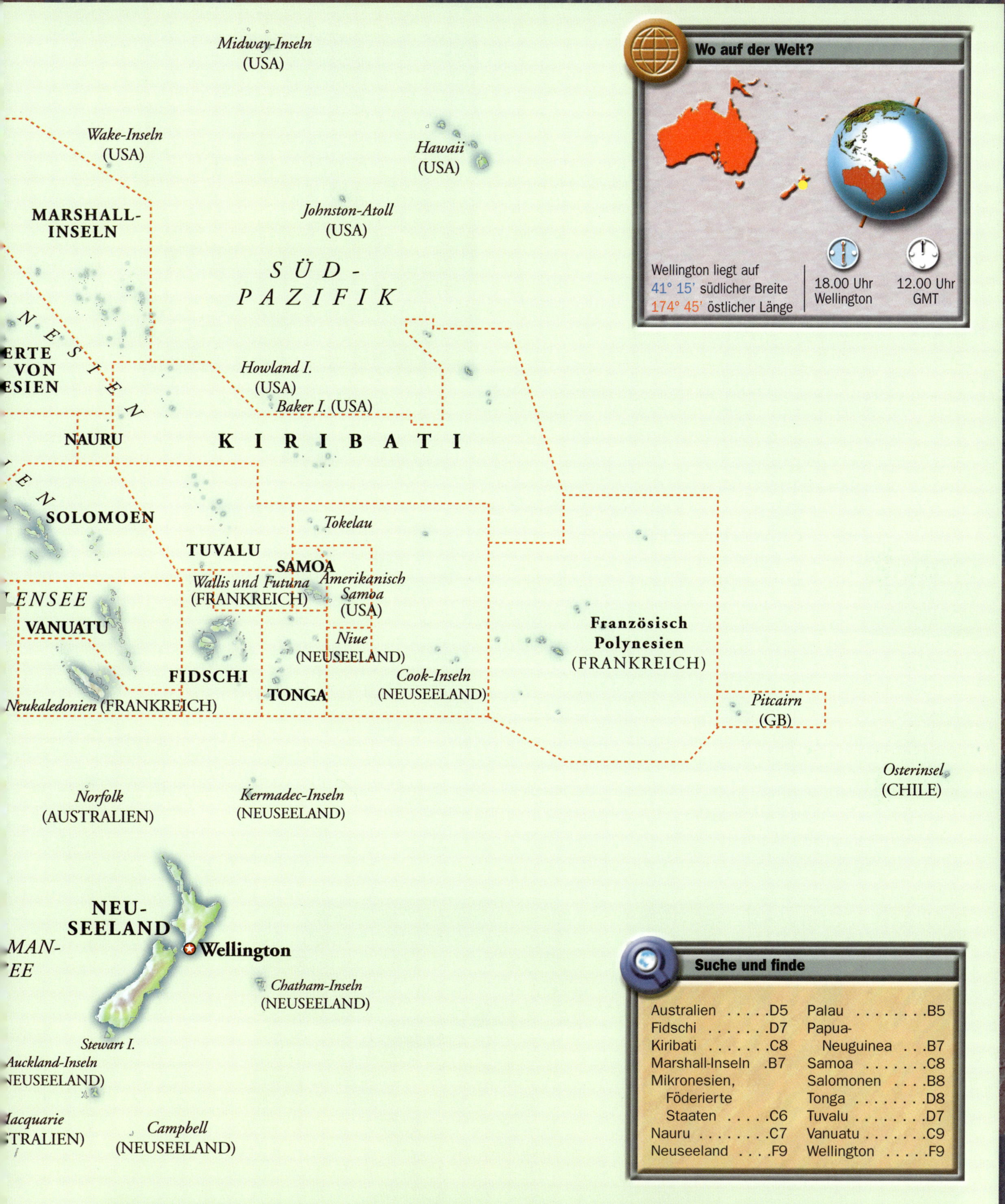

Wo auf der Welt?

Wellington liegt auf
41° 15' südlicher Breite
174° 45' östlicher Länge

18.00 Uhr Wellington

12.00 Uhr GMT

Suche und finde

Kontinent in Zahlen

	Fläche (km²)	% der Erdoberfläche	Einwohner	Größtes Land (Fläche, km²)	Größtes Land (Einwohner)
Australien und Ozeanien	8.547.000	5,7 %	29.659.000	Australien 7.686.843	Australien 18.613.087

Westaustralien

EIN Lastwagen mit Erz rast über die Wüstenstraße und zieht eine Wolke von Staub hinter sich her. Ein Hund bellt vor einer Hütte, er ruft nach einem Aborigine-Kind, das mit ihm Stöckchenwerfen spielen soll. Der Bundesstaat Westaustralien ist ein sehr dünn besiedelter, heißer Landstrich, der an die stürmische Küste des Indischen Ozeans, die Große Sandwüste, die Gibsonwüste und die Große Victoriawüste grenzt. Im Norden liegen einsame Viehstationen und die beeindruckenden Schluchten des Purnululu-Nationalparks. Im Süden dehnt sich die weite, flache Nullarborebene aus. Im äußersten Südwesten wachsen Wälder mit Eukalyptusbäumen, die in Australien Jarah und Karri heißen und wegen ihres Holzes gefällt werden. Vor der Nordwestküste liegt das Ningaloo-Riff, das ein Unterwasserschauspiel aus Korallen und Fischen bietet. Der Reichtum des Landes besteht aus Gold, Industriediamanten, Eisenerz, Bauxit, Kohle und Öl.

Viele Autostraßen laufen auf die Hauptstadt Perth mit ihrem Hafen Fremantle zu, wo über eine Million Menschen leben. Die Hochhäuser der Stadt sind eine ganz andere Welt als der australische „Outback", die einsamen Wüsten des Inlandes. Im milden Klima des Südwestens gedeihen Obst und Weizen.

Die Wolkenkratzer von Perth erheben sich über einen Park am Swan River. Perth wird oft die einsamste Großstadt der Erde genannt, weil sie so weit von anderen größeren Städten entfernt ist.

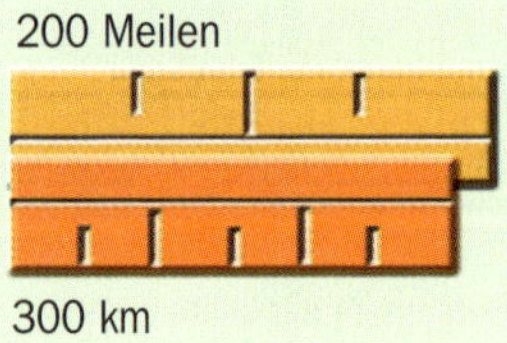

WISSENSWERTES

- *Die Nullarborebene ist der Traum jedes Eisenbahners. Die Schienen zwischen West- und Südaustralien verlaufen über eine Strecke von 478 km völlig gerade.*
- *An der Küste von Westaustralien, im Hamelin-Pool, erheben sich merkwürdige Felsformationen, die in Wirklichkeit uralte Kolonien von Bakterien darstellen. Sie dürften von den ersten Lebewesen auf unserer Erde abstammen.*

Dieser junge australische Ureinwohner stammt vom Kimberley-Plateau, einem abgelegenen Bergland im Nordwesten Australiens. Viele der Aborigines bemalen Körper und Gesicht für religiöse Zeremonien.

Australien

Wo auf der Welt?

Von Berlin nach Perth
13.591 km
16 Std. 18 Min.

Perth liegt auf
31° 50' nördlicher Breite
116° 10' östlicher Länge

Leben in Zahlen

	Wie hoch ist die Lebenserwartung?	Anzahl der Autos je 100 Menschen
Deutschland	77 Jahre	50
Australien	80 Jahre	47

Bis zum Horizont reicht die karge Nullarborebene. Sie liegt zwischen der Großen Australischen Bucht und der Großen Victoriawüste. In diesem trockenen Gebiet gibt es keine Flüsse und nur vereinzelte Sträucher. Der Boden besteht zu großen Teilen aus Kalk.

Suche und finde

Westaustralien

Albany G6
Broome B7
Bunbury G6
Busselton G6
Carnarvon D5
Dampier C5
Derby B7
Esperance G7
Fremantle F6
Geraldton E5
Kalgoorlie-Boulder F7
Laverton E7
Mandurah F6
Meekatharra . . . E6
Mount Magnet . . E6
Northam F6
Perth F6
Port Hedland . . C6
Wyndham B8

Länder in Zahlen

	Fläche (km²)	Einwohner	Sprache	Religion	Währung
Australien	7.686.843	18.783.551	Englisch	Katholiken/Anglikaner	Dollar

Ostaustralien

Bei einem Nachtflug über Australien entdeckt man nur selten ein Licht. Wenn das Flugzeug jedoch über Sydney in den Landeanflug geht, sieht man eine große Stadt am blauen Meer mit einem berühmten Hafen. Die meisten Australier leben in den Küstenstädten des Ostens und Südens, in Brisbane, Sydney, Melbourne und Adelaide. Sie sind nach außen orientiert, zum Meer mit seinen Wellen und den Sandstränden, weniger nach innen, zum dünn besiedelten „Outback“. Einige der Küstenstädte erinnern an London, denn das moderne Australien wurde von Engländern gegründet, die den Ureinwohnern, den Aborigines, das Land einfach wegnahmen. Viele Australier haben Griechen, Italiener, Libanesen, Vietnamesen oder Thai unter ihren Vorfahren.

Ostaustralien reicht von den tropischen Flüssen und Zuckerrohrfeldern von Queensland bis zu den Weinbergen von Südaustralien und weiter südlich zu den kühlen, felsigen Küsten von Tasmanien. Am Westrand der Küstenregion erheben sich die Great Dividing Range und die Australischen Alpen, beides australische Hochgebirge, in dem die Flüsse Murray und Darling entspringen. In den Bergen dehnen sich grüne Wiesen aus, auf denen Kängurus neben unzähligen Schafen und Rinderherden grasen. Es gibt Wälder mit duftenden Eukalyptusbäumen, aber auch heiße Wüstenregionen und nackten Fels.

WISSENSWERTES

- *Das Große Barriereriff zieht sich entlang der australischen Pazifikküste. Es ist mit mehr als 2.000 km Länge das längste Korallenriff der Erde mit reichem Unterwasserleben.*
- *In Südaustralien liegt die größte Schaffarm der Welt mit 10.000 km². Australien ist der weltweit größte Produzent von Schafwolle.*

Das Opernhaus von Sydney scheint sich wie eine Gruppe von Segelschiffen aus dem Hafenbecken zu erheben. Das wunderschöne Gebäude, das 1973 fertiggestellt wurde, dürfte das bekannteste Wahrzeichen Australiens sein.

Die höchsten Berge

Wo auf der Welt?

Von Berlin nach Canberra
16.083 km
19 Std. 18 Min.

Canberra liegt auf
35° 21' südlicher Breite
149° 10' östlicher Länge

Leben in Zahlen

Die längsten Flüsse

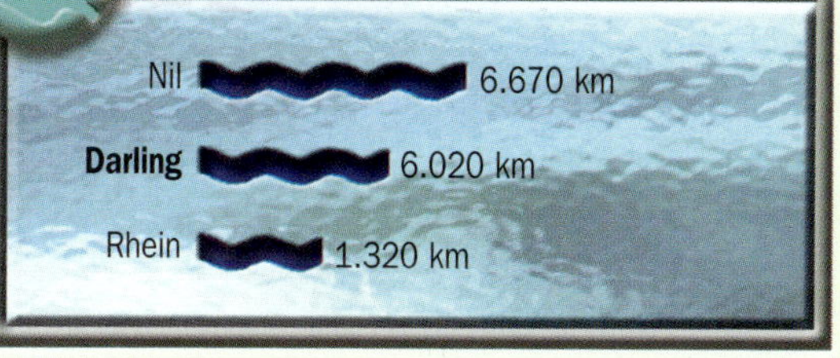

Suche und finde

Australien

Länder in Zahlen

	Fläche (km²)	Einwohner	Sprache	Religion	Währung
Australien	7.686.843	18.783.551	Englisch	Katholiken/Anglikaner	Dollar

Neuseeland

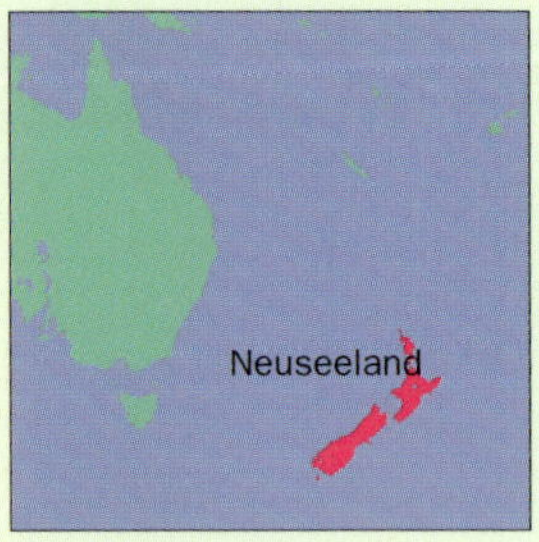

WENN man von Australien aus in See sticht und über die Tasmansee fährt, tauchen nach etwa 2.000 km am Horizont Berge auf, die von Wolken umgeben sind. Dies sind die neuseeländischen Südalpen. Der Mount Cook ist der höchste Berg des Landes. Er liegt auf der größeren Südinsel. Die Häfen Christchurch und Dunedin liegen an der Ostküste zum Pazifik hin. Sie versorgen die fruchtbare Canterbury-Ebene und das Otago-Plateau weiter im Landesinneren. Die meisten Menschen arbeiten in der Landwirtschaft.

Die größte Zahl der Neuseeländer lebt jedoch auf der Nordinsel, jenseits der Cook-Straße, in den Städten Wellington und Auckland. Wie viele andere Inseln des Pazifiks geht auch Neuseeland auf vulkanische Tätigkeit zurück. Im Norden des Landes gibt es noch immer Zeugnisse davon: sprudelnd kochende, heiße Quellen und Geysire, die von Zeit zu Zeit ihre Wasserdampffontänen in den Himmel schießen. Man benutzt diese Erdwärme, um Energie zu erzeugen.

Neuseeländer werden nach ihrem Nationaltier, einem flugunfähigen Vogel, scherzhaft „Kiwis" genannt. Die Ureinwohner der Inseln waren die Maori, ein polynesischer Stamm, der noch heute viele seiner alten Traditionen wie die Schnitzkunst, Gesänge und Tänze bewahrt hat. Viele Neuseeländer haben europäische, vor allem englische Vorfahren, die übrigen stammen aus Asien oder von anderen pazifischen Inseln. Die Cook-Inseln, Niue und die Tokelau-Inseln werden von Neuseeland regiert.

Ein Maori-Tänzer mit den traditionellen Gesichtstätowierungen zeigt seine Zunge als Zeichen von Respekt. Die neuseeländischen Polynesier haben ein starkes Interesse an ihren sozialen und kulturellen Traditionen bewahrt.

Die Hafenstadt Auckland ist eine sehr moderne und Neuseelands größte Stadt. Sie liegt auf der Nordinsel zwischen den Häfen Manukau und Waitemata.

WISSENSWERTES

- *Die Neuseeländer spielen sehr gerne Rugby. Ihre Nationalmannschaft, die All Blacks, beginnt jedes internationale Spiel mit einem traditionellen Maori-Tanz, dem Hakka.*
- *In Neuseeland leben 15-mal mehr Schafe als Menschen.*

Die Insel White Island in der Bay of Plenty zeigt ständig die Macht der Erde: Der Vulkan rumpelt und spuckt Rauchwolken aus.

Auf einigen Inseln vor Neuseeland lebt die Brückenechse. Sie hat als einzige aus einer Gruppe von Reptilien überlebt, die vor 100 Millionen Jahren ausstarb.

Neuseeländer sind stolz auf ihr Geschick beim Schafescheren. Wolle gehört zu den wichtigsten Exportgütern.

100 Meilen

150 km

Neuseeland

Wo auf der Welt?

13.00 Uhr Berlin | 12.00 Uhr GMT | 12.00 Uhr Wellington

Von Berlin nach Wellington
18.157 km
21 Std. 48 Min.

Wellington liegt auf
41° 15' südlicher Breite
174° 45' östlicher Länge

Leben in Zahlen

Wie hoch ist die Lebenserwartung?

Deutschland 77 Jahre

Neuseeland 78 Jahre

Anzahl der Autos je 100 Menschen

Deutschland: 50

Neuseeland: 47

Die höchsten Berge

Mount Cook 3.754 m

Zugspitze 2.962 m

Suche und finde

Länder in Zahlen

	Fläche (km^2)	Einwohner	Sprache	Religion	Währung
Neuseeland	279.039	3.662.265	Englisch	Atheisten/Anglikaner/Presbyterianer	Dollar

Der Pazifik
und seine Inseln

Während sich die Fliegenden Fische sogar über den blauen Wellen des Pazifiks bewegen können, halten sich in den düsteren Tiefen dieses Meeres Riesenkalmare auf. Der Pazifik, der von der Arktis im Norden bis zur Antarktis im Süden, von Amerika im Osten bis nach Asien im Westen reicht, ist von einem „Ring aus Feuer“ umgeben. In dieser Zone kommt es immer wieder zu Vulkanausbrüchen und Erdbeben. Sie lösen die Tsunamis aus – ungeheure Flutwellen. Der Pazifik ist mit 1.662.425.000 km^2 der größte Ozean der Erde.

Die winzigen Inseln sind durch Vulkane oder aus Korallenriffen entstanden. Man kann die Bewohner dieser Inselwelt in drei Gruppen einteilen: Polynesier, Melanesier und Mikronesier. Außerdem leben hier Menschen mit europäischen oder südasiatischen Vorfahren. Die Insulaner sind geschickte Bildhauer, sie flechten Körbe und Matten. Auch für ihre Lieder und Tänze sind sie berühmt.

Auf Papua-Neuguinea und den vorgelagerten Inseln gibt es Kupferbergwerke, es werden Tee und Kaffee angebaut. Östlich davon liegen die Fidschi-Inseln mit ihren Zuckerrohrfeldern, die nackte Landschaft von Nauru, die durch den Phosphatbergbau verwüstet wurde, und kleinere Inseln, die Kopra, das sind getrocknete Kokosnüsse, exportieren. Die Menschen leben vom Anbau der Knollenpflanze Taro, von Fischfang und Ackerbau.

WISSENSWERTES

- *Die Osterinsel ist berühmt für ihre mächtigen, in Stein gehauenen Köpfe, die von den Polynesiern zwischen 1000 – 1600 n. Chr. aufgestellt wurden. Ihre Bedeutung ist unbekannt.*
- *Das längste Atoll der Erde ist das Kwajalein-Atoll. Es gehört zu den Marshall-Inseln und ist 283 km lang.*

In der Opunohu-Bucht auf Moorea sind Segelboote vor Anker gegangen. Die Insel liegt 19 km nordwestlich von Tahiti in Französisch-Polynesien. Im warmen Klima der Insel werden Kaffee, Vanille und Kopra angebaut.

Wo auf der Welt?

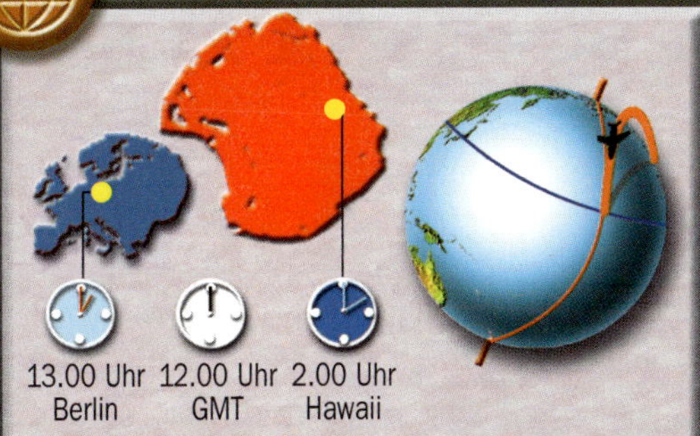

Von Berlin nach Hawaii
11.769 km
14 Std. 6 Min.

Hawaii liegt auf
21° 19′ nördlicher Breite
157° 48′ westlicher Länge

Suche und finde

Länder in Zahlen

	Fläche (km²)	Einwohner	Sprache	Religion	Währung
Papua-Neuguinea	462.841	4.599.785	Pidgin-Englisch/Englisch	Katholiken/Lutheraner	Kina
Salomonen	28.451	441.039	Englisch/Pidgin-Englisch	Anglikaner	Dollar
Fidschi	18.270	802.611	Fidschianisch/Englisch/Hindi	Hindu/Methodisten	Dollar
Vanuatu	12.191	185.204	Bislama	Presbyterianer	Vatu
Samoa	2.859	224.713	Samoanisch	Mormonen/Christen	Tala
Kiribati	811	83.976	Englisch/Kiribati	Katholiken	Australischer Dollar
Tonga	749	108.207	Tongaisch	Methodisten/Katholiken	Pa'anga
Mikronesien	702	129.658	Englisch/Chuukese	Katholiken	US Dollar
Palau	487	18.110	Palauisch/Englisch	Katholiken/*	US Dollar
Marshall-Inseln	181	63.031	Marshallesisch/Englisch	Atheisten/Katholiken	US Dollar
Nauru	54	10.401	Nauruisch	Christen	Australischer Dollar
Tuvalu	26	10.444	Tuvaluanisch	Kirche von Tuvalu	Australischer Dollar

* Stammesreligionen

Antarktis

NIEMAND lebt hier dauerhaft. Nur einige Forscher haben ihre Stationen aufgebaut, um Eis, Gestein und das Klima zu untersuchen. Obwohl es in den letzten Jahren wärmer geworden ist, bleibt die Antarktis der kälteste und stürmischste Ort auf der Erde – eine lebensfeindliche, gefrorene Wildnis. Schneestürme jagen über die Bergketten, Gletscher und das Schelfeis, das sich von Teilen des Landes bis auf das Meer erstreckt. An den Küsten drängen sich die Pinguine zum Schutz vor der Kälte zusammen, im Landesinnern könnte kein wildes Tier überleben. Im Südwinter, wenn auf der Nordhalbkugel Sommer herrscht, bleibt die Antarktis fast ein halbes Jahr dunkel. Im Sommer blenden die Schneefelder das Auge, und riesige Eisberge treiben hinaus aufs Meer.

Die Antarktis wird vom Südatlantik, dem Indischen Ozean und dem Südpazifik umgeben. Das Ross- und das Weddellmeer greifen tief ins Land hinein. Auf der Landmasse der Antarktis liegt der Südpol. Gebirge verlaufen quer über den Kontinent. Der höchste Berg ist der vulkanische Mount Erebus, der sich über das Rossmeer erhebt.

Viele Länder beanspruchen Teile der Antarktis, vor allem wegen der reichen Bodenschätze, die unter dem Eis lagern, und der ergiebigen Fischgründe vor der Küste. Die Zukunft des Kontinents soll von allen Staaten gemeinsam bestimmt werden, bislang ist sie noch offen.

WISSENSWERTES

- *An der dicksten Stelle ist die antarktische Eiskappe 5 km dick.*
- *Im Eis der Antarktis sind 70% des Süßwassers der Erde gebunden.*
- *Die kälteste jemals gemessene Temperatur betrug –92°C auf der Wostok-Basis im Jahre 1983.*

Die Antarktis vermittelt noch immer einen Eindruck davon, wie die Welt ohne Menschen, Tiere und Pflanzen ausgesehen haben könnte.

Wo auf der Welt?

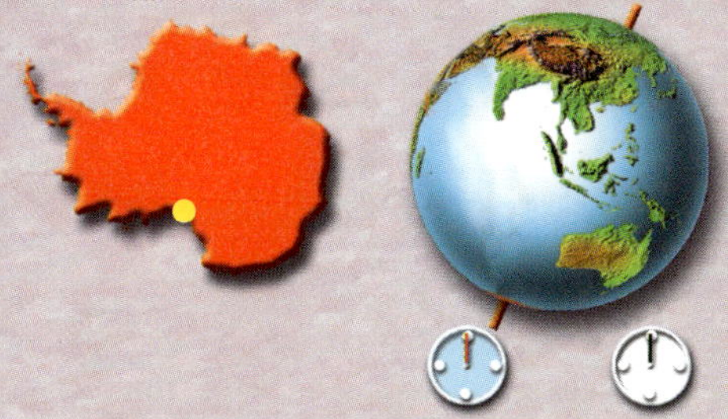

Mount Erebus liegt auf
77° 32' südlicher Breite
169° 10' östlicher Länge

13.00 Uhr Mount Erebus | 12.00 Uhr GMT

Die Kaiserpinguine versammeln sich an der antarktischen Küste zu großen Kolonien auf dem Eis. Wenn die Eltern nach langer Jagd im Meer zurückkommen, um ihre Küken zu füttern, erkennen sie das eigene Kind an der Stimme.

Suche und finde

Antarktis

Kontinent in Zahlen

	Fläche (km²)	% der Erdoberfläche	Einwohner
Antarktis	13.986.000	9,3	keine

Das Nordpolarmeer
und seine Inseln

Ein Forscher auf dem Weg zum Nordpol kämpft sich über das Polareis. Seine Füße sind müde, sein Bart voller Eiszapfen. Er geht nicht über Land sondern auf dem dicken Eis des Nordpolarmeeres. Hier ist es so kalt, dass das Meer ganzjährig zugefroren bleibt. Im Sommer bleibt es ständig hell, im Winter ständig dunkel, nur gelegentliche Nordlichter hellen dann die Nacht auf.

Am Ende der Eiskappe brechen Schollen ab, die dann im eiskalten Wasser abtreiben. Im Wasser des Nordpolarmeeres leben Wale, Fische, Walrosse und Seehunde, die von Eisbären gejagt werden. Wegen der Klimaerwärmung in den letzten Jahren fürchten die Wissenschaftler, dass das Eis am Pol abschmelzen könnte und damit der Lebensraum dieser Tiere verschwindet.

Zu den arktischen Inseln gehört die Gruppe des norwegischen Spitzbergens. Grönland ist völlig vereist, nur an den Küsten leben Menschen. Obwohl es zum nordamerikanischen Kontinent gehört, ist es ein dänisches Territorium mit Selbstverwaltung. Rund um das Nordpolarmeer ziehen sich die Länder mit arktischen Anteilen: Alaska, Kanada, Skandinavien und Russland. Dort herrscht die Tundra vor, eine baumlose Ebene mit Dauerfrostboden, auf der die meiste Zeit des Jahres Schnee und Eis liegen.

Im Laufe der Zeit haben Menschen dieses raue Land besiedelt und gelernt, zu überleben – sie jagen oder halten Rentierherden. Zu den Bewohnern der Arktis gehören die amerikanischen Inuit, die skandinavischen Samen und die Nenet, Tschuktschen und andere Volksgruppen Russlands.

In den letzten Jahren haben viele der arktischen Völker eine modernere Lebensweise angenommen, versuchen aber weiterhin, ihre alten Traditionen zu bewahren. Sie alle fordern mehr Mitbestimmung in ihrer Region.

WISSENSWERTES

- *Grönland gilt als die größte Insel der Welt. Es nimmt eine Fläche von 2.175.600 km^2 ein, das entspricht etwa einem Viertel der USA. Unter der 3.000 m dicken Eiskappe liegen drei Felseninseln.*

Ein arktischer Eisberg bricht von den Gletschern in Alaska oder Grönland ab (er „kalbt") und treibt auf dem Meer. Eisberge sind eine Gefahr für die Schifffahrt.

Wo auf der Welt?

Von Berlin nach Barrow
6.228 km
7 Std. 27 Min.

Barrow liegt auf
71° 16' nördlicher Breite
156° 48' westlicher Länge

Suche und finde

Am Ende der Welt steht die Sonne im Sommer auch mitternachts am Himmel.

Der Eisbär ist ein ausgezeichneter Schwimmer und dank seines dichten weißen Fells bestens an die Arktis angepasst.

Territorien und Überseegebiete

Territorien und Überseegebiete sind Regionen, die zwar von anderen Staaten regiert werden, geografisch jedoch nicht mit ihnen verbunden sind. Einige dieser Gebiete sind so klein, dass sie im Atlasteil nicht behandelt wurden. Hier findest du Informationen und ihre ungefähre Lage.

Territorium	verwaltet durch	Fläche (km²)	Einwohner	Sprache	Religion	Währung	Seite
Amerikanisch Samoa	USA	199	62.100	Samoanisch/Englisch	Christen	Dollar	191, 198
Anguilla	GB	96	12.400	Englisch/Kreolisch	Anglikaner	Ostkaribischer Dollar	96 km NW von St. Kitts und Nevis (73)
Aruba	Niederlande	193	89.000	Niederländisch/Papiamento	Katholisch	Arubanischer Florin	41, 73
Ashmore- und Cartier-Insel	Australien	5	unbewohnt	–	–	–	vor der Nordküste von Westaustralien (193)
Bermudas	GB	54	62.100	Englisch	Anglikaner/Methodisten	Bermuda Dollar	41, 88
Bouvet-Insel	Norwegen	59	unbewohnt	–	–	–	89
Britisches Territorium im Indischen Ozean	GB	60	2.900 (Militärpersonal)	Englisch	–	Dollar	Indischer Ozean (124)
Clipperton	Frankreich	7	unbewohnt	–	–	–	199
Cook-Inseln	Neuseeland	237	18.000	Englisch Cook-Inseln-Maori	Christen	Neuseeländ. Dollar	191, 196, 199
Falkland-Inseln	GB	12.170	2.600	Englisch	Anglikaner	Falkland-Pfund	75, 86, 88
Färöer Inseln	Dänemark	1.399	43.800	Färöisch/Dänisch	Evangelisch-Lutheranisch	Färöer-Krone	89, 90
Französisch-Guyana	Frankreich	86.503	169.000	Französisch/Kreolisch	Katholisch	Euro	74, 79
Französisch-Polynesien	Frankreich	4.000	228.000	Französisch/Tahitianisch	Evangelische Kirche von Polynesien	Euro	191, 199
Gibraltar	GB	6,5	27.100	Englisch	Katholisch	Gibraltar Pfund	90, 100
Grönland	Dänemark	2.175.600	56.300	Inuit/Dänisch	Evangelisch-Lutheranisch	Dänische Krone	41, 88
Guadeloupe	Frankreich	1.779	434.000	Französisch/Kreolisch	Katholisch	Euro	41, 68, 73
Guam	USA	541	148.000	Englisch/Chamorro/Filipino	Katholisch	Dollar	190, 198
Guernsey	GB	79	61.700	Englisch	Anglikaner/Katholisch	Pfund	94
Heart- und McDonald-Inseln	Australien	417	unbewohnt	–	–	–	500 km im SO der Kerguelen-(168)
Howland-, Baker- und Jarvis-Inseln	USA	5	–	–	–	–	im NW und O von Phoenix (198)
Isle of Man	GB	572	72.600	Englisch	Anglikaner	Pfund	94
Jersey	GB, assoziiert	116	85.600	Englisch/Französisch	Anglikaner	Pfund	94
Johnston-Atoll	USA	1,3	1.200 (Servicepersonal)	–	–	–	191, 198
Jungferninseln	GB	153	16.800	Englisch	Anglikaner/Katholisch/ Methodisten	Dollar	96 km östlich von Puerto Rico (41)
Jungferninseln	USA	352	118.000	Englisch/Spanisch	Baptisten/Katholisch	Dollar	41, 73
Kaimaninseln	GB	259	35.000	Englisch	Anglikaner/Katholisch	Kaimandollar	72
Kingman-Riff	USA	0,3	unbewohnt	–	–	–	800 km NW der Weihnachtsinsel (169)
Kokos-Inseln	Australien	14	590	Englisch/Malaiisch	Sunniten (musl.)	Australischer Dollar	169
Korallensee-Territorium	Australien	8	3 (meteorologische Station	–	–	–	vor der NO Küste von Australien (195)
Martinique	Frankreich	1.129	399.000	Französisch/Kreolisch	Katholisch	Euro	41, 73
Mayotte	Frankreich	376	128.000	Französisch/Mahorianisch	Sunniten (musl.)	Euro	168
Midway	USA	5	Militärpersonal	–	–	–	191, 198
Montserrat	GB	98	3.500	Englisch	Anglikaner/Methodisten	Ostkaribischer Dollar	41, 73
Navassa-Insel	USA	5	unbewohnt	–	–	–	145 km O von Jamaika (73)
Neukaledonien	Frankreich	18.576	204.000	Französisch/Melanesisch	Katholisch	Euro	191, 198

Territorium	verwaltet durch	Fläche (km^2)	Einwohner	Sprache	Religion	Währung	Seite
Niederländische Antillen	Niederlande	800	213.000	Niederländisch/Papiamento/ Englisch	Katholisch	Niederländ.-Antillen-Gulden	41, 73
Niue	Neuseeland	259	1.710	Englisch/Niue	Christen/Kirche von Niue	Neuseeländ. Dollar	191, 198
Nördliche Marianen	USA	477	66.600	Englisch/Chamorro/Filipino	Katholisch	Dollar	190, 198
Norfolk-Insel	Australien	34	1.770	Englisch/Norfolk	Anglikaner	Austral. Dollar	191, 198
Pitcairn-Insel	GB	14	44	Englisch/Pitcairn	Adventisten	Neuseeländ. Dollar	191, 199
Puerto Rico	USA	9.104	3.808.610	Spanisch/Englisch	Katholisch	Dollar	73
Réunion	Frankreich	2.542	692.000	Französisch/Kreolisch	Katholisch	Euro	168
St. Helena	GB	411	7.040	Englisch	Anglikaner/Baptisten	Pfund (nur hier gültig)	89
St. Pierre und Miquelon	Frankreich	242	6.800	Französisch	Katholisch	Euro	65 km S von Neufundland (65)
Südgeorgien und Südliche Sandwichinseln	GB	4.091	Militärpersonal	–	–	–	88, 89
Tokelau	Neuseeland	13	1.500	Englisch	Christen	Neuseeländ. Dollar	191, 198
Turks u. Caicos Inseln	GB	430	13.800	Englisch	Anglikaner/Methodisten	Dollar	72
Wake Insel	USA	8	Militärpersonal	–	–	–	191, 198
Wallis und Futuna	Frankreich	274	14.100	Französisch/Wallisisch/ Futunisch	Katholisch	Euro	191, 198
Weihnachtsinsel	Australien	135	2.500	Englisch/Chinesisch	Buddhisten/Taoisten	Australischer Dollar	169

*Meteorologische Station

Umstrittene Gebiete

Die folgenden Gebiete werden jeweils von mehreren Staaten beansprucht.

Territorium	beansprucht von	Fläche (km^2)	Einwohner	Sprache	Religion	Währung	Seite
Argentinisches Antarktis-Territorium	Argentinien	1.231.064	Forschungsstation	–	–	–	200
Australisches Antarktis-Territorium	Australien	6.043.700	Forschungsstation	–	–	–	200
Britisches Antarktis-Territorium	GB	1.800.000	Forschungsstation	–	–	–	200
Chilenisches Antarktis-Territorium	Chile	1.269.723	Forschungsstation	–	–	–	200
Französische Süd- und Antarktisgebiete	Frankreich	439.797	Forschungsstation	–	–	–	200
Golanhöhen	Syrien/Israel	1.150	29.000	Hebräisch/Arabisch	Sunniten (musl.)/Juden	Israelischer Schekel	134, 136
Königin-Maud-Land	Norwegen	–	Forschungsstation	–	–	–	200
Paracel-Inseln	China/Vietnam	160	Militärpersonal	–	–	–	350 km O Vietnam (153)
Peter-I.-Insel	Norwegen	180	–	–	–	–	200
Ross-Territorium	Neuseeland	730.000	Forschungsstation	–	–	–	200
Sahara	Marokko/ Polisario Guerillas	252.120	281.000	Arabisch	Sunniten (musl.)	Marokkanischer Dirham	170, 174
Spratly-Inseln	China/Vietnam/ Philippinen/Taiwan/ Brunei/Malaysia	unbestimmt	–	–	–	–	400 km NW Brunei (154)
Stützpunkt des Malteserordens	Röm.-Kathol. Orden der Malteserritter	1,2 ha	30	Italienisch	Katholisch	Scudo	106
Die folgenden Daten beziehen sich auf die Angaben der Palästinenser (23. Juli 2000)							
Westjordanland/Gaza	Palästinenser/Israel	26.314	2.897.000	Arabisch/Hebräisch	Sunniten (musl.)	Israelischer Schekel	136

Glossar/Worterklärungen

Äquator Eine gedachte Linie um die Erde, genau in der Mitte zwischen dem Nord- und Südpol. In der Region nördlich und südlich des Äquators herrscht tropisches Klima.

Archipel ist eine Gruppe von Inseln, die zusammengehören.

Bai ist ein anderer Name für Bucht. Solche Buchten wurden von den Wellen des Meeres ins Land geschnitten.

Baumgrenze Eine gedachte Linie im Gebirge oder im hohen Norden und Süden der Erde. Jenseits der Baumgrenze können keine Bäume mehr wachsen, weil es zu kalt ist oder die Böden zu schlecht sind.

Becken sind flache, manchmal tellerartig geformte Ebenen, die tiefer liegen als das umgebende Land.

Bodenschätze, manchmal auch Mineralien oder Erze genannt, sind Stoffe aus der Erde, die vom Menschen ausgegraben und genutzt werden. Gold oder Eisen sind Bodenschätze, aber auch Erdöl und Erdgas.

Breite oder **Breitengrad** Der Abstand eines geografischen Ortes nördlich oder südlich vom Äquator. Die Breite wird in Grad angegeben und stellt eine gerade Linie parallel zum Äquator dar.

Deich Eine von Menschen gebaute Barriere am Meer oder neben Flüssen, um das Land vor Hochwasser zu schützen.

Delta nennt man die Mündung eines Flusses in einen See oder das Meer. Gewöhnlich teilt sich der Fluss vor der Mündung in mehrere Arme auf. Da er nun langsamer fließt, fallen der mitgeführte Sand und Schlamm auf den Boden und bilden schließlich eine etwa dreieckige Landzunge ins Meer oder den See. Der Name geht auf den griechischen Buchstaben Delta zurück, der wie ein Dreieck geformt ist.

Ebene Alle Arten von flachem Land ohne Berge oder Hügel. Ebenen findet man sowohl im Gebirge (Hochebene) als auch neben Flüssen (Flussebene) als auch im Tiefland (Tiefebene).

Einwohner Die Menschen, die einen bestimmten Kontinent, Staat, eine Region oder Stadt bewohnen.

Eisberg Von einem Gletscher abgebrochene, riesige Eisstücke, die frei auf dem Meer treiben. Der größte Teil eines Eisbergs bleibt unter Wasser verborgen.

Erdbeben Wenn sich Teile der Erdkruste gegeneinander bewegen, kommt es zu Erschütterungen, die man auf der Erdoberfläche spürt.

Ethnische Gruppe Eine ethnische oder Volksgruppe kennzeichnet Menschen derselben Abstammung, Kultur und Sprache.

Feuchtgebiet Durch natürliche Feuchtigkeit von Flüssen oder dem Meer entstandene Naturlandschaft, die durch viel Wasser geprägt ist.

Fjorde sind lange, weit ins Land reichende Meeresbuchten, die während der Eiszeiten von den Gletschern tief ausgehobelt wurden.

Flussebene Rechts und links eines Flusslaufes bilden sich oft weite, ebene Flächen. Sie haben fruchtbaren Boden und sind gut für Ackerbau geeignet. Allerdings kann es bei Hochwasser zu Überschwemmungen kommen.

Gebirge Hochland aus einzelnen Bergen und Tälern; Gebirge sind häufig lang gestreckt (Einzelberge und Höhenrücken) und werden dann als Gebirgskette bezeichnet.

Gletscher sind große Flächen aus Eis. In manchen Regionen schieben sie sich langsam von den Bergen durch die Täler nach unten. Während der Eiszeiten waren große Teile der Erdoberfläche von Gletschern bedeckt.

Golf Eine Meeresbucht, die ins Landesinnere reicht. Meist ist die Zufahrt in einen Golf relativ schmal, während er sich zum Land hin verbreitet.

Grabenbruch Tiefer Riss in der Erdkruste; solche Grabenbrüche entstehen dort, wo zwei Kontinentalplatten auseinander weichen.

Greenwich-Zeit Als Ausgangspunkt für die Verschiebungen der Weltzeit dient der Londoner Stadtteil Greenwich in England. Nach allgemeiner Übereinkunft wird die aktuelle Zeit auf den Sonnenhöchststand (12.00 Uhr) von Greenwich bezogen (siehe auch Nullmeridian).

Grenze kann (1) die politische Trennlinie zwischen zwei Ländern oder (2) die geografische zwischen unterschiedlichen Landschaften sein.

Hafen Ein natürlicher oder von Menschen gebauter Ankerplatz für Schiffe.

Halbinsel Größere Landzunge, die oft nur über eine schmale Landenge mit dem Festland verbunden ist. Bis auf diese Verbindung sind Halbinseln völlig von Wasser umgeben.

Hauptstadt Eine Stadt mit politischer Bedeutung. In der Hauptstadt eines Landes ist gewöhnlich der Sitz der Regierung, in den Hauptstädten von Bundesstaaten oder Bundesländern sitzen die entsprechenden Landesregierungen. Manche Länder haben mehrere Hauptstädte, z.B. eine für die Regierung, eine zweite für das Parlament.

Hemisphäre Gedachte Teilung der Erde in zwei Halbkugeln oder Hemisphären: Der Äquator teilt sie in eine nördliche und südliche, der 0° und 180° Längenkreis in eine westliche und östliche Hälfte.

Höhe bezeichnet immer die Landhöhe über (Gebirge) oder unter dem Meeresspiegel (z.B. Totes Meer).

Hügel Erhebungen auf dem Land, die aber nicht so hoch sind wie Berge.

Insel Ein Stück Land, das rundum von Wasser umgeben ist.

Internationale Datumsgrenze Eine gedachte Linie, die von Norden nach Süden durch den Pazifik führt. Sie zeigt an, wann ein Erdentag beginnt und wann er endet. So ist es z.B. westlich der Datumsgrenze schon Montag, während es östlich dieser Linie noch Sonntag ist.

Kanal (1) Ein von Menschen geschaffener, künstlicher Wasserweg, der zwei Gewässer für die Schifffahrt miteinander verbindet. In manchen Kanälen werden die Schiffe durch Schleusen auf unterschiedliche Höhen transportiert. (2) Auch manche natürlichen Meeresarme werden als Kanal bezeichnet.

Kap Eine Landzunge, die sich besonders auffällig ins Meer hinausschiebt

Klima ist das Muster des Wetters in einer bestimmten Region der Erde. Im Unterschied zum täglich wechselnden Wetter ist das Klima eine langfristige Erscheinung, z.B. Tropenklima oder Polarklima.

Kompassrose wird die Skala auf einem Kompass genannt, an der man die Richtung der Kompassnadel ablesen kann.

Kontinente sind große Landmassen. Sie bilden die wichtigen geografischen Regionen auf der Erde. Es gibt insgesamt sechs Kontinente, einige Länder zählen durch eine Trennung von Nord- und Südamerika sieben Kontinente.

Korallen sind sitzende Tiere. Sie bilden ein festes Gehäuse aus Kalk, das auch erhalten bleibt, wenn das Tier in seinem Innern stirbt. Aus Korallen können Riffe, Inseln oder Gesteine entstehen.

Krater sind (1) Öffnungen in Vulkanen, durch die Gase oder heiße Lava aus dem Erdinnern an die Oberfläche gelangen. (2) Auch Meteoriten, die auf die Erde stürzen, hinterlassen einen Krater.

Kruste So wird die dünne Schicht festen Landes bezeichnet, die über dem flüssigen Erdmantel liegt.

Küste ist die Linie, an der Land und Meer aneinander stoßen.

Lagune Ein Bereich mit salzigem Wasser, der aber vom Meer durch ein Riff oder eine Landzunge getrennt ist.

Länge oder **Längengrad** Der Abstand eines geografischen Ortes westlich oder östlich vom Nullmeridian in Greenwich. Die Länge wird in Grad angegeben und stellt eine gerade Linie zwischen Nord- und Südpol dar.

Lava Heißes, flüssiges Gestein, das in einem Vulkan aus dem Inneren der Erde an die Oberfläche drängt.

Massiv Massive oder Gebirgssysteme bilden eine geologische Einheit, d.h. sie gehen auf den selben Entstehungsvorgang zurück. Sie sind meist größer als Gebirge.

Maßstab Der Maßstab auf einer Karte zeigt an, um wie viel die Karte im Verhältnis zur Realität verkleinert wurde. Mit Hilfe des Maßstabes kann man die Entfernung zwischen zwei Punkten berechnen.

Meeresstraße Rinne mit Salzwasser, die zwischen dem Festland und einer Insel oder zwischen zwei Inseln hindurchführt.

Monsun Starke, jahreszeitliche Winde, die vom Indischen Ozean kommen und Südasien starke Regenfälle bringen.

Mündung Übergang eines Flusses in einen anderen oder ins Meer.

Nullmeridian Der 0-te Längenkreis (0°) verläuft durch den Londoner Stadtteil Greenwich. Alle Orte auf der Erde geben ihre geografische Länge als „Grad östlich oder westlich" dieser gedachten Linie an.

Oase Wasserstelle in der Wüste, an der sich Pflanzen halten können. Manche Oasen entstanden um künstliche Brunnen, andere bildeten sich an Orten, wo eine Quelle aus dem Boden dringt.

Ozean Andere Bezeichnung für eines der großen Weltmeere; der Pazifik und der Atlantik sind beispielsweise Ozeane.

Pampa Mit Gräsern bewachsene Ebene in Südamerika, die sehr den afrikanischen Savannen ähnelt.

Pass Niedrige Stellen in Hochgebirgen (z.B. eine Senke zwischen zwei Bergen); Pässe waren schon immer wichtige Verkehrswege.

Plateau Andere Bezeichnung für eine Hochebene, eine Ebene im Gebirge.

Prärie Mit Gräsern bewachsene Ebene in Nordamerika, die den afrikanischen Savannen ähnelt.

Regenwald Eine Form des Waldes, der sich nur dort ausbildet, wo viele Niederschläge fallen. Regenwälder zeichnen sich durch besonders dichten, üppigen Pflanzenwuchs aus. Die wichtigsten Regenwälder wachsen in den Tropen, einige aber auch an regenreichen, gemäßigten Küsten.

Riff Felsen oder Korallen, die bis fast unter die Oberfläche des Meeresspiegels reichen.

Salzsee Weite Flächen auf dem Land, die mit Salzkristallen bedeckt sind. Salzseen können entstehen, wenn das zufließende Wasser immer wieder verdunstet und das Salz übrig bleibt.

Sanddüne Vom Wind aufgetürmter Hügel aus Sand. Die Sanddünen am Meer und in der Sandwüste bewegen sich ständig weiter.

Savanne Weites Grasland in Afrika, auf dem nur wenige Bäume wachsen.

Schlucht Ein steiles Tal, manchmal mit beinahe senkrechten Wänden, das von einem Fluss ins Gestein geschnitten wurde.

See Mit Wasser gefüllte Senke, die rundum von Land umgeben ist.

Sonnenenergie Energie, die mithilfe des Sonnenlichtes erzeugt wird.

Steppe Flache, mit dürrem Gras bewachsene Ebene in Osteuropa und Zentralasien. Steppen sind trockener als Savannen, aber feuchter als Wüsten.

Strömung Die Bewegung von Wasser. Strömungen treten in Bächen und Flüssen, aber auch in Seen oder im Meer auf.

Subtropen Die Klimazone, die nördlich und südlich auf die Tropen folgt.

Suchgitter mit Koordinaten Mit einem Suchgitter kann man die Position eines Ortes auf der Karte sehr einfach festlegen und finden.

Sumpf Eine Landschaft, die noch deutlich feuchter ist als ein Feuchtgebiet. Sümpfe sind gefährlich für Menschen, aber ein Paradies für viele Tiere.

Tal Ein Einschnitt in der Landschaft, der durch Gletscher während der Eiszeit oder durch einen Fluss gegraben wurde.

Territorium (1) Bezeichnung für einen Landesteil, der weniger politische Bedeutung besitzt als eine Provinz oder ein Bundesstaat. (2) Territorien können aber auch Auslandsgebiete sein, die nicht mit dem Mutterland verbunden sind.

Tropen Eine Klimazone zwischen den beiden Wendekreisen, nördlich und südlich des Äquators. Das Klima der Tropen ist heiß und oft auch feucht.

Tundra Ödes Land im äußersten Norden der Erde. Hier bleibt der Boden fast das ganze Jahr über gefroren, sodass nur niedrige Pflanzen wachsen können.

Verwerfung, Verwerfungslinie Wo zwei Zonen der Erdkruste aufeinander stoßen, kann es zu Reibungen oder Verschiebungen kommen. Dabei entstehen häufig Erdbeben.

Vulkan Schwache Stelle in der Erdkruste; in Vulkanen brechen flüssige Gesteine (Lava), Gase oder lockere Gesteine aus. Im Laufe der Zeit entstehen aus diesem Material sehr regelmäßig geformte Berge.

Wendekreise Die Sonne wandert auf ihrem scheinbaren Weg nach Norden und Süden (während eines Jahres) maximal bis zu den Wendekreisen (23,5° nördlicher oder südlicher Breite). Nur innerhalb der beiden Wendekreise steht sie zweimal im Jahr genau senkrecht am Himmel.

Wüste ist eine Region auf der Erde, in der es fast nie regnet. Wüsten können in sehr heißen Ländern, aber auch in sehr kalten Regionen entstehen.

Zeitzone Die Welt ist entlang der Längenkreise in 24 Zeitzonen geteilt. Innerhalb einer Zeitzone herrscht die selbe Uhrzeit, in den beiden Nachbarzonen ist es entweder eine Stunde früher oder eine Stunde später.

Register

Fett gedruckte Seitenzahlen weisen auf einen Haupteintrag hin, Seitenzahlen in *kursiver* Schrift auf eine Abbildung.

A

B

C

F

G

I

K

L

M

N

P

W

X

Y

Z

Bildnachweis

Der Verlag dankt folgenden Personen und Institutionen für die Abdruckerlaubnis von Bildern: Page 10 (c) Ann Ronan Picture Library, (b/c) Michael Maslan Historic Photographs/Corbis; 15 (t/c) N.A.S.A.; 16 (c) Galen Rowell/Corbis, (b/r) Hanan Isachar/Corbis; 17 (c) James L. Amos/Corbis, (b/l) Andrey Zvoznikov/Hutchison Library, (b/r) Yann Arthus Bertrand/Corbis; 19 (c/r) AFP/Corbis; 20 (t/r) Ralph White/Corbis; 21 (b/l) Paul A. Souders/Corbis; 24 (b/l) Peter Lillie/Gallo Images/Corbis; 25 (b/l) Jim McDonald/Corbis; 26 (t/r) The Purnell Team/Corbis, (t/r) Craig Lovell/Corbis, (b/l) Philip Gould/Corbis; 27 (b/l) James Marshall/Corbis; 28 (t/r) Yann Arthus Bertrand/Corbis, (t/r) Paul Almasy/Corbis; 29 (c) Yann Arthus Bertrand/Corbis; 30 (c) Eric Lawrie/Hutchison Library, (b/r) Andrey Zvoznikov/Hutchison Library; 31 (t/r) Nigel Smith/Hutchison Library, (c/r) David Muench/Corbis; 33 (t/l) Jo Brewer, (t/l) Richard Hamilton Smith/Corbis, (t/l) Robert Francis/Hutchison; 34 (c/r) Hulton-Deutch Collection/Corbis, (c/r) Nik Wheeler/Corbis; 35 (t/r) Keren Su/Corbis, (c) Chicago Department of Aviation, (c/r) Roger Ressmayer/Corbis, (b/l) Steve Chen/Corbis; 45 (t) Peter Finger/Corbis, (c/r) James P. Blair/Corbis; 46 (t/r) Nathan Benn/Corbis, (b/r) Farrell Grehan/Corbis; 47 (b/l) Bob Krist/Corbis, (c/l) Richard T. Nowitz/Corbis; 51 (b/l) Bill Ross/Corbis; 52 (b/c) Buddy Mays/Corbis; 54 (b) Sandy Felsenthal/Corbis; 55 (t/l) Dallas & John Heaton/Corbis, (c) Kevin Morris/Corbis; 57 (c/r) Dean Conger/Corbis; 60 (t/r) Lowell Georgia/Corbis; 68 (b) Robert Frerck/Odyssey/Chicago/Robert Harding Picture Library; 70 (b/c) Galen Rowell/Corbis; 71 (t/c) J.G. Fuller/Hutchison Library; 73 (t/l) Robert Harding Picture Library, (b/r) Robert Francis/Hutchison Library; 75 (b/r) Charles Bowman/Robert Harding Picture Library; Cover, 77 (b/r) Jeremy Horner/Corbis; 78 (b/c) J. Henderson/Hutchison Library; 79 (t/l) Adam Woolfitt/ Corbis; 82 (b) Roman Soumar/Corbis; Cover, 83 (c) Owen Franken/Corbis; 84 (b/l) Buddy Mays/Corbis; 85 (t/l) Graham Neden/Ecoscene/Corbis, (b/r) Bettman/Corbis; 86 (b/l) Dave G. Houser/Corbis; 87 (c) R. McLeod/Robert Harding Picture Library, (b/l) Pern/Hutchison Picture Library; 88 (b) Tony Aruzza/Corbis; 89 (t/r) Corbis, (c/r) D. Lomax/Robert Harding Picture Library; 92 (t/r) Kim Hart/Robert Harding Picture Library; 93 (c) Bernard Regent/Hutchison Picture Library; 96 (c/r) Sancez/Explorer/Robert Harding Picture Library; 98 (t/r) G. Hellier/Robert Harding Picture Library; 100 (b/c) Charles Bowman/Robert Harding Picture Library; 101 (t/c) Robert Frerck/Robert Harding Picture Library, (b/c) Michael Russelle/Robert Harding Picture Library; 102 (t/r) Gavin Hellier/Robert Harding Picture Library; 103 (t/c) Nigel Blythe/Robert Harding Picture Library, (b/c) Bob Krist/Corbis; 106 (b/c) Charles & Josette Lenars/Corbis; 108 (b/c) Norman Froggard/Hutchison Library; 109 (c) Adam Woolfitt/Corbis, (b/c) Gavin Hellier/Robert Harding Picture Library; 110 (c) Sandra Vanninil/Corbis, (b/c) Regent/Hutchison Library; 112 (t/r) Hans Georg Roth/Corbis; 113 (t/c) Crispin Hughes/Hutchison Library; 114 (b/c) Arne Hodalic/Corbis; 115 (t/c) AFP/Corbis, (c) Melanie Friend/Hutchison Library, (b/c) Jeremy Horner/Panos Pictures; 118 (b/c) Ludovic Maisant/Corbis; 120 (b/c) Reuters Newmedia Inc./Corbis; 121 (t/c) Nik Wheeler/Corbis; 122 (b/c) Dean Conger/Corbis; 123 (b/c) Dean Conger/Corbis; 124 (b/c) Arthur Thévenart/Corbis; 126 (b/c) Dean Conger/Corbis; 127 (b/l) Wolfgang Kaehler/Corbis; Cover, 128 (c) John Egan/ Hutchison Library, (b/c) Brian Goddard/Panos Pictures; 129 (t/c) J.C. Tordai/Hutchison Library; 130 (t/r) Janet Wishnetsky/ Corbis, (b/l) Audrey Zvoznikov/Hutchison Library; 131 (t/c) Brian Vikander/Corbis; 132 (t/r) Adam Woolfitt/Robert Harding Picture Library, (b/c) Philip Wolmuth/ Hutchison Library; 133 (t/r) Robert Harding Picture Library, (b/l) Hutchison Library; 134 (t/r) Paolo Koch/Robert Harding Picture Library; Cover, 134 (c) K.M. Westermann/Corbis; 135 (t/l) K.M. Westerman/Corbis, (b/r) Paolo Koch/Robert Harding Picture Library; 136 (b/l) J.C. Tordai/Panos Pictures; 137 (t/l) E. Simanor/Robert Harding Picture Library; 138 (b/l) T. Maugher/Robert Harding Picture Library; 139 (t/l) Robert Harding Picture Library, (b/r) Mohamed Amin/Robert Harding Picture Library; 140 (t/r) Juliet Highet/Hutchison Library; Cover, 142 (t/r) Adam Woolfitt/Corbis; 143 (b/r) Charles & Josette Lenars/Corbis; 144 (t/r) David Lomax/Robert Harding Picture Library, (b/c) Lister/Hutchison Library; 145 (t/c) Trygve Bolstad/Panos Pictures; 146 (b/l) David Cumming/Corbis; 147 (b/r) Charles & Josette Lenars/Corbis; 148 (t/r) Hutchison Library; 150 (t/r) Jean-Leo Dugast/Panos Pictures, (b/r) Trygve Bolstad/Panos Pictures; 151 (b/r) Richard Bickel/Corbis; 152 (b/c) Jermey Horner/Hutchison Library; 153 (t/c) Steve Raymer/ Corbis; 155 (b/l) Robert Harding Picture Library; 156 (c/r) Caroline Penn/Panos Pictures, (b/c) John Watt/Hutchison Library; 157 (c/r) Chris Stowers/ Panos Pictures; 158 (t/r) Adam Woolfitt/Corbis, (b/l) Hutchison Library; 159 (t/l) Robert Harding Picture Library, (b/r) Hutchison Library; 160 (b/l) John R. Jones, Papilio/Corbis; 162 (b/l) Wolfgang Koehler/Corbis; 163 (t/c) Wolfgang Koehler/Corbis, (c) Nocholas Hall/Robert Harding Picture Library; 164 (b/l) Stephanie Maze/Corbis; 166 (t/r) Paul Quayle/Panos Pictures, (b/l) Craig Lovell/Corbis; 168 (b/l) The Stock Market; 169 (b/l) Nik Wheeler/ Corbis; 172 (b/c) Liba Taylor/Hutchison Library; 173 (t/l) Sandro Vannini/Corbis; 174 (b/c) Jeremy Horner/Hutchison Library; 175 (t/c) M. Jelliffe/ Hutchison Library; 178 (t/r) Michael & Patricia Fogden/Corbis, (b/l) Paul Almasy/Corbis; 179 (t/l) Jacques Jangoux/Tony Stone Images; Cover, 180 (t/r) Sarah Errington/Hutchison Library, (b/c) Liba Taylor/Hutchison Library; 181 (t/c) Coroline Penn/Corbis; 182 (b/l) Pemberton/Hutchison; Cover, 183 (c) Adrian Arbib/Corbis; 185 (t/l) Marc Schlossman/Panos Pictures; 186 (t/r) Yann Arthus-Bertrand/Corbis; 188 (t/r) Philip Perry/Frank Lane Picture Agency/Corbis, (b/c) Hutchison Library; 189 (t/l) Charles O'Rear/Corbis; 190 (t/r) Charles & Josette Lenars/Corbis; 192 (t/r) John Lamb/Tony Stone Images; Cover, 192 (b/c) Paul Chesley/Tony Stone Images; 193 (c/r) Roger Garwood & Trish Ainslie/Corbis; 196 (t/r) The Stock Market, (c/r) The Stock Market, (b/c) AFP/Corbis; 197 (t/c) Kevin Schafer/Corbis, (b/c) Jack Fields/Corbis; 198 (b/c) The Stock Market. Alle anderen Bilder enstammen den MKP Archives. Der Verlag ist dem Flag Insitute zu Dank verpflichtet, ebenso den beiden Künstlern Rob Jakeway and Martin Saunders. Der Verlag hat sich bemüht, alle Rechteinhaber ausfindig zu machen, und bittet um Entschuldigung für den Fall, dass eine Quelle ungenannt blieb.